셉티무스 씨, 출근하세요?

셉티무스 씨, 출근하세요?

지은이 | 신광은
초판 발행 | 2024. 11. 20
2쇄 발행 | 2024. 11. 21
등록번호 | 제1988-000080호
등록된 곳 | 서울특별시 용산구 서빙고로 65길 38
발행처 | 사단법인 두란노서원
영업부 | 2078-3333   FAX | 080-749-3705
출판부 | 2078-3331

책값은 뒤표지에 있습니다.
ISBN 978-89-531-4963-2 03230

독자의 의견을 기다립니다.
tpress@duranno.com   www.duranno.com

두란노서원은 바울 사도가 3차 전도여행 때 에베소에서 성령 받은 제자들을 따로 세워 하나님의 말씀으로 양육하던 장소입니다. 사도행전 19장 8-20절의 정신에 따라 첫째 목회자를 돕는 사역과 평신도를 훈련시키는 사역, 둘째 세계선교(TIM)와 문서선교 (단행본·잡지) 사역, 셋째 예수문화 및 경배와 찬양 사역, 그리고 가정·상담 사역 등을 감당하고 있습니다. 1980년 12월 22일에 창립된 두란노서원은 주님 오실 때까지 이 사역들을 계속할 것입니다.

셉티무스 씨, 출근하세요?

1세기
크리스천에게
배우는
일터 신학

신광은
지음

두란노

목차

| 추천사 | 8
| 감사의 글 | 11
| 프롤로그 | 두 가지 과제 12

1

셉티무스의 소명 이야기

셉티무스, 크리스천이 되다   18

셉티무스, 천국을 맛보다   20

셉티무스, 소명을 깨닫다   29

셉티무스, 왕 같은 제사장으로 살기로 하다   39

셉티무스, 왕업에 더욱 힘쓰다   53

셉티무스, '이미'와 '아직' 사이에서 넘어지다   59

2

코르넬리우스의 소명 이야기

코르넬리우스, 회심하다   68

코르넬리우스, 믿음의 사업가로서 거듭나다   74

코르넬리우스, 생업을 넘어 왕업에 이르다   79

코르넬리우스, 리더로 성장하다   91

코르넬리우스, 좁은 문을 선택하다   96

3

하나님 나라가 일터로 임할 때

천국의 미래성과 현재성   122

일터와 하나님 나라   135

4

다시 생각하는 소명

소명이란 무엇인가   153

두 가지 왜곡   155

다시 생각하는 소명   174

5

일의 기원: 왕업, 생업, 죄업

왕업(King's Work)의 탄생   198

생업(Living Work)의 탄생   213

죄업(Sinful Work)의 탄생   221

6

일의 운명: 죄업, 생업, 왕업

죄업의 운명	238
생업의 운명	251
왕업의 운명	258

7

크리스천의 일의 원칙 1: 생업에 힘쓰라

생업과 일반 은총	272
생업의 원칙	276
생업과 세속적인 일	282

8

크리스천의 일의 원칙 2: 생업이 왕업 되게 하라

왕업으로의 승화 원칙	294
일과 안식	323

9

크리스천의 일의 원칙 3: 왕업에 더욱 힘쓰라

직분 소명의 신학   332
거저 주라   340
왕업에 더욱 힘쓰라   347

|에필로그| 일터에서 하늘은 사라지지 않는다 368
|주| 372

이 책은 일터 사역의 근거가 되는 일의 신학을 다루고 있다. 일이라는 주제 자체가 신학의 주제로서는 매우 독특한 것이지만, 이 책은 여러 가지 의미에서 독특하다.

최근 들어 일터 사역을 주제로 한 신학서가 조금씩 소개되고 있는데, 대부분 미국에서 출간된 책들이고, 국내서도 미국에서 나온 책들을 참고해서 만든 것이 대부분이다. 그런데 이 책은 다르다. 저자의 창의성이 돋보인다. 사용한 용어부터 기존에 들어보지 못한 참신한 용어이며, 전체 내용은 물론 형식 또한 신선하다. 이런 책이 우리나라에서 나왔다는 것이 자랑스러울 정도다. 기회가 된다면 영어로 번역해서 외국에 소개하면 좋겠다는 생각도 들었다.

저자 신광은 목사는 책을 쓰는 과정에서 일터 사역에서 오랫동안 헌신해 온 사람들과 의견을 교환하며 때로는 심각한 논쟁을 치르기도 했다. 그 치열했던 과정이 책에 녹아 있는 만큼 한 사람이 썼다고는 믿기지 않을 만큼 다양한 인사이트들이 담겼다. 저자가 주관적인 주장을 펼침에도 많은 이들이 보편적으로 수용할 수 있는 이유가 여기에 있다.

이 책은 신학서가 흔히 갖기 쉬운 딱딱함이나 지루함을 피하고자 기존 책들과 달리 일터 신학과 하나님 나라에 관한 이론을 1세기 크리스천의 소명 이야기로 풀어 설명한다. 또한 성경이 기록되었을 당시의 상황을 상상하면서 성경 말씀을 풀어 설명했으므로 현재를 살아가는 현대 크리스천들이 말씀을 현재 상황에 적용하기에 용이할 것이다. 저자가 신학적인 냉철함과 문학적인 상상력을 두루 갖추었기에 가능한 결과물이다. 이 책으로 인하여 아직 걸음마 단계인 한국 교회의 일터 사역이 큰 걸음을 내딛게 되길 기대한다.

방선기 목사 일터개발원 이사장

한국 교회와 교인이 당면한 곤혹스러운 문제는 사회생활에서 신앙과 인격, 신앙생활과 실천이 부딪치며 일으키는 풀 수 없는 갈등과 좌절을 경험한다는 것이다. 해결의 실마리나 단서도 모른 채, 세상으로부터 경멸과 질책을 듣는 처지가 되었다. 성경 교리를 앵무새처럼 주장하면서도 혼동과 무지와 욕망 가운데 방황하고 있는 것 같다. 소위 실천적 무신론이라고 할 정도다. 사실 하나님 나라는 매우 난해하고 도전적인 주제다. 눈에 보이지 않고, 현재의 실상도 아닌 하나님 나라를 어떻게 믿으며 살아가란 말인가? 하나님 나라는 이제 공허하고 진부한 상투어가 되어 버렸다.

신광은 목사는 크리스천의 일을 죄업, 생업, 왕업이라는 관점에서 탁월하게 조망한다. 또한 독자들이 세 범주 간에 일어나는 역동적이고 복합적인 현실화의 과정을 구체적으로 이해하고, 실제적으로 살아갈 수 있도록 논지를 명확하게 전달한다. 이 책을 통해 크리스천 직장인과 사업가는 막연하기만 하였던 천국을 일터에서 경험하게 될 것이다. 또한 앞으로 올 하나님 나라의 삶을 일터에서 지금 맛보며 마치 청량음료를 마신 듯 시원한 기쁨을 누리게 될 것을 확신한다.

안정규 케냐 선교사 Good Foundation 대표

신광은 목사님의 책은 항상 흥미롭다. 이 책은 전작 《하나님 나라가 땅으로 임할 때》에 이어서 하나님 나라가 우리의 일터와 직장에 어떻게 임하는지를 하나님 나라 신학에 기초해서 진지하게 설명하고 있다. 평신도 직장인으로서, 직장에서 믿음으로 살기 위해 노력하는 크리스천의 한 사람으로서 신학적 연구와 풍부한 성경적 성찰을 바탕으로 직장에서 하나님을 사랑하고 이웃을 사랑하는 일을 전하는 신광은 목사의 노력에 깊은 감사를 드린다.

특히 이 책의 내용 중 직업 소명론에 대한 가톨릭적 왜곡과 개신교적 왜곡을 설명한 4장 '다시 생각하는 소명'에 주목하고 싶다. 평신도 직업의 신앙적 의미를 경시하게 하는 전통적 성속 이원론이 크리스천인 우리에게 직장과 세상 일에 대한 '신앙적 청산주의'의 태도를 가지게 한다면, 직업이 하나님이 주신 소명이라고 단순히 강조한 개신교의 직업 소명론은 직장에서의 성공과 경제 활동의 성과를 전적으로 인정해 버리는 태도와 연결되어 직장과 세상 일에 몰두하는 '신앙적 투항주의'의 모습을 만들어 내는 위험이 있다. 직장 생활, 경영 활동과 하나님을 믿는 신앙 사이에 아무런 긴장과 갈등도 없는 것처럼 생각하는 심각한 오해를 초래하는 경우가 많다. 이런 의미에서 책에서 직장 생활과 노동을 '왕업', '생업', '죄업'의 세 가지 범주로 나누고, 일터에서의 노동은 하나님의 일, 사람의 일, 죄의 일이 함께 존재하는 긴장의 상황이라는 점을 역설한 것은 중요한 의미가 있다고 생각한다.

교회의 문제를 해결하기 위한 치열한 노력에 이어서 직장 생활의 하나님 나라 신학적 의미를 규명하고 제시하기 위한 노력을 적극적으로 전개하고 있는 신광은 목사님의 노력에 함께 하는 동지로서 지지와 격려의 박수를 보내 드린다.

이병주 변호사
평신도신앙실천운동 상임대표, 《직장에서 믿음으로 사십니까》 저자

| 감사의 글 |

이 책은 일터 개발원의 연구모임을 통해서 쓰이게 되었다. 최초의 문제의식
과 주제는 방선기 목사님이 제시하셨다. 하여 먼저 방 목사님께 감사드리지
않을 수 없다. 4년 여간 연구모임에서 매주 발제와 토론을 겪으며 글이 숙성
되고 다듬어져서 지금의 내용에 이르게 되었다. 모임에 참석하여 아이디어
를 발전시키고 성숙시키는 데 도움을 주신 모든 분들, 특별히 방선기 목사님,
원용일 목사님, 방선오 장로님, 호미해 대표님, 오만종 목사님 등에게 감사
드린다. 특히 원용일 목사님은 여러 논리적인 허점과 부족한 점을 기탄없이
지적해 주어서 보완할 수 있도록 큰 도움을 주셨다. 다시 한 번 감사드린다.

이 책의 원고가 완성되고 몇몇 분들에게 피드백을 부탁드렸다. 그분들 중
케냐의 안정규 선교사님, 이병주 변호사님, 그리고 방선기 목사님께서 귀한
추천사를 써 주셨다. 또한 대한항공에서 일하셨고 지금은 명지대 교수로 계
시는 방선오 장로님, 침례신학대학교에서 조직신학을 가르치고 계시는 김용
복 교수님, 한의사 정상지 자매님, IT전문가 김만명 형제님, 김성덕 형제님 등
귀한 피드백을 아낌없이 해 주신 분들에게 감사드린다. 책의 부족한 부분을
보완하게 도와주신 여러 동역자분들께 감사드린다. 부족한 원고를 다듬어서
근사한 책으로 만들어 주신 두란노서원의 여러 직원들에게도 감사드린다.

무엇보다 밤낮으로 기도해 주시는 어머니께 감사드린다. 더불어서 사랑
하는 아내, 그리고 딸과 사위, 근영이, 교회 식구들, 그리고 후원자들의 기도
와 격려에도 감사드린다. 특별히 감사드리고 싶은 분들이 있다. 책을 주로
카페에서 썼는데 커피 한 잔 시켜놓고 서너 시간씩 자리를 차지하는 민폐를
끼쳤음에도 불구하고 양해해 주실 뿐만 아니라 매번 반갑게 환영해 주셨던
여러 카페 사장님과 직원들에게도 감사드린다.

카페 자작나무에서
신광은

두 가지 과제

이 책은 2020년 가을부터 (사)일터개발원 연구 모임에서 진행했던 연구 과제의 결과물로 역시 같은 과제의 결과물인《하나님 나라가 땅으로 임할 때》(고백아카데미, 2022년 출간)의 속편인 셈이다.

《셉티무스 씨, 출근하세요?》는 두 가지 과제를 목표로 한다. 첫째는 하나님 나라 신학의 기초 위에서 일터 신학을 개발하는 것이고, 둘째는 소명론을 21세기 상황에 맞게 새롭게 정리해 보는 것이다.

첫 번째로, 일터 신학을 하나님 나라 신학의 기초 위에서 정립하는 것은 2020년 가을 방선기 목사님의 제안으로 시작한 연구 모임의 주요 목표였다. 방 목사님은 일터 신학이 그동안 소명론이나 선교 신학, 혹은 실천 신학의 범주로 논의되면서도 하나님 나라 신학의 토대 위에서는 활발히 논의된 적이 없는 것에 대한 문제의식이 있었는데, 이와 관련한 연구 모임을 제안함으로써 비로소 논의를 본격화하였다.

하나님 나라 신학의 기초 위에 일터 신학을 수립하는 것은 중요한 의미가 있다. 하나님 나라 신학은 20세기 신학의 중요 성과 중 하나라고 할 수 있다. 이러한 신학적 성과와 일터 신학을 연결하는 것은 그 자체로 충분한 가치가 있는 작업이라고 할 수 있을 것이다. 특히 21세기 일터의 환경이 급변하고 있고, 그에 따라 일터 신학에도 새로운 패러다임이 요구되는 상황에서 하나님 나라 신학을 바탕으로 일터 신학을 정립한다면, 그 기초가 탄탄하게 되리라 기대한다.

베트남의 국부 호찌민(胡志明)은 "以不變 應萬變"(이불변 응만변)이라고 말했다. "불변하는 한 가지로 만 가지 변화에 대응하라"라는 뜻이다. 뿌리를 든든히 내리지 못한 탓에 상황 변화에 이끌려 우왕좌왕한다면, 나무가 송두리째 뽑힐 수 있다. 굳은 터 위에 확고히 서야 천변만화하는 상황들에 잘 대응할 수 있는 법이다. 일터 신학을 하나님 나라 신학의 기초 위에 제대로 세우는 작업이 시급한 이유다. 하나님 나라 신학이라는 든든한 기초 위에서 일터 신학을 논의한다면, 다양한 상황 변화에 제대로 대응할 수 있을 것이다. 그래서 이것을 이 책의 첫 번째 과제로 삼았다.

두 번째로, 지금까지 소명론은 크게 두 가지 방향으로 논의되어 왔다. 하나는 조직신학의 관점에서 하나님께서 자기 백성을 '부르심'을 주제로 한 구원론적 논의이고, 다른 하나는 마르틴 루터(Martin Luther)가 제기한 직업 소명을 주제로 한 논의다. 영향력의 면에서 보자면, 후자가 훨씬 더 광범위하다고 할 수 있다. 루터의 직업 소명론이 서구 문명에서 세속 직업을 바라보는 관점에 끼친 영향력은 지대하다. '직업'을 뜻하는 독일어 단어 베루프(beruf)는 '소명'이란 뜻도 있다. 직업과 소명이 한 단어인 것이다. 그런가 하면 직업을 뜻하는 영어 단어 보케이션(vocation)은 소명을 뜻하는 라틴어 보카티오(vocatio)에서 유래했다. 일반 직업학에서 직업 소명이란 주제를 어렵지 않게 찾아볼 수 있는 것도 이러한 영향에서 비롯된 것이다.

그런데 소명론을 논하기에 앞서 살펴봐야 할 몇 가지 문제점이 있다. 우선 구원론의 소명론과 직업 소명론 사이의 연관 관계에 관한 좀 더 분명한 이해가 필요하다. 왜냐하면 연관 관계를 분명히 하지 않으면, 직업 소명론은 신학적인 근거와 성경적 근거가 취약하다는 평가를 받을 수밖에 없기 때문이다. 또한 구원 소명론과 직업 소명론을 별개로 다룬다면, 소명에는 여러 종류가 있다고 이해될 수 있다. 그러므로 구원 소명론과 직업 소명론을 아우르는 통합적인 소명론이 필요하다.

더불어서 최근 개신교회의 직업 소명론이 새로운 일터 환경에서 적용되기에는 한계가 보인다는 점도 문제다. 21세기 일터 현장에서는 평생직장을 더는 기대하기 어렵게 되었다. 멀티잡(multi-job)이 당연시되고 있는 상황에서 직업을 소명으로 이해하는 것이 과연 가능한가 하는 문제가 제기되고 있다. 이러한 도전에 맞서 직업 소명론을 구원론의 소명론과 연결할 뿐만 아니라 새로운 일터 환경에 적용할 길을 모색하고자 한다. 이것이 이 책의 두 번째 과제다.

지난 4년 가까이 연구 모임을 통해 두 가지 주제에 관한 많은 토론과 논쟁을 벌여 왔는데, 그 과정이 쉽지만은 않았다. 그간의 노력을 이 책에 담았다.

소설 형식을 빌리다

독자의 이해를 돕기 위해, 전반부에서는 특별히 소설이라는 형식을 빌려 이야기를 펼치고자 한다. 1세기 후반,

고대 로마 제국의 식민 도시 오스티아(지금의 오스티아 안티카)를 배경으로 가상의 교회와 인물들을 설정하고, 그들의 이야기를 통해 이 책이 주장하고자 하는 바를 들려줄 것이다.

이어서 후반부에서는 두 가지 과제를 수행하면서 얻은 결과를 이론적으로 설명할 계획이다. 나는 일을 '왕업'(王業)과 '생업'(生業)과 '죄업'(罪業)이라는 세 가지 범주로 구분하고자 한다. 특히 크리스천의 일에는 왕업과 생업의 차원이 동시에 존재함을 제시할 것이다. 하나님 나라 신학의 관점에서 보자면, 왕업은 일의 종말론적 차원으로서 '이미' 임한 하나님 나라와 관련되고, 생업은 일의 현실적 차원으로서 '아직' 임하지 않은 하나님 나라와 관련되기 때문이다.

소설과 이론의 결합은 일종의 실험이다. 이러한 시도의 성공 여부는 독자들의 피드백을 통해 가늠하게 될 것이다.

이 책이 출간되기까지 많은 우여곡절이 있었다. 그 과정에서 책의 내용이 계속 바뀌었다. 이 책을 쓰기 시작할 때 가졌던 맨 처음 생각에 엄청난 변화가 일어난 것이다. 이러한 생각의 변화는 연구 모임에서 토론하고 논쟁하며 비판하는 과정을 통해 이루어졌다. 나는 이 모든 과정을 성령님께서 인도해 주셨다고 믿는다. 성령 하나님께 감사와 찬송을 드린다.

1

셉티무스의
소명 이야기

◆ 소설로 시작해 보고자 한다. 이는 허구이며 독자의 이해를 돕기 위한 문학적 장치임을 밝힌다. 크리스천 노예 셉티무스 (Septimus)와 그 주인 코르넬리우스(Cornelius)가 주인공이다.

셉티무스, 크리스천이 되다

기원후 1세기, 로마 제국의 수도 로마를 향해 항해하려는 사람은 반드시 오스티아(Ostia)◆ 항을 거쳐 테베레강을 거슬러 올라가야 했다. 오스티아는 당시 로마의 관문 역할을 한 덕에 꽤 번성한 무역항의 지위를 누렸다. 전 세계에서 온 곡물과 상품이 이곳을 통해 로마로 운송되

◆ 1세기 고대 로마 항구 도시였던 오스티아는 그동안 침적으로 인해 해안선이 3km 정도 물러나는 바람에 지금은 더 이상 항구 도시가 아니다. 과거의 오스티아는 오스티아 안티카로 불리는 유적지가 되었고, 현재의 오스티아항은 새로 세워진 도시다.

었으며 로마의 인력과 물품이 이곳을 통해 전 세계로 퍼져 나갔다. 로마에서 재판받기 위해 가이사랴항에서 배를 탔던 바울도 난파당하지 않았더라면 이곳을 통과했을 것이다.

오스티아 시내에는 상점, 사무실, 창고 등이 길게 늘어서 있었으며 포룸(forum), 곧 중앙 광장 주위로 바실리카, 신전, 극장, 공중목욕탕 등 공공건물들이 둘러싸고 있었다. 상인, 선원, 관료, 귀족, 노예 등 약 2~3만 명의 주민이 살고 있었는데, 100만 인구의 로마에 비하면 작았지만, 당시로선 대도시였다. 하층민과 서민은 주로 로마식 아파트라고 할 수 있는 인술라(insula)에 모여 살았고, 상류층은 시내의 도무스(domus)나 교외의 빌라(villa)와 같은 고급 주택에 살았다.

오스티아항의 교역 물품 중에서 특히 중요한 것은 이집트를 비롯한 여러 곳에서 들여오는 곡물이었다. 이집트는 제국의 곡창 지대라고 할 수 있을 정도로 소출이 풍성했다. 하여 알렉산드로스 대왕(Alexandros the Great) 같은 정복자는 반드시 이집트를 정복하고자 했다. 당시 로마의 지배를 받던 이집트는 자기 땅에서 생산된 밀을 비롯한 곡물을 매일 같이 오스티아항과 여러 주요 항구 도시로 실어 나름으로써 로마인들을 먹여 살렸다. 만일 오스티아항이 막힌다면, 로마뿐 아니라 제국의 온 도시가 그야말로 패닉에 사로잡히게 될 것이다.

알렉산드리아에서 노예로 팔려 온 이집트 출신의 셉티무스는 주인 코르넬리우스를 따라 이곳 오스티아로 온 지 4~5년이 되었는데, 주로 이집트풍의 이국적인 요리를 도맡아 했다. 코르넬리우스는 원래도 꽤 성품이 괜찮은 편에 속하는 주인이었지만, 2~3년 전에 크리스천이 되고 난 뒤에는 더욱 존경할 만한 사람이 되었다. 셉티무스를 비롯한 여러 노예에게는 포르투나(Fortuna) 여신이 큰 행운을 가져다주었다고 할 만한 일이었다. 셉티무스는 진심으로 주인을 존경하였는데, 어느 날 주인을 따라 교회 모임에 참석하였다가 그도 크리스천이 되었다.

셉티무스, 천국을 맛보다

셉티무스는 주인 코르넬리우스를 따라 교회 모임에 처음 참석했던 2년 전의 그날을 잊을 수가 없다. 사실, 그는 주인이 크리스천이 된 뒤로 보인 이해할 수 없는 행동들로 인해 기독교가 무척이나 궁금했다. 그러던 차에 어느 날 주인이 궁금하면 같이 가 보자고 했다.

때는 저녁 식사 시간이었다. 주인을 따라나선 셉티무스는 순간 자신이 신전에서 제물로 바쳐지는 것은 아닐까 하는 두려움에 사로잡혔다. 아니면 으슥한 곳에서 치러지는 주술 의식을 보게 되지 않을까 하고 생각했다. 그런데 그의 예상과 달리 주인은 그를 도심의 도무스로 인도했다. 큰 규모로 보아 상류층의 저택이 분명했다. 이런 곳에서 신에게 예배를 드리기 위해 모인다는 사실이 셉티무스의 호기심을 자극했다.

주인과 함께 식탁에 앉다[*]

　　　　　　　　　　그들이 도착하자 어떤 남자가 밝게 웃으며 문을 열고 두 사람을 맞았다. 내부는 휑해 보일 정도로 검소해 보였지만, 전체적으로 상당히 밝은 분위기였다. 이미 10여 명의 신자들이 모여 있었다. 몇 사람이 코르넬리우스에게 다가와 가벼운 입맞춤으로 인사를 건넸다. 그중 한 명은 영락없이 자신과 같은 노예 출신으로 보였는데, 그가 상류층 사람과 스스럼없이 인사를 나누는 모습에 엄청난 문화 충격을 받았다. 코르넬리우스와 인사를 나눈 신자들이 셉티무스에게 다가왔고, 얼떨결에 그도 그들과 입 맞추며 인사를 나누었다.

　고대 로마 제국의 인사법에는 가족이나 친척들 사이에 입술만 살짝 갖다 대는 바시움(basium)과 공적인 자리에서 존경의 표시로 뺨에 가볍게 입 맞추는 오스클룸(osculum)이 있는데, 이때의 인사는 바시움에 가까웠다.

　집 안은 맛있는 음식 냄새로 가득했다. 요리에 일가견이 있는 셉티무스는 음식의 종류와 요리 수준을 바로 알 수 있었다. 순간 군침이 돌았다. 그들은 연회장이라고 할 수 있는 트리클리니움(triclinium)으로 안내되었다.

　당시 로마 귀족들은 손님들을 초대하여 이른 저녁부터 늦은 시간까지 트리클리니움에서 연회를 즐기는 것이 일상이었다. 값비싼 그릇

---

[*] 예배의 전반적인 분위기는 로버트 뱅크스의 《1세기 교회의 예배 모습》(장동수 역, 여수룬, 1999)을 참고하였다.

에 희귀한 이국 요리를 내놓음으로써 자신의 부와 고상한 취향을 은근히 자랑하곤 했다. 코스 요리를 배불리 먹고 나서는 대개 와인 파티로 마무리하는데, 간혹 난잡한 분위기로 흘러가기도 했다. 하지만 그곳의 분위기는 어느 연회와도 달랐다.

우선 자리 배치부터가 달라 보였다. 보통 연회에서는 주인이 상석에 앉고, 그 옆으로 주인과의 친소 관계나 지위와 신분에 따라 앉는 자리가 정해지기 마련이다. 어쩌다 눈치 없는 손님이 자기 자리보다 윗자리에 앉기라도 하면 면박을 당하기 일쑤였고, 심하면 쫓겨나기도 했다. 그런데 이곳에서는 도착한 순서대로 자리에 앉는 듯했다. 왜냐하면 귀족과 하층민이, 심지어 노예까지도 한데 섞여 앉아 있었기 때문이다. 지위의 고하를 막론하고 큰 소리로 웃으면서 서로 즐겁게 대화하는 모습을 보니 셉티무스의 마음이 들뜨기 시작했다.

참석자들은 통상 노예들이 해 주던 날벌레를 쫓는 일을 포함한 상당히 많은 일을 스스로 하고 있었다.* 게다가 여주인이 하인들과 함께 음식을 직접 나르기도 했다. 그러다 보니 자리에 앉은 노예들에게 귀부인이 음식을 날라다 주는 진풍경이 펼쳐졌다. '오, 이런 세상이 다 있구나.' 셉티무스는 자기도 풍성한 음식을 맛볼 생각에 흥분되었다.

음식은 주로 집주인이 마련했지만, 신자들이 각자 자기 집에서 가져온 음식도 꽤 많아서 참석자들이 먹고도 남을 정도였다. 음식뿐 아니라 옷이나 생필품을 가지고 온 이들도 많았는데, 어떤 신자는 돈을

* 로버트 뱅크스, 《1세기 교회의 예배 모습》, p. 35.

내놓기도 했다. 그들은 그것들을 그리스도께 바치는 '헌물'이라고 하였고, 그렇게 바쳐진 것들을 가난한 자나 병든 자, 생계가 어려운 과부들, 그리고 부득이하게 참석하지 못한 신자들에게 나누어 준다고 했다.* 자기 것을 나누어 남을 돕는다는 의미로 이를 '연보'(捐補)라고 불렀다. 때로는 믿지 않는 사람이라도 도움이 필요한 이들에게도 나누어 준다고 한다. 그래서 그들 공동체에서는 누구도 굶어 죽는 이들이 없다고 했다.

식탁에 앉은 모두가 격의 없이 교제하며 먹고 마셨다. 셉티무스는 처음으로 큰 식탁 공동체의 일원으로서 즐겁게 식사하는 경험을 했다. 여러 사람이 가져온 음식인지라 일관된 콘셉트가 있는 것은 아니었지만, 모두 정성스럽게 요리한 것들임을 알 수 있었다.

셉티무스는 음식을 맛있게 먹으면서도 이것이 과연 종교 모임인지 아닌지 혼란스러워졌다. 그는 옆 사람에게 도대체 예배는 언제 시작하느냐고 조용히 물었다. 그러자 놀라운 대답이 돌아왔다. 예배가 이미 시작되었다는 것이 아닌가!

---

* 로마 제국의 주요 도시에서는 정부가 가난한 시민들에게 빵을 무상으로 제공하는 큐라 아노나(cura annona)라는 제도가 있었지만, 노예나 빈곤층은 그런 혜택을 받기가 쉽지 않았다. 그래서 구걸이나 도둑질 등으로 생계를 이어 나가는 빈민들도 적지 않았다. 어떤 이들은 돈 많은 귀족들에게 찾아가 자신들이 섬길 파트로누스(patronus), 즉 후견인으로 모시게 해 달라고 부탁한 뒤, 허락을 받으면 후견인들에게 생계를 의탁하기도 했다. 직업이 있어도 하층민의 임금은 보잘것없었다. 하지만 귀족들은 도대체 어디서 돈이 나오는지 펑펑 써 댔다. 그런 상황에서 가난한 자들의 생계는 늘 위태로웠다. 종종 곡물 배급이 원활하지 않거나 기근이 들거나, 혹은 전염병이 돌거나 하면 굶어 죽는 이들이 속출했다.

오시리스냐 예수냐

　　　　　　　식사가 어느 정도 마무리되자 지도자로 보이는 나이 지긋한 남성이 일어나 "주님께서 명하신 대로 '기념 식사'를 합시다"라고 말했다. * 그러자 사람들이 식탁의 남은 음식들을 치우기 시작했고, 금세 차분한 분위기가 되었다. 그의 이름은 티투스(Titus)로 장로라고 했다. 티투스 장로는 인자한 얼굴을 하고 있었으나 굳은 확신에 차 있어 보였으며 그에게서 강렬한 카리스마가 뿜어져 나왔다.

　티투스 장로가 다 같이 '평화의 키스'로 인사하자고 하자 모든 신자가 일어나 서로 뺨에 입을 맞추며 인사했는데, 혹자는 입술을 가볍게 부딪치며 친밀한 인사를 나누며 평화를 기원했다. 귀족과 노예가 서로를 '형제자매'로 부르며 인사하다니! 셉티무스는 절대 불변의 가치인 줄 알았던 신분 질서가 와르르 무너지는 것을 목격했다. 순간 '여기가 천국이 아닌가?' 하는 생각이 들었다.

　신자들이 평화의 인사를 나누는 사이에 한쪽에 마련해 두었던 빵이 티투스 장로 앞으로 운반되었고, 참석자들의 잔은 최상급 적포도주로 새롭게 채워졌다. 장로가 빵 한 덩이를 손에 들더니 "이것은 그리스도의 몸입니다"라고 말하면서 찢어서 신자들에게 나누어 주었고, 그들은 그것을 받아먹었다. 또 장로가 포도주 잔을 들어 올리며 "이것은 그리스도의 피입니다"라고 말하자 모두가 함께 잔을 들고 포도주를 마셨다. 그들은 예배 때마다 빵과 포도주를 나누며 부활하신 그리

---

* 주의 만찬은 애찬(agape meal)이라고 부르는 식사와는 구별된 형태를 취했던 것으로 보인다.

스도를 기린다고 했다. 셉티무스는 예수라는 이름의 신(神)이 그곳에 와 있는 것 같은 느낌을 받았다.

사실, 셉티무스는 이집트의 많은 민중이 그러하듯 오랫동안 곡물의 신 오시리스(Osiris)를 섬겨 왔다. 이집트인들은 오시리스를 가리켜 죽음과 부활의 신이라고 불렀다. 그래서 셉티무스는 예수 그리스도가 부활했다는 얘기를 처음 들었을 때, 예수와 오시리스가 친족 관계는 아닐까 하고 생각했다.

오시리스는 악의 신 세트(Seth)에 의해 죽임을 당하여 몸이 갈기갈기 찢겨 사방에 흩뿌려졌는데, 여동생이자 아내인 이시스(Isis)가 조각난 사체를 다시 모아 부활시켰다고 한다. 셉티무스는 오시리스의 죽음과 부활이 절기의 순환, 특히 나일강의 범람과 농업의 주기를 의미함을 알고 있었다. 그래서 이집트인들은 다산과 풍요를 위해서 오시리스에게 기원했다. 부활한 오시리스는 내세를 주관하는 신이 되었으므로 죽은 뒤에 낙원에 들어가고 싶은 사람은 오시리스를 잘 섬겨야 하는데, 이 믿음이 장례 풍습에 큰 영향을 미쳤다.

그런데 예수 그리스도의 부활 이야기는 뭔가 달랐다. 그에게는 무척 낯선 이야기였다. 일단 신자들은 예수의 부활을 신화가 아닌 역사적 사건으로 굳게 믿었다. '몸'의 부활을 특히 강조하면서 부활한 날짜와 시간까지도 특정할 수 있다고 주장했다.

그날 셉티무스가 들은 티투스 장로의 가르침은 이러했다. '예수는 셉티무스와 다름없는 사람으로서 서른세 살까지 갈릴리와 유대 지역에서 활동하시다가 십자가에서 처형되셨다. 그러나 사흘 만에 죽음에서 부활하셨는데, 완전한 몸으로 되살아나셨다. 더 이상 아프지 않고, 영원히 죽지도 않는 완전한 몸으로 부활하시어 승천하셨다. 지금은 천상에서 온 세상과 온 우주를 통치하고 계신다. 그리고 언젠가 다시 돌아오실 텐데, 그때가 되면 모든 믿는 자의 몸이 부활하신 예수와 같은 몸으로 변형될 것이다. 그날이 올 때까지 부활하신 예수 그리스도께서 보내신 성령이 신자들과 함께하시며 신자들의 삶을 다스리신다.'

셉티무스는 처음 접하는 거대한 세계관 앞에서 그때까지 자신이 믿어 왔던 모든 것을 전면 수정하지 않으면 안 될 것 같은 강한 압박감을 느꼈다. 하나님의 아들 예수 그리스도께서 30~40년 전 어느 봄날에 부활하셨다는 것이 사실인가? 셉티무스도 예수님을 영접하면, 정말로 그리스도와 같은 부활의 몸을 입게 될까? 그리스도께서 다시 오시면, 새 하늘과 새 땅이 펼쳐진다는데, 과연 그럴까? 진짜로 그런 세상이 온다면, 얼마나 좋을까!

만유의 주께서 나를 아시다니

기념 식사, 곧 성찬(聖餐)이 끝난 뒤에도 모임은 계속되었다. 급한 일이 있어서 자리를 뜬 한두 사람을 빼고는 아무도 움직이지 않았다. 도리어 늦은 시간에 참석한 이들로 인해 인원수는 더 늘었다. 어느 순간, 신자들이 예수 그리스도를 높이는 찬가를 부르기 시작했다. 처음 듣는 가락이지만, 참으로 매혹적이었다. 가만히 들어보니 내용은 대충 이러했다. '예수 그리스도께서는 신의 아들이시다. 만유의 주께서 우리 죄를 대신해서 십자가에서 죽으셨고, 죽은 자 가운데서 부활하시었다. 그리스도께서는 마귀로부터 온 인류를 구하신 구원자요 교회의 머리이시다. 전쟁을 그치게 하고 평화를 가져오시는 이가 온갖 피조물을 먹이시고 입히신다. 만물은 예수 그리스도께 합당한 존경과 예배를 바칠지어다!'

찬가 사이에 기도가 이어지곤 했다. 신자들의 기도는 이집트 신전에서 제사드릴 때 읊조리던 주문과는 사뭇 달랐다. 마치 자녀가 부모에게 말하듯 모두가 알아들을 수 있는 말로 기도했다. 그렇게 친밀한 언어로 기도하는 것을 들으니 진짜로 신이 그들 사이로 거닐고 있는 것은 아닌가 하는 생각이 들었다. 또 찬찬히 들어보니 이방인들의 낯선 언어로 기도하는 소리도 들려왔다. 그들은 그것을 가리켜 '방언 기도'라고 하였다. 누가 방언 기도를 하면, 으레 누군가 그 의미를 해석해 주었다. 그가 들은 방언 기도의 내용은 이러했다. '하나님은 자기 백성들의 모임과 예배를 기뻐하시며 그들이 거룩한 삶을 살기를 원하신다, 그러니 이방 신들에게 제사하지 말라, 로마 제국의 타락한 향락 문화에 젖어 살지 말아라, 그런 삶을 산 자들은 돌이켜 회개하라….'

예배가 끝나갈 무렵에는 다 같이 다짐하는 시간을 가졌다.

"우상을 숭배하지 않고, 로마 황제를 신으로 섬기지 않겠습니다. 검투 경기를 보거나 도박에 빠지지 않겠습니다, 성을 사고팔지 않겠습니다. 악을 행치 않고, 선을 행하겠습니다. 대접받고 싶은 대로 남을 대접하겠습니다. 가난한 자들이 도움을 구할 때, 그들의 손길을 뿌리치지 않겠습니다…."

셉티무스는 다짐 하나하나를 들을 때마다 가슴이 뜨끔했다. '세상에! 이런 사람들이 다 있다니….'

모임이 끝나자 어떤 사람이 그에게 다가오더니 "셉티무스 형제여, 형제가 이곳에 온 것은 자의가 아니라 그리스도께서 부르셨기 때문입니다"라고 말해 주었다. 그 순간, 셉티무스는 가슴이 뜨거워짐을 느꼈다. 그에게 물었다.

"코르넬리우스 주인님이 저를 이곳에 데려오셨는데, 그리스도께서 저를 부르셨다니 그게 무슨 뜻입니까?"

"만유를 통치하시는 그리스도께서 그대의 주인 코르넬리우스뿐 아니라 모든 상황과 여건을 통하여 형제를 이곳으로 불러 주신 것입니다."

"아, 그런가요?"

"성령께서 이 말씀을 전해 달라고 하시는군요. '셉티무스여, 네가 이곳에 와서 너무너무 기쁘다'라고 말입니다."

셉티무스는 너무도 감격스러웠다. '그리스도께서 만유의 주이시라면, 이집트의 오시리스나 로마의 제우스(Zeus)보다 더 위대하신 분일 텐데, 그런 분이 한낱 노예에 불과한 내 이름을 기억하시고, 나를 이곳으로 인도해 주셨다고? 내가 이곳에 와서 기쁘다고 말씀하시다니!' 너무 황송하여 몸 둘 바를 몰랐다. 바로 그 순간, 셉티무스는 예수 그리스도를 믿어 보기로 결심했다. 아직 이해되지 않는 점이 많지만 말이다.

셉티무스, 소명을 깨닫다

셉티무스는 주인 코르넬리우스에게 자신도 예수 그리스도를 믿고 싶다고 말했다. 그러자 코르넬리우스가 이를 티투스 장로에게 알렸고, 셉티무스는 티투스와 면담하게 되었다. 티투스가 물었다.

"셉티무스 형제여, 예수를 믿는다는 것이 무슨 뜻인지 아시오?"

셉티무스가 대답했다.

"음…, 예수라는 신을 섬기며 도움을 청하는 것이 아닐까요?"

"사람들이 신을 믿는 이유가 대부분 그 때문이지요. 그런데 말이오. 예수님을 믿는다는 것은 예수님이 건설하신 나라의 시민이 된다는 뜻이라오."

"네? 나라라니요?"

"예수 그리스도를 믿는다는 것은 곧 예수님을 왕으로 모시고, 그 나라의 시민이 된다는 뜻이란 말이오. 그 나라를 가리켜 '하나님 나라' 혹은 '그리스도의 나라'라고 부르지요."

티투스의 말에 깜짝 놀란 셉티무스가 되물었다.

"로마 황제 말고 누가 다스린단 말입니까? 그건 황제 폐하에 대한 반역 아닌가요?"

티투스가 부드러운 미소를 지으며 조곤조곤 설명해 주었다.

"예수님을 왕으로 모신다고 해서 로마 황제에게 반역하는 것은 아니라오. 왜냐하면 황제도 사실 예수 그리스도의 종에 불과하니 말이오. 분명한 것은 만유의 주 예수 그리스도께서 다스리시는 그 나라에 들어가길 원한다면, 지금까지 섬겨 온 모든 신을 버려야 한다는 것이오. 한마디로 세상 나라를 떠나 하나님 나라로 들어가는 것이오. 우리는 이것을 회개라고 부른다오."

하나님 나라의 시민권 받기

셉티무스는 이것이 굉장히 까다로운 요구처럼 느껴졌다. 당시 사람들은 여유만 된다면 많은 신들에게 제물을 바치는 것이 지혜롭다고 생각했다. 왜냐하면 여행에서 안전하려면 여행의 신을 섬겨야 하고, 전쟁에 나가서 승리하려면 전쟁의 신을, 사업이 잘되려면 사업의 신을 섬겨야 했기 때문이다. 인생에서 무슨 일이 일어날지 모르니 다다익선, 많은 신을 섬길수록 좋다고 믿어 왔다. 그러나 기독교는 오직 예수 그리스도 한 분만 섬기고 다른 모든 신을 버려야 한다고 가르치지 않는가! 그는 예수가 과연 인간 삶의 수많은 문제를 혼자서 다 해결할 수 있을까 하는 의문이 들었다.

그러나 셉티무스의 가슴속에는 의문보다 강력한 소망의 씨앗이 이미 심긴 상태였다. 그는 자신이 지금까지 믿어 온 모든 신을 버리고서라도 새 하늘과 새 땅을 열 예수 그리스도를 믿어 보고 싶어졌다. 그래서 오시리스를 더는 섬기지 않겠다고 다짐하며 티투스 장로에게 그도 회개하고 다시 태어나는 경험을 해 보고 싶다고 말했다.

그러자 장로가 그에게 침례*를 제안했다. 다만 침례를 받으려면,

---

* 1세기 상황을 고려하여 세례가 아닌 침례로 표기했다.

몇 가지 알아야 할 것과 다짐해야 할 것이 있다고 했다. 그래서 침례를 받기 전에 몇 차례 더 면담을 갖기로 했고, 코르넬리우스는 이 기간에 셉티무스가 면담에 집중하도록 배려해 주기로 했다.

첫 면담 자리에서 셉티무스가 침례가 무엇이냐고 물었다. 티투스는 침례란 흐르는 물에 몸을 완전히 잠갔다가 일으키는 의식으로 첫째는 죄 씻음을 의미하며, 둘째는 죽었다가 다시 살아남을 의미하고, 셋째는 이 세상 나라를 떠나서 하나님 나라로 옮겨 가는 것을 의미한다고 말해 주었다. 그중 세 번째 의미가 셉티무스의 귀에 쏙 박혔다. "침례를 받으면, 하나님 나라로 들어갈 수 있단 말인가요?"

"그렇소. 침례를 받음으로써 하나님 나라의 시민권을 얻을 수가 있다오. 그러나 이 시민권은 인구 조사 명부에 기록되거나 법정에서 발급받는 증서의 형태로 받는 것이 아니오. 성령께서 형제의 영혼에 인치심으로써 받는거라오."

그 순간, 셉티무스는 천지가 개벽하는 듯한 충격을 받았다. 떨리는 목소리로 장로에게 물었다.

"침례를 받으면, 제가 시민권을 받게 되나요? 그럼 그 나라에서는 저는 더 이상 노예가 아니라는 말인가요? 우리 노예들의 평생 꿈이 로마 제국의 시민권을 받는 것인데, 로마 제국보다 훨씬 더 좋은 나라의 시민권을 받을 수 있다니 꿈만 같군요."

티투스는 침례에 관해 좀 더 자세히 가르쳐 주었다. 셉티무스의 몸이 물속에 잠기는 것은 그가 이 세상에서 얻은 모든 정체성의 죽음을 의미하며 물 위로 다시 올라오는 것은 그리스도의 부활의 몸에 참여하여 새 정체성을 받게 되었음을 의미한다고 했다. 즉 사룩스라 하는 몸을 물속에 잠글 때 옛 정체성, 곧 이집트 출신의 요리하는 남자 노예라는 정체성이 죽고, 물 위로 올라올 때 하나님 나라의 시민이라는 새로운 정체성을 얻게 된다는 것이다.

하나님 나라의 첩자처럼 살라

티투스가 차분한 음성으로 말하기 시작했다.

"그러나 그것은 아직 '영'으로서만 그렇게 된다는 것이 문제라오. 우리 '몸'까지 완전히 구속되려면 그리스도께서 다시 오셔야 하기 때문이오. 그때까지는 영으로는 더 이상 노예가 아니지만, 육으로는 이 땅에서 노예라는 현실 안에 머물러 있어야 하오. 그런데 이러한 사실을 무시하는 이들이 있어요. 실제로 에베소교회에서는 몇몇 노예들이 침례를 받고 크리스천이 되었으므로 더는 크리스천 주인을 위해서 일하지 않아도 된다고 생각했다오."

셉티무스가 고개를 갸웃하며 말했다.

"사실, 저도 하나님 나라의 시민권을 얻는다는 말에 그와 비슷한 생각을 한걸요."

티투스가 빙그레 미소를 지으며 말을 이어 갔다.

"셉티무스 형제여, 바울 선생께서는 아들 같은 제자 디모데에게 이렇게 당부하셨다오. '믿는 상전이 있는 자들은 그 상전을 형제라고 가볍게 여기지 말고 더 잘 섬기게 하라 이는 유익을 받는 자들이 믿는 자요 사랑을 받는 자임이라 너는 이것들을 가르치고 권하라'(딤전 6:2). 그리스도께서 그대를 코르넬리우스의 노예인 상태에서 부르셨다면, '부르심을 받은 그대로 지내라'라는 것이 그분의 뜻이오."

"계속 노예로 살라는 뜻입니까?"

"그렇소. 지금까지 그대가 살아온 모든 삶의 여정이 하나님의 부르심 안에 있다오. 심지어 노예로 사는 삶까지도 하나님의 섭리요 부르심이라오."

셉티무스는 왠지 억울해졌다.

"하나님 나라의 시민권을 받는다면서요? 시민권을 받으면, 자유인이 되는 거 아닙니까? 시민권을 받았는데도 노예로 계속 살라니요? 노예라는 옛 정체성이 죽었다면서 여전히 노예라고 하시니, 제가 남자가 아니면서 남자이기도 하고, 이집트인이 아니면서 이집트인이기도 하다는 말씀인가요?"

티투스가 웃으며 대답했다.

"하하하, 재밌는 표현이오. 그렇다면 형제의 표현을 그대로 받아서 이렇게 얘기해 보겠소. 형제는 '이미' 그리스도 안에서 자유인이 되었소. 그러나 '아직' 이 땅에서는 노예인 상태로 지내야 하오. 형제는 '이미' 남자라는 정체성을 벗어 버렸지만, '아직' 이 땅에서는 남자이고, '이미' 하나님 나라의 시민이 되었으나 '아직' 이 땅에서는 로마 제국 오스티아에 사는 이집트인 노예로서 살아야 한다는 뜻이오."

"제가 '이미' 하나님 나라의 시민이 되었다면, '지금' 당장 자유인으로서 살아도 되지 않겠습니까?"

티투스가 먼 곳을 바라보며 말했다.

"이 세상의 마지막 날에 새 하늘과 새 땅이 열릴 것이오. 그러면 형제는 더 이상 노예가 아니라 완전한 자유인이 될 것이오. 그러나 그 날이 올 때까지는 하나님이 이 세상을 붙들고 계실 것이오. 비록 이 세상이 죄악에 물들어 있고, 공중 권세 잡은 자가 왕 노릇을 하고 있소만, 베드로 사도가 말하기를 '이제 하늘과 땅은 그 동일한 말씀으로 불사르기 위하여 보호하신 바 되어 경건하지 아니한 사람들의 심판과 멸망의 날까지 보존하여 두신 것이니라'(벧후 3:7)라고 하였소. 신자라면 이 세상을 붙들고 계시는 하나님의 뜻을 경홀히 여겨서는 안 될 것이오."

"장로님, 그럼 저는 주님이 오실 때까지 계속 노예로 살아야만 합니까?"

"형제여, 그대는 이미 영으로는 자유인이오. 그러나 겉으로는 오히려 예전보다 더 충직한 노예가 되어야 하오. 이것은 신자의 은밀한 비밀이라오."

"마치 적국에 몰래 숨어든 첩자같이 말입니까?"

"그거, 참 좋은 비유로군. 그렇소. 형제는 하나님 나라에서 이 세상 나라로 보내진 첩자인 셈이오."

셉티무스는 티투스의 가르침을 이해하기가 쉽지 않았고, 실천하기는 더 어려웠다. 티투스 장로의 가르침은 당시 노예들의 유일한 관심이 노예 신분에서 벗어나는 것이었음을 기억한다면 매우 의미심장하다. 당시 노예 신분에서 벗어나는 길은 첫째, 주인이 살아생전에 노예를 해방시켜 주거나 둘째, 주인이 자신이 죽은 후에 노예를 해방시켜 주겠다는 유언을 받는 방법, 셋째, 특별한 공을 세워 자유인이 되는 상을 받거나 넷째, 돈으로 자유민의 지위를 사는 방법 등이 있었다. 제국은 노예들로 하여금 해방 가능성을 믿게 함으로써 더 큰 노동력을 끌어낼 수 있음을 진즉 알았던 것이다. 즉 해방의 소망은 노예들에게 일종의 미끼였다.

여느 노예들처럼 셉티무스의 최대 관심사도 해방이었으므로 그 또한 소망을 품고 악착같이 돈을 모으고 있었다. 그런 그에게 티투스 장로는 "노예 해방이 그대 삶의 제일 목표가 되어서는 안 되오. 그대 삶의 목표는 그리스도께 영광을 돌리는 것이라야 하오"라고 가르쳤다. 그러면서도 "바울 선생이 '네가 종으로 있을 때에 부르심을 받았느냐 염려하지 말라 그러나 네가 자유롭게 될 수 있거든 그것을 이용하라'(고전 7:21)라고 말하셨으니, 형제도 해방될 기회가 있다면 굳이 그것을 거부할 필요는 없소"라고 조언해 주었다. 이것은 복음이 현 체제를 맹목적으로 옹호만 하는 것은 아니라는 뜻이다. 한마디로 그리스도 안에서 자유인이 된 신자에게는 이 땅에서의 삶이 '노예여도 그만, 해방되어도 그만'이다. 신자의 진정한 정체성은 그리스도 안에 있으니 옛 정체성에 가치를 두지 말라는 뜻이다.

생업에 충실하라

셉티무스는 침례를 받기에 앞서 예수 그리스도께 뭔가 바쳐야 한다고 생각했다. 당시 신을 섬긴다는 것은 곧 신에게 제물을 바치는 것을 의미했기 때문이다. 그가 티투스 장로에게 물었다.

"장로님, 예수 그리스도께 어떤 제물을 바치면 좋겠습니까?"

"형제여, 그리스도께서 과연 형제에게서 소나 양이나 염소 같은 제물을 받길 원하시겠소?"

"모든 신은 제물을 원하지 않습니까?"

"형제여, 그리스도께서는 형제가 소나 양이나 염소가 아닌 자기 자신을 제물로 바치기를 원하신다오."

"네? 저를 제물로 바치라고요? 설마 저를 죽이실 생각은 아니겠죠?"

"물론, 아니지요. 형제는 자신을 죽은 제물이 아닌 산 제물로서 주님께 바쳐야 하오."

"산 제물이라니요?"

"그리스도께서 원하시는 대로 사는 것이야말로 곧 자신을 산 제물로 바치는 것이라오."

그제야 셉티무스가 고개를 끄덕이며 말했다.

"알겠습니다. 이제부터라도 그리스도께서 원하시는 대로 살겠습니다. 그런데 어떻게 살아야 하죠?"

티투스가 셉티무스의 등을 도닥도닥 두드리며 말했다.

"오늘은 그중 첫 번째를 말해 주겠소. 형제는 지금 코르넬리우스 형제의 집에서 주로 요리를 맡고 있다고 들었소만."

"네, 맞습니다."

"그 일을 열심히 하길 바라오. 자기 일을 절대로 소홀히 여겨서는

안 되오. 예수님을 믿기 전보다 더 열심히 하시오. 그게 첫 번째요."

"그게 다입니까? 제 일을 열심히 하는 것이 곧 그리스도께 저 자신을 바치는 일이란 말씀인가요?"

티투스가 목소리에 힘을 주며 말하기 시작했다.

"그렇소. 그리스도께서 모든 신자에게 가장 기본적으로 원하시는 삶의 태도는 타인에게 손 벌리지 않고, 자기 생업(生業)에 열심히 종사하여 스스로 생계를 책임지며 가족을 부양하는 것이라오. 이것이 출발점이오. 하나님이 형제로 하여금 코르넬리우스의 집에서 일하게 하신 것도 하나님의 섭리요 선물이라오. 그 일을 통해서 형제와 가족이 먹고살 수 있게 되었으니까 말이오. 그러니 자기 생업에 충실한 것은 곧 부르심에 합당하게 사는 것이고, 그것이 바로 하나님께 자기 자신을 산 제물로 바치는 것이라오.

그런데 데살로니가교회 성도 중에는 그리스도께서 곧 재림하실 터이니 생업은 제쳐 두고 그리스도의 강림만을 기다리자고 하는 이들이 있었소. 그런데 당장에 먹을 것이 없으니 다른 신자들에게 손을 벌리며 살아야 했소. 그래서 바울 선생이 그들에게 보낸 편지에서 이렇게 말했다고 하오. '조용히 일하여 자기 양식을 먹으라'(살후 3:12). 그리스도의 강림을 소망하더라도 자기 생업을 팽개쳐서는 안 된다는 뜻이오. 그러니 형제가 자기 주인의 집에서 맡은 바를 다하여 생계를 해결하는 것은 그리스도께서 원하시는 삶을 사는 첫 번째 길이요 신자의 의무라오."

"아, 그렇군요. 잘 알겠습니다. 제 일을 성실히 해내겠습니다!"

생업의 의미를 깨달은 셉티무스는 마음이 한결 가벼워진 것 같았다.

셉티무스, 왕 같은 제사장으로 살기로 하다

셉티무스는 티투스 장로 앞에서 다짐한 대로 열심히 일함으로써 자신의 생계를 스스로 책임지는 존재가 되고자 했고, 자기 주인을 더 잘 섬기기 위해 노력했다. 코르넬리우스도 다양한 방식으로 셉티무스에게 호의를 베풀었으며 티투스 장로에게 셉티무스의 변화를 자랑하곤 했다.

두 번째 면담이 있던 날, 셉티무스는 그동안 자신이 얼마나 열심히 일했는지를 티투스 장로에게 보고했다. 그러자 티투스가 웃으며 말했다.

"형제여, 코르넬리우스 형제를 통해 그대가 이전보다 더 성실하게, 더 열심히 일한다는 얘기를 전해 들었소. 참 잘했소. 그리스도께서 그대를 부르신 뜻을 잘 받들고 있구려."

"장로님, 아무리 생각해도 생업만 해가지고 저 자신을 그리스도께 산 제사로 드리는 것 같지 않습니다. 저는 예수님을 믿기 전부터 성실했습니다. 이집트에서부터 이곳에 오기까지 생업을 놓은 적이 별로 없어요 그리고 주위의 믿지 않은 노예들도 열심히 일합니다."

티투스가 셉티무스의 어깨를 토닥이며 말했다.

"기다리시오. 지금부터 그리스도를 위해 사는 두 번째 방법에 관해 말해 드리겠소. 지난번에 침례 현장에서 신자는 그리스도와 함께 죽고, 그리스도와 함께 다시 살아난다고 말한 바 있소. 다시 살아난 뒤에는 신자의 정체성이 어떻게 바뀐다고 말했는지 기억하오?"

생업, 왕업이 되게 하라

셉티무스가 자신 있다는 듯 힘주어 대답했다.

"그럼요. 신자는 그리스도 안에서 자유인이 되고, 하나님 나라의 시민이 된다고 하셨지요."

"맞소. 그런데 그보다 훨씬 더 큰 비밀이 있다오. 베드로 사도가 신자들을 가리켜 '왕 같은 제사장들'(벧전 2:9)이라고 말했다오."

"'왕 같은 제사장'이라니요? 왕인 동시에 제사장이란 말씀입니까?"

"그렇소. 로마인들은 황제를 가리켜 폰티펙스 막시무스(pontifex maximus)* 라고 부르오."

"그 말은 신자가 황제와 같은 존재라는 뜻입니까?"

"똑같다고 할 수는 없지만, 그만큼 존엄한 존재라는 뜻이오. 그러니 형제도 왕 같은 제사장으로서 말하고 행동해야 하오."

"물론, 그렇게 살고는 싶지만, 어떻게 해야 할지 모르겠습니다."

티투스가 말했다.

"왕은 왕으로서 할 일이 있지 않겠소? 그것을 왕업(王業)이라고 하

---

* 로마의 최고 사제를 가리키는 칭호다. 율리우스 카이사르(Gaius Julius Caesar)가 이 칭호를 취한 후, 로마 황제를 지칭하는 칭호가 되었다.

오. 신자에게 왕업이란 무엇이겠소? 태초에 아담과 이브가 에덴동산에서 했던 일을 말하오. 그리고 예수님이 이 땅에서 하셨던 일이기도 하고, 장차 완성될 하나님 나라에서 하게 될 영광스러운 일이기도 하오. 예수님은 이 땅에서 늘 하나님 아버지와 동행하시고, 소외된 약자를 돌보셨는데, 이처럼 하나님을 경외하고, 사람을 섬기는 일이 바로 왕업이오."

"그러나 저는 한낱 노예에 불과한 걸요."

"형제가 주인집에서 맡은 일이 무엇이라고 했소?"

"요리입니다. 제 생업이지요."

"바로 그 생업을 왕업으로 만들어야 하오."

"예? 제가 하는 하찮은 일이 어떻게 왕업이 될 수 있단 말입니까?"

티투스 장로가 말을 계속 이어 갔다.

"형제는 예수님을 믿기 전부터 생업에 열심히 종사해 왔다고 했소. 또 다른 믿지 않는 이들도 생업에 종사하는 이들이 많으오. 그런데 이들은 생업을 잘 감당하는 것이 곧 하나님의 뜻을 이루는 것이라는 사실을 알지 못한 채 그저 일만 하는 것이오. 오직 신자만이 자기 생업의 참 의미를 깨달으니 안 믿는 사람은 당최 알 수가 없지. 생업의 의미를 알고, 하나님을 경외하며 사람을 섬길 때, 형제가 하는 일은 비로소 왕업이 된다오."

"그렇습니까?"

"형제여, 주님이 강림하실 때 이 땅에 하나님 나라가 완성될 것이오. 그러나 지금도 교회 안에서 그 미래의 나라를 엿볼 수 있는데, 바울 선생은 이를 위해 갈라디아교회 성도들에게 두 가지를 권면했다오. '너희가 짐을 서로 지라'(갈 6:2)와 '각각 자기의 짐을 질 것이라'(갈 6:5)라는 말씀이오."

셉티무스가 고개를 갸우뚱거리며 물었다.

"그 두 가지는 서로 다른 말씀 아닙니까?"

티투스가 입가에 미소를 지으며 말했다.

"후후, 내 이야기를 한번 들어보시오. 신자가 '서로의 짐'을 지는 모습을 보일 때, 하나님 나라가 이 땅에 그 모습을 드러낸다오. 교회 공동체에도 형편이 어려운 신자들이 있는 법이오. 교회는 생계유지조차 어려운 고아나 과부들을 돕기 위해 연보할 대상들의 명단을 가지고 있는데, 교회에 들어온 연보를 그들에게 나누어 주어 가난한 자들이 생계를 꾸려갈 수 있도록 돕고 있소.

그런데 디모데가 사역하던 에베소교회에서 이를 악용한 일이 벌어졌다오. 과부이기는 하지만 돈벌이하는 자녀들이 있는 경우에는 비교적 사정이 넉넉한 편인데, 그들도 구제 명단에 포함시켰던 것이오. 생계를 꾸릴 능력이 있는 자녀들이 자기 어머니를 돌보지 않고, 교회에 책임을 떠넘긴다는 소식을 들은 바울 선생이 불같이 화를 내며 이렇게 말했소. '누구든지 자기 친족 특히 자기 가족을 돌보지 아니하면 믿음을 배반한 자요 불신자보다 더 악한 자니라'(딤전 5:8). 얼마나 화가 났는지 그런 신자들은 불신자보다도 더 악한 자라고 했소. 자신과 가족의 생계를 책임지는 것은 불신자들도 행하는 당연한 도리인데, 믿는 자가 되어서 그조차 지키지 않는 것이 얼마나 악하냐며 책망한 것이오. 만일 누군가가 교회의 상호 부조를 악용하여 자기 할 일을 하지 않고, 다른 지체를 의존하여 살고자 한다면 어떤 일이 벌어지겠소? 그런 일이 자주 발생한다면, 정말로 지원이 절실한 신자들이 도움을 받지 못하지 않겠소? 교회는 돕지 않아도 될 이들까지 돕느라 구제 사역을 수행하기에 벅차게 될 것이오.

그러나 신자들이 각자 자기 짐을 스스로 진다면, 서로의 짐을 지는 데 부담이 덜하지 않겠소? 즉 자기 짐을 지는 것이 곧 다른 형제들의 부담을 줄여 주는 길이라는 뜻이오. 그래서 바울 선생이 서로 짐을 져 주되 자기 짐은 자기가 지라고 말한 것이오."

셉티무스는 첫 모임에서 보았던 풍성한 연보 물품들을 떠올렸다.

"교회 공동체에서는 누구도 굶어 죽는 이들이 없다는 말을 듣고, 깜짝 놀랐던 기억이 납니다. 정말로 별천지에 와 있는 줄 알았어요."

티투스가 말을 이어 갔다.

"자기 생업을 잘 감당함으로써 왕업에 참여할 수 있다는 것을 알아야 하오. 한편으로는 다른 이들의 부담을 줄여 주고, 다른 한편으로는 정말로 가난한 자들을 구제할 수 있게 되기 때문이오. 이처럼 자기 생업에 충실한 동시에 구제 활동도 열심히 한다면, 그때 생업이 곧 왕업이 되는 것이오."

그리스도를 본받으라

"셉티무스 형제여, 그대가 생업에 열심히 종사하다 보면, 그 자체로 복음 전파에 도움이 된다는 사실을 아시오?"

"그냥 먹고살기 위해 하는 일인데, 복음 전파에 도움이 된다니 무슨 말씀입니까?"

"바울 선생은 데살로니가교회 성도들에게 '조용히 자기 일을 하고 너희 손으로 일하기를 힘쓰라 이는 외인에 대하여 단정히 행하고 또한 아무 궁핍함이 없게 하려 함이라'(살전 4:11-12)라고 말한 바 있소. 앞서 그리스도의 재림만을 기다리며 생업을 제쳐 둔 이들이 있었다고 한 이야기를 기억하시오?"

"네, 그럼요."

"그들이 어떤 문제를 일으켰는지도 아시오?"

"잘 모르겠지만, 주변에 믿지 않는 사람들이 보고 수군댔을 것 같습니다."

"바로 그것이오. 믿지 않는 사람들은 나태한 몇 명만 보고도 교회와 주님을 비방할 수 있소. 그러다 보면 전도의 문이 막혀 버린다오."

"아, 그러니까 제가 열심히 일해서 생활에 궁핍함이 없다면, 믿지 않는 사람들이 저와 교회와 그리스도를 비방하지 않을 테고, 결국 그것이 전도에 도움이 된다는 말씀이로군요!"

"맞소."

티투스 장로가 셉티무스의 눈을 들여다보며 말했다.

"형제여, 그대가 침례를 받고 나면, 그리스도 안에서 자유인이 될 텐데, 기분이 어떨 것 같소?"

"생각만 해도 벌써 가슴이 뜁니다. 하지만 노예로 부름 받았으니 노예로서 조용히 살아가야겠지요."

"아니오. 육으로는 노예이오만, 영으로는 자유인이 될 테니 자유인답게 살아야 하오."

"영으로 자유인답게 산다는 것은 무엇입니까?"

"그동안 형제는 주인이 시키는 일만 하며 살아왔을 거요. 그렇지 않소?"

"그야 당연하지 않습니까? 저는 주인의 소유물인 노예에 불과하니까요. 우리를 보고 '말하는 가축'이라고 하지 않습니까? 노예는 그저 주인이 시키는 대로만 하면 됩니다. 주인도 다른 것을 기대하지 않아요. 하라는 것은 하고, 하지 말라는 것은 안 하는 것이 노예로서 잘 사는 삶이지요."

"만일 형제가 노예 신분에서 해방된다면, 그때도 그렇게 살겠소?"

"글쎄요. 스스로 판단하며 일을 결정하지 않을까요?"

"형제는 침례 현장에서 노예로서 그리스도와 함께 죽고, 그리스도 안에서 자유인으로 다시 태어날 것이오. 비록 신분은 여전히 노예일지라도 속사람은 자유인이 되는 거요. 따라서 그때부터는 주인이 어떤 일을 시켜도 그 일에 대해서 자유인으로서 스스로 생각하고, 판단하여 일해야 하오."

"그러니까 마음속으로 그렇게 하라는 말씀이지요?"

"그렇소. 신자는 눈에 보이는 육의 세계보다 보이지 않는 영적 현실을 더욱 믿는 이들이라오."

"지금까지 주인이 시키는 일만 하며 살아왔는데, 자유인으로서 일하는 법을 새롭게 배워야겠습니다."

"모르긴 해도, 그동안 형제는 주인이 볼 때는 성실하게 일하다가도 주인이 보지 않으면 꾀부리며 적당히 일하기도 하지 않았소?"

"네, 부끄럽지만, 솔직히 종종 그랬습니다."

"자유인으로서 일한다는 것은 눈가림으로 적당히 일하는 것이 아니라 좀 더 창의적이고 효과적인 방법을 찾아 자발적으로 일하는 것을 말하오. 즉 주인이 보든 안 보든 열과 성의를 다해 일하는 것이오. 바울 선생은 에베소교회에 보내는 편지에서 '눈가림만 하여 사람을 기쁘게 하는 자처럼 하지 말고 그리스도의 종들처럼 마음으로 하나님의 뜻을 행하고 기쁜 마음으로 섬기기를 주께 하듯 하고 사람들에게 하듯 하지 말라'(엡 6:6-7)라고 말하였소. 이렇게 해야만 그대의 일이 생업을 뛰어넘어 왕업의 차원으로 올라설 수 있기 때문이오."

"음, 그렇다면 저는 필생의 역작을 만들겠다는 자세로 요리해야겠군요."

"참으로 귀한 다짐이오."

"장로님, 한 가지 걱정되는 것이 있습니다. 제가 이렇게 결단하고 열과 성의를 다해 요리했는데도 주인님이 몰라주시면 몹시 실망할 것 같습니다."

"그대가 그런 자세로 일한다면, 코르넬리우스와 그의 가족이 크게 만족할 것이오. 그러나 사람을 보고 일하다 보면 상처받기 마련이라오. 주님을 본받으시오. 예수 그리스도께서는 자기 몸을 사람들에게 의탁하지 아니하셨소. 사람의 성정을 잘 아셨기 때문이오(요 2:24). 그럼에도 불구하고 주님께서는 사역하실 때는 항상 최선을 다하셨다오."

"아, 그렇군요."

천국에서처럼 일하라

"셉티무스 형제여, 자발적으로 일할 때, 반드시 필요한 것이 무엇이라고 생각하오?"

"글쎄요, 잘 모르겠습니다."

"바로 일의 목적이라오."

"그렇겠군요. 시키는 일만 하는 사람에게는 목적이라는 게 필요 없을 테니까요."

"맞소. 자발적으로 일하는 사람이 일의 목적을 생각하는 법이오. 그리고 목적이 있어야 성취감도 맛보는 법이라오."

"그런데 일의 목적이란 무엇입니까?"

"신자에게 일의 목적은 크게 두 가지가 있소. 형제가 최선을 다해서 요리하고 나서 얻고자 하는 것이 무엇이오? 돈과 명성이오? 아니, 그런 것은 신자의 목적이 될 수 없소. 그보다는 그대의 요리를 맛볼 손님들을 기쁘게 하고 행복하게 하는 것을 목적으로 삼는 편이 낫소. 그럼으로써 이웃 사랑이라는 계명을 성취할 수 있기 때문이오"

"그럼, 두 번째 목적은 하나님을 사랑하라는 계명을 지키는 것인가요?"

"그렇소. 하나님께 영광을 돌리고, 그리스도를 기쁘시게 하는 것이 일의 두 번째 목적이라오. 무슨 일을 하든지 하나님께 영광을 돌리는 삶을 살아야 하오."

"그런데 하나님께 영광을 돌린다는 것은 구체적으로 어떤 의미입니까?"

"형제가 필생의 역작을 남기겠다는 자세로 요리한다면, 분명 사람들이 크게 감동할 것이오. 그런데 만일 형제가 신자로서 하나님을 향한 믿음과 헌신의 마음으로 일한 것을 알게 된다면, 사람들이 어떻게 할 것 같소?"

"아, 그때 하나님께 영광을 돌리게 되겠군요!"

"그렇소. 결국 우리의 일의 목적은 하나님 사랑과 이웃 사랑으로 귀결됩니다. 형제님이 그러한 목적의식으로 일한다면 분명 성령께서는 형제님의 마음에 그리스도의 사랑을 풍성히 부어주실 것입니다. 그리하여 형제의 일은 사랑으로 충만하게 될 것이고, 형제가 한 요리는 사랑의 향신료로 듬뿍 뿌려진 음식이 될 것이며, 사람들은 그 요리에서 사랑의 향신료를 맛볼 수 있을 것입니다. 이렇게 일을 통해서 이웃 사랑과 하나님 사랑의 계명을 성취할 때 생업이 왕업이 되는 것입니다."

셉티무스는 티투스 장로의 가르침에 감탄했다.

"장로님, 기독교 신앙이 제 삶과 제 일의 성격을 이렇게 바꿔 놓을 줄 몰랐습니다."

"다른 종교는 신에게 제사만 바치면 되기 때문에 우리가 일하는 방식이나 일상에서의 삶에 별 영향을 미치지 않소만, 기독교는 다릅니다. 기독교는 온 세계를 새롭게 바라보게 하고 우리의 삶 전체를 변화시켜 일하는 방식과 일상에서의 삶의 방식을 바꾼다오."

"저는 처음에 예수 그리스도께서 어떻게 홀로 인간 삶의 모든 영역에 관여하실까 의문이었습니다. 이제 보니 그게 참 무지한 생각이었네요."

"그렇소. 예수 그리스도는 만유의 주이시오. 인간의 모든 활동, 모든 영역을 통치하신다오. 그래서 우리의 모든 일은 다 주님의 일이 되는 거요."

"그렇다면 제가 주방에서 요리하는 일도 주님의 일이 되겠습니까?"

"당연하오. 형제가 코르넬리우스 집안의 모든 가족과 식솔들에게 음식을 제공할 때, 사실 이것은 그리스도께서 그들을 먹이시는 일이라오. 형제의 손길을 통해서 그들을 먹이고 계시는 것이지요. 그러니까 형제가 빵과 음료를 만드는 것도 결국은 그리스도의 일이 되는 것이오."

"이 땅에서 일어나는 모든 일이 다 그리스도의 통치 아래 있다니 정말 놀랍습니다."

"모든 일이 주님의 일이라는 말은 그 일을 주님께서도 몸소 하신다는 의미도 된다오."

"네? 만유의 주께서 이 땅에서 인간들이 하는 모든 일을 친히 하신다고요?"

"그리스도께서는 만유의 주이심에도 불구하고 이 땅에 계실 때에 스스로 일하시는 모범을 보이심으로써 이 땅에서 일하는 자의 모범이 되셨소. 이런 의미에서 모든 일은 곧 주의 일이 될 수 있다는 뜻이오."

"신인데 일을 한다니 너무 낯설게 들립니다."

"형제여, 혹시 주님이 이 땅에 오셔서 30년간 목수와 석공으로 일하셨다는 사실을 들어본 적 있소?"

"네? 만유의 주께서 이 땅에서 목수와 석공으로 일을 하셨다고요? 어떻게 신이 그런 비천한 일을 할 수 있나요?"

"이방의 신들은 일하지 않는 것을 특권으로 내세우오만 그러나 우리 주님께서는 나사렛이라는 작은 시골 동네에서 목수와 석공으로 일하시면서 생계를 친히 꾸리셨다오. 직접 일하심으로써 일하는 사람의 모범이 되셨소."

"와, 실로 그리스도라는 신은 제가 알고 있던 모든 신과 너무나 다르시네요."

"허허, 우리 주님은 친히 음식도 준비하셨다오."

"네? 저처럼 말입니까?"

"그렇소. 그리스도께서 부활하신 후 갈릴리 호수에서 고기를 낚는 제자들을 찾아가셨소. 새벽녘이었는데, 주님께서는 제자들을 위해서 아침 식사를 준비하셨소. 숯불을 피우시고 그 위에 생선을 구우셨지요. 떡도 따뜻하게 데워 놓으시고는 '와서 조반을 먹으라'(요 21:12) 하고 제자들을 부르셨다오."

"오, 세상에! 제가 하는 일을 주님도 하셨다는 게 믿어지지 않네요."

"한번 생각해 보시오. 주님께서 사랑하는 제자들을 위해서 아침 식사를 준비하시는데, 대충 하셨을 것 같소?"

"그럴 리가요? 제자들을 위해서 십자가에서 죽기까지 하셨는데요. 대충 준비하셨을 리가 없지요."

"맞소. 그것이 바로 형제가 일할 때 본받아야 할 주님의 모습이오.

이것이 바로 '무슨 일을 하든지 마음을 다하여 주께 하듯'(골 3:23) 하라는 뜻이라오."

"지금까지 주방의 신은 베스타(Vesta)인 줄로만 알았는데, 예수 그리스도야말로 진정한 요리의 신이셨군요!."

"바울 선생은 에베소교회의 크리스천 노예 성도들에게 이렇게 권면했다오. '기쁜 마음으로 섬기기를 주께 하듯 하고 사람들에게 하듯 하지 말라 이는 각 사람이 무슨 선을 행하든지 종이나 자유인이나 주께로부터 그대로 받을 줄을 앎이라'(엡 6:7-8). 노예든 자유인이든 모든 선한 일에 상급을 주신다는 말씀이라오. 우리는 주의 일에 대해서 두 번의 보상을 받는 셈이오. 한 번은 이 땅에서 먹거리와 의복으로, 그리고 또 한 번은 천국에서 상급으로 말이오."

"주님은 정말로 좋은 분이시군요."

"형제여, 이제 마지막으로 말해 줄 것이 있소."

"네, 말씀해 주십시오. 장로님의 말씀은 한마디 한마디가 너무 귀합니다."

"형제가 주인집 주방에서 일할 때, 그곳이 천국이라고 생각하고 일하길 바라오."

"주방에서도 주님이 저와 함께하시니, 그곳을 하나님 나라처럼 생각하라는 말씀인가요?"

"물론, 그것도 맞는 말이오만, 지금 이 땅에서 일하는 것이 나중에 하나님 나라에 들어가서 하게 될 일을 미리 훈련하는 셈이라는 뜻이라오."

"하나님 나라에서 제가 요리를 하게 된다는 말씀인가요?"

"하나님 나라가 어찌 생겼는지는 알 수가 없소. 다만 주님께서는 하나님 나라를 혼인 잔치에 비유하곤 하셨다오."

"그러고 보니 첫 모임에 갔던 날이 생각나는군요. 풍성한 음식이 차려져 있던 그 자리가 제게는 마치 천국과도 같았답니다."

"만일 천국이 혼인 잔치 자리와도 같다면, 그곳에 음식이 빠져서야 되겠소?"

"맞네요."

"그러니 형제가 주방에서 조리할 때, 나중에 천국에서 차릴 잔칫상 준비를 미리 연습해 본다고 생각해도 좋지 않겠소?"

"정말로 그럴 수만 있다면, 얼마나 영광스러울까요!"

"먹고살기 위해 일하는 생업은 이 땅에서만 하는 거라오. 하나님 나라에서는 먹고살기 위해서가 아니라 오직 그리스도와 이웃을 섬기는 목적으로만 사랑의 수고를 하게 될 것이오. 그것이 바로 왕업이오."

"제가 지금 하는 일은 장차 천국에서 하게 될 일을 훈련하는 거란 말씀이지요. 생업이 왕업으로 승화할 수 있다는 말씀이 이런 것이로군요."

"허허, 바로 그거요."

셉티무스, 왕업에 더욱 힘쓰다

셉티무스는 티투스 장로의 가르침에 큰 감명을 받았다. 집에 돌아와서 일할 때 평상시와는 다른 마음가짐으로 일하는 자신을 발견하고는 스스로 놀라기도 했다. 생각을 바꾸고 관점을 다르게 갖는 것이 얼마나 중요한지를 새삼 깨달았다. 그는 생업을 잘 감당하는 것이 곧 하나님의 뜻을 행하는 것이라는 티투스 장로의 말을 늘 기억했다.

코르넬리우스도 그의 변화된 모습을 보고 뿌듯해했다. 셉티무스가 믿음의 결단은 말뿐 아니라 행동으로도 입증하고 있음을 티투스 장로에게 자랑했고, 장로는 셉티무스에게 침례를 베풀 때가 되었다고 판단했다.

주님을 위해 직분을 맡다

드디어 셉티무스가 침례를 받았다. 그는 자신이 완전히 새로운 존재가 되었다는 생각에 뛸 듯이 기뻤다. 속으로 '나는 자유인이다!'라고 얼마나 외쳤는지 모른다. 공중에 붕 뜬 듯한 기분이었다. 그는 예배나 모임마다 즐거운 마음으로 음식을 준비하여 여러 형제자매를 기쁘게 해 주었다.

어느 날, 셉티무스가 티투스 장로에게 이런 부탁을 했다.

"장로님, 제가 기념 식사에서 쓸 빵과 포도주를 준비해도 될까요?"

"안 될 것 없지요. 어쩌다 그런 생각을 하게 되었소?"

"제가 생업을 통해서 주님께 기쁨이 되는 일을 하고는 있지만, 예수 그리스도를 기리는 기념 식사에 올릴 음식을 준비하면 더 보람될 것 같아서요."

"좋소. 그럼, 다음번 모임부터 형제가 기념 식사용 음식을 맡아서 준비해 보시오."

"감사합니다. 정말로 감사합니다!"

"그런데 말이오. 형제에게 성찬 음식 준비를 맡기는 것은 곧 주님을 위해 교회의 직분을 맡으리는 걸 이시오?"

"무슨 말씀입니까? 배움이 부족해서 글도 모르는 비천한 제가 어찌 감히 직분을 맡는단 말입니까?"

"셉티무스 형제여, 형제는 나중에 하나님 나라가 완성되면, 그 나라에 들어가서 일하게 될 줄 믿소?"

"그럼요. 장로님이 가르쳐 주시지 않았습니까? 하나님 나라에서는 먹고살기 위해서가 아니라 그리스도를 기쁘시게 하고 서로를 섬기기 위해 일하게 될 거라고요."

"맞소. 바로 그 일을 하라고 교회가 맡기는 것이 바로 직분이라오. 교회는 하나님 나라의 모형이니 말이오."

"직분이 그런 의미입니까? 저는 장로님과 같이 교회를 영적으로 이끌어 가는 지체 높으신 분들만 받는 것인 줄 알았습니다."

"교회의 머리는 오직 그리스도 한 분뿐이시고, 모든 성도는 그 몸의 지체라오. 모든 지체가 연합하여 한 몸을 이루듯이 교회 안의 모든 성도는 자기 직분을 통해 하나의 교회를 이루는 법이오. 다시 말해서, 직분이 없는 성도는 없다는 뜻이오."

"그것은…, 저나 장로님이나 똑같이 직분자라는 말씀입니까?"

"그렇소. 바울 선생이 고린도교회에 보내는 편지에서 '다 사도이겠느냐 다 선지자이겠느냐 다 교사이겠느냐 다 능력을 행하는 자이겠느냐 다 병 고치는 은사를 가진 자이겠느냐 다 방언을 말하는 자이겠느냐 다 통역하는 자이겠느냐'(고전 12:29-30) 라고 말했는데, 무슨 일을 하건 저마다 직분을 맡은 여러 지체가 머리 되신 그리스도를 따라 협력하는 것이 중요하다는 뜻이오."

"별다른 재주가 없는 이들도 직분을 받을 수 있습니까?"

"교회 모임이 이루어지는 장소를 쓸고 닦는 일은 할 수 있지 않겠소? 직분을 인간의 지혜와 능력으로 감당한다고 생각해선 안 되오. 교회를 섬길 능력과 지혜는 성령께서 주신다고 약속하셨소, 우리는 이것을 카리스마타, 곧 '은사'(恩賜)라고 부르오. 주님이 값없이 주시는 선물이란 뜻이오. 그러니 셉티무스 형제도 요리 실력만 믿지 말고, 직분을 다할 수 있도록 수시로 성령께 지혜와 능력을 구하길 바라오."

"명심하겠습니다."

왕업을 수행하는 기쁨을 알다

"이제 생업과 왕업의 차이를 알겠소?"

"알 것 같습니다. 먹고살기 위해 하는 일이 생업이라면, 왕업은 하나님을 사랑하고, 이웃을 사랑하여 섬기는 일이 아니겠습니까?"

"그렇소. 현실적으로, 두 일의 가장 큰 차이점은 품삯을 받느냐 받지 않느냐라고 할 수 있다오."

"왕업이 품삯을 받지 않는 일이라고요?"

"이 표현이 좀 더 정확할 것 같소. 생업은 품삯을 사람에게 받지만 왕업은 품삯을 그리스도께 받을 것을 기대하는 일이오. 주님께서는 잔치를 베풀 때 갚지 못할 가난한 자들, 몸이 불편한 자들, 저는 자들, 맹인들을 초대하라고 하셨소. 그러면서 '그들이 갚을 것이 없으므로 네게 복이 되리니 이는 의인들의 부활 시에 네가 갚음을 받겠음이라'(눅 14:14)라고 말씀하셨소."

"그래도 의문이 남습니다. 바울 선생이나 바나바 선생은 자비량으로 사도의 직분을 감당하셨단 얘기는 들었지만, 베드로 사도를 비롯한 다른 사도들도 품삯을 받지 않습니까? 그럼, 베드로 사도의 일은 왕업이 아니라 생업입니까?"

"정확한 지적이오. 이 부분은 설명하기가 쉽지 않는데 한 번 해 보겠소. 자, 셉티무스 형제가 돈을 받고 빵을 판다고 해 보시오. 그때 사람들은 형제에게 무엇에 대해 값을 주는 것이오?"

"제 빵에 대한 값을 지불하는 것이죠."

"그렇소. 형제가 만든 빵과 고객이 지불하는 값이 교환되는 것이오. 만일 빵이 맛있으면 비싼 값에도 팔릴 것이고, 맛이 없으면 싼 값에 내놓아도 안 팔리지 않겠소?"

"그야 당연한 시장의 원리가 아닙니까?"

"그렇소. 그렇다면 이렇게 물어보겠소. 베드로 사도께서 우리에게 복음을 가르쳐 줄 때 우리는 그가 가르친 복음에 대해 값을 지불하는 것이겠소?"

"어? 그게… 음, 참 어려운 문제네요. '그렇다'고 답을 하면 베드로 사도께서 복음을 전하는 것이 시장에서 빵을 파는 일과 같다는 얘기가 되어 버리니까요."

"그렇소. 그게 맞다면 베드로 사도가 성전 미문에 앉은 앉은뱅이를 고쳤을 때 치료비를 받았어야 했소. 예수님은 살아계실 때 제자들을 파송하면서 '거저 받았으니 거저 주라'고 하셨소. 제자들은 명령대로 값없이 병든 자를 고쳐 주고 복음을 전했소. 성령님께서 주신 은사는 '값없이 주었다'고 해서 '카리스마타'(은사)라고 불리오. 그런데 만일 돈을 받는다면 성령의 사역이 비즈니스가 되고 마오."

"그럼 베드로 사도가 받는 품삯은 어떻게 이해해야 할까요?"

"베드로 사도뿐만 아니라 나 또한 교회에서 약간의 음식과 의복을 받고 있소."

"장로님께서 받는 것은 수고한 것에 비하면 정말 약소합니다."

"어쨌든 받기는 받는 거요. 우리가 이렇게 교회로부터 제공받는 먹거리와 의복은 우리가 한 일, 전하는 복음, 치유의 능력 때문에 받는 게 아니오. 우리는 영적인 일을 수행하지만 육신의 몸을 입은 사람이니 먹고살아야 하오. 교회는 우리가 생업을 감당해야 할 시간과 정열, 에너지를 희생하여 왕업을 수행한 것에 대해 감사하는 마음으로 먹거리와 의복을 제공해 주는 것이오."

"그게 그거 아닌가요?"

"그렇게 생각할 수도 있지만 분명 다르오. 만일 우리가 한 일, 은사, 재능에 대해서 품삯을 받는다고 해 보시오. 그러면 우리가 전하는 실력이나 내용에 따라서 다르게 지불받아야 할 것이오. 베드로 사도가 복음을 전하면 나보다는 영감과 실력이 뛰어나니 100배는 더 받아야 할 것이 아니오?"

"그렇게 하지 않나 보죠."

"그렇소. 만일 사도나 순회 사역자 중에서 자신의 영감과 실력으로 더 많은 돈을 요구하는 이가 있다면 그는 거짓 선지자임이 분명하오."

"거짓 선지자요?"

"생업은 이 땅에서 먹고 살려면 반드시 해야 하는 일이오. 그러니 품삯을 받소. 그러나 왕업은 천국에서 하게 될 일의 모형이오. 천국에서 하게 될 일은 품삯이 없소. 그 일은 오직 그리스도를 기쁘시게 하고 다른 이들을 섬기는 일이오. 그런데 사도나 사역자들이 자신의 복음 전파나 치유에 대해서 삯을 받지 않으니 왕업이지만 그들이 복음 전파를 위해서 생업을 감당할 시간과 에너지를 다 써버린 것에 대해서 교회가 먹거리와 의복을 제공해 주기 때문에 어느 정도 생업의 성격도 있다고 할 수 있는 것이오."

"이해하기가 쉽지 않은 말씀이네요. 그러니까 저의 경우는 일터에서는 생업으로, 교회에서는 왕업으로 부름 받은 것으로 생각하면 되겠지요"

"그렇소."

"눈은 보는 일을 하고, 귀는 듣는 일을 하며 입은 숨 쉬고 먹고 말하는 일을 할 때, 즉 몸의 각 지체가 제 기능을 해야 건강하듯이 교회도 모든 성도가 각자의 직분을 수행할 때 건강한 법이오. 그래야만 그리스도의 몸 된 교회가 비로소 제 기능을 발휘한단 말이오."

"교회가 제 기능을 발휘한다는 것은 무슨 뜻입니까?"

"교회가 예수 그리스도처럼 말하고 행동하게 된다는 뜻이오. 그러면 이방 사람들이 교회를 통해 예수님을 보게 되지 않겠소?"

"아, 그래서 교회를 그리스도의 몸이라고 하는군요!"

"그렇소. 그러니 부디 자신이 그리스도의 몸 된 교회의 지체임을 잊지 말고, 기쁜 마음으로 직분을 성실히 수행하길 바라오."

셉티무스는 집으로 돌아오는 길에 가슴이 벅차오르는 것을 느꼈다.

"나는 그리스도의 몸 된 교회의 지체요 왕업을 수행하는 직분자다!"

셉티무스, '이미'와 '아직' 사이에서 넘어지다

셉티무스는 교회 모임에 즐겨 참석했다. 그러다 보니 정작 자신의 생업은 소홀히 하는 일이 잦아졌다. 그러나 그는 주인 코르넬리우스가 같은 크리스천이고, 또 거의 모든 교회 모임에 함께 참석하기에 자신의 사정을 이해해 주리라고 믿었다. 코르넬리우스도 자기 덕분에 크리스천이 된 셉티무스가 교회 일을 열심히 하는 것을 보고 처음에는 매우 뿌듯해했다. 하지만 셉티무스가 집에서 해야 할 일은 하지 않고, 밖으로만 나다니는 것을 보니 점점 눈살이 찌푸려지기 시작했다.

코르넬리우스가 이 문제를 티투스 장로에게 가져가 상담했다. 티투스는 셉티무스가 직분을 처음 맡아 봐서 열심히 하다 보니 그럴 거라며 잠시 두고 보자고 했다. 코르넬리우스는 그의 조언을 따르기로 했다. 하지만 날이 갈수록 셉티무스의 행실이 점점 더 거슬려져만 갔다. 교회에서만큼은 똑같은 직분자로 여겨서인지 예배 모임에서 코르넬리우스를 편하게 대하는 모습을 종종 보이더니 가끔은 무례하게 보일 정도로 행동했던 것이다. 급기야 그러한 태도가 집에서까지 나타났다. 코르넬리우스는 몹시 당황스러웠다.

더 중요한 것을 선택하는 게 옳다

드디어 일이 터지고 말았다. 코르넬리우스가 사업차 중요한 손님을 집으로 초대하여 접대해야 하는데, 셉티무스가 예배 모임에 가져갈 음식을 준비하느라 손님 접대를 위한 요리는 대충 해서 내놓은 것이다. 코르넬리우스가 얼마나 중요한 자리인지 수차 얘기했건만 주인의 말을 흘려들은 것이다. 결국, 귀한 손님을 소홀히 대접한 탓에 계약 체결에 실패하고 말았다. 셉티무스의 불성실한 태도에 코르넬리우스는 머리끝까지 화가 났다.

당시 주인은 잘못을 저지른 노예에게 매질을 가할 수 있었지만, 코르넬리우스는 화를 누르고 셉티무스를 사흘간 창고에 가두는 것으로 벌을 대신했다. 처음에는 물과 음식도 주지 않다가 만 하루가 지난 뒤 물을 넣어 주었다. 그 일이 있고 난 뒤로 코르넬리우스와 셉티무스의 사이가 어색해졌는데, 주인이 보기에 셉티무스는 자신의 행실을 별로 반성하지 않는 것 같았다.

이 문제를 심각하게 본 티투스 장로는 코르넬리우스의 집을 방문하여 셉티무스와 이야기를 나눠 보기로 했다. 그런데 티투스의 기대와 달리 셉티무스가 그의 이야기를 건성으로 듣는 것 같았다. 셉티무스가 말했다.

"장로님, 제가 기념 식사 준비를 하느라 집안일에 조금 소홀했던 것은 인정합니다. 하지만 제가 중요한 일을 하다 보니 그런 건데, 아무리 주인이라지만 같은 믿는 사람끼리 그 정도도 이해 못 한다니 이해되십니까? 솔직히 집안일보다야 기념 식사를 준비하는 일이 훨씬 더 중요하지 않습니까? 주님도 '먼저 그의 나라와 그의 의를 구하라'(마 6:33)라고 하셨잖습니까!"

"셉티무스 형제는 생업보다 왕업이 더 중요하다고 생각하오?"

"당연한 것 아닙니까? 장로님의 말씀에 따르면, 주방에서 하는 일은 이 땅에 속한 일이고, 교회에서 하는 일은 하나님 나라에 속하는 일이지 않습니까? 언젠가 또 말씀하시기를 생업은 육적인 일이고, 왕업은 영적인 일이라고 말씀하셨던 것 같은데요."

"음…. 아무래도 형제가 뭔가 오해한 것 같구려."

"그게 무슨 말씀입니까?"

"우선, 영적인 일과 육적인 일에 관해 말해 봅시다. 몇몇 철학자는 인간의 영혼은 고상하나 육체는 열등하다고 주장하오만 주님은 그런 식으로 가르치신 바가 없소. '여호와 하나님이 땅의 흙으로 사람을 지으시고 생기를 그 코에 불어넣으시니 사람이 생령'(창 2:7)이 되었다고 배우지 않았소? 육체든 영혼이든 어느 하나라도 없으면, 온전한 인간이라고 할 수 없소. 따라서 영혼을 위한 일만큼이나 몸을 위한 일도 소중한 법이오.”

“왕업이나 생업이나 다 소중하다는 말씀을 하고 싶으신 거지요?”

“그렇소. 하나님 나라가 완성되기까지는 이 땅의 생업에 충실해야 마땅하오.”

셉티무스가 고개를 끄덕이며 수긍하는 듯하더니 뭔가 떠올랐다는 표정으로 말했다.

“하지만 주님께서는 땅끝까지 복음을 전파하라고 하셨잖습니까? 하루빨리 이 땅에 하나님 나라가 임하게 하려면, 왕업에 최선을 다해야 하지 않겠습니까? 주방에서 허드렛일이나 하고 있기에는 제 마음이 뜨겁습니다!”

“형제의 열망은 참으로 귀하오. 그러나 형제가 알아야 할 것이 있소. 천국은 우리가 애쓰고 수고한다고 서둘러 임하는 것이 아니오. 그리스도께서 재림하셔야만 하는데, 그때는 오직 주님만이 아신다오.”

“우리가 열심히 하면 그때가 당겨지지 않겠습니까?”

“주님이 비유로 말씀하셨듯이 천국은 숨겨져 있는 비밀이라오. 우리는 그 비밀을 육의 눈이 아닌 믿음의 눈으로 바라보오. 믿음으로 천국을 미리 맛볼 수는 있지만, 실제로 아직 천국은 임하지 않았소. 그래서 크리스천에게는 두 가지 현실이 존재한다고 말하는 것이오. 천국이 ‘이미’ 임한 것을 보는 믿음의 현실과 천국은 ‘아직’ 임하지 않았다는 육신적 현실 말이오. 이 두 가지 현실 모두 소홀히 여겨서는 안 되오.”

둘 중 하나가 아니다

티투스 장로가 말을 이었다.

"형제여, 왜 하나님이 우리를 구원하신 즉시 곧바로 천국에 들여보내 주시지 않는지 아오?"

"그렇게 해 주시면 얼마나 좋을까요! 그럼, 저도 이미 그곳에 들어가서 자유민이 되어 있을 텐데 말입니다."

"그러나 주위를 둘러보시오! 아직 주님을 알지 못하는 이들이 얼마나 많소? 하나님은 한 사람도 빠짐없이 다 돌아오기를 원하신다오. 우리를 이 땅에 머물게 하시는 이유가 그것이오. 복음은 입으로만 전하는 게 아니라오. 믿지 않는 사람들이 그대가 하루하루 일터에서 성실히 일하고, 사람들을 섬기는 모습을 보고 하나님 나라를 엿본다오. 우리의 믿음과 소망은 일하는 동기, 태도, 방식 등을 통해서 드러나는 법이오."

"그래도 저는 생업보다는 왕업이 더 중요하다고 생각합니다."

"허허. 그럼, 이건 어떻소? 왕업뿐 아니라 생업도 하나님의 부르심이라는 걸 기억해 보란 말이오. 게다가 하나님이 때로는 우리가 생업을 얼마나 잘 해내는 지를 왕업을 행하는 것보다 훨씬 더 관심 있게 지켜보신다는 사실을 아오?"

"네? 생업에 더 관심을 기울이신다고요?"

"그렇소. 왜냐하면 생업은 믿지 않는 사람들 앞에서 하는 경우가 더 많기 때문이오. 믿지 않는 사람들이 그대가 일하는 모습을 보고 감탄하며 하나님께 영광을 돌린다면, 주님이 얼마나 크게 기뻐하시겠소?"

"그렇군요!"

"일전에 코르넬리우스가 사업상 중요한 손님을 집에 초대했다가 소홀한 대접으로 그만 계약이 어그러졌다는 이야기를 들었소."

"그건…. 제가 교회 일을 먼저 챙기다 보니 손님상을 제대로 차릴 여력이 없어서 그랬습니다. 그것 때문에 사흘이나 창고에 갇혀 있었는걸요."

"그래서 억울했소? 하지만 듣자니 그 손님은 믿지 않는 사람이었다고 하오. 만일 그가 자신이 푸대접받은 이유가 주님을 향한 형제의 열정적인 신앙 때문이었다는 사실을 알게 된다면, 우리가 믿는 복음과 그리스도에 관해 어떻게 생각하겠소?"

"제가 주인님의 사업을 방해했을 뿐만 아니라 하나님의 영광도 가리고 말았군요."

셉티무스는 얼굴이 화끈거렸다. 자기 생각과 행동이 과연 어디서부터 잘못되었는가를 차근차근 되짚어 봤다. 그는 자신이 '이미' 임한 하나님 나라에 대한 기쁨과 경탄 속에서 하나님 나라가 '아직' 완성되지 않았다는 점을 가볍게 여겼다는 사실을 깨달았다. 그리고 비록 하나님 나라는 이 땅에서 아직 완성되지 않았지만, 이미 임한 하나님 나라를 믿음으로 바라보며 자기가 맡은 사명, 곧 생업과 왕업을 고루 잘 감당해야 함을 절대로 잊지 않겠노라고 다짐했다.

2

코르넬리우스의
소명 이야기

◆　　　　　　　　1장에서는 크리스천 노예 셉티무스의 소명에 관해 살펴봤다. 지금부터 셉티무스의 주인이자 로마 제국의 사업가인 코르넬리우스의 소명에 관해 살펴보자. 오늘날로 치면, 크리스천 직장인과 경영인을 비교해 보는 시간이 될 것이다.

코르넬리우스, 회심하다

코르넬리우스는 오스티아에서 꽤 영향력 있는 무역상이었다. 그는 예수님을 알기 전부터 세계 여러 곳에서, 특히 이집트에서 곡물을 운송해 오는 사업을 해 왔다. 몇 년 전부터는 로마 근교에 신축 건물들이 들어서는 걸 보고, 건축용 석재를 공급하는 일에도 관여하기 시작했다. 그 덕분에 상당한 부를 쌓게 되었다.

당시 이탈리아반도는 농사짓기 적합한 땅이 아니었으므로 카르타고, 북아프리카, 이집트로부터 곡물을 들여와야 했다. 그가 곡물 운송을 위해서 이집트의 항구 도시 알렉산드리아를 방문했을 때, 그곳 노예 시장에서 야무져 보이는 셉티무스를 샀는데, 그가 내놓는 이집트 요리가 특히 마음에 쏙 들었다. 그의 집에서는 셉티무스 말고도 린넨 관리와 세탁을 맡은 여자 노예를 비롯한 20여 명의 노예들이 청소, 정원 관리, 악기 연주, 아이 돌보기 등 다양한 일을 하고 있었다.

야망의 사업가

코르넬리우스의 아내 리지아(Ligia)는 귀족 출신의 여성이었다. 그녀와 코르넬리우스 사이에는 3남 4녀가 있었는데, 육아와 교육은 주로 노예들이 분담했다. 리지아는 살림살이에 별 관심이 없었다. 대신 자기 자신을 꾸미는 데 많은 시간과 돈을 들였다. 그녀는 현숙한 아내는 아니었지만, 코르넬리우스는 별로 개의치 않았다. 그녀가 가져온 결혼 지참금이 그의 사업에 적지 않은 도움이 되었고, 또 처가 쪽으로 원로원에 줄을 댈 만한 영향력 있는 이들이 몇 명 있었기 때문이다.

소도시에서 경쟁 업체들과 늘 치열하게 싸울 수밖에 없었던 코르넬리우스는 원로원 의원들에게 연줄을 대고자 노력했다. 한두 명의 후원자라도 얻으면, 사업하기에 훨씬 유리해지기 때문이다. 이를 위해 가끔 의원들을 집으로 초대하여 큰 연회를 베풀기도 했다. 의원들의 취향에 일일이 맞추느라 신경 썼는데, 음탕한 분위기를 좋아하는 의원을 모실 때는 그 자신이 역겨워 곤혹스러웠다.

당시 로마인들은 돈만 있으면 되도록 많은 신을 섬기고자 했다. 살다 보면 어떤 문제가 발생할지 모르니 보험을 들 듯 미리 다양한 신을 섬겨 놓자는 뜻이었다. 일종의 삶의 지혜라고 할 수 있다. 그러나 빈 틈없는 사업가인 코르넬리우스는 돈을 허투루 쓰는 걸 좋아하지 않았다. 꼭 필요한 신만 섬기길 원했는데, 그게 바로 여행자의 신이자 사업가의 신으로 알려진 헤르메스(Hermes)였다. 죽은 자를 저승으로 안내하는 신으로도 유명하다. 바울과 바나바가 루스드라에서 "나면서 걷지 못하게 되어 걸어 본 적이 없는 자"(행 14:8)를 걷게 했을 때, 무리가 바나바는 제우스요 바울은 헤르메스라고 외치며 제사 지내려고 했는데, 그만큼 헤르메스는 대중적으로 잘 알려진 신이었다.

코르넬리우스가 티투스 장로를 만난 것은 대략 2~3년 전이다. 이들을 만나게 한 것은 사실 아내 리지아였다. 리지아는 값비싼 보석이나 옷감에 관심이 많았는데, 그녀의 높은 안목에 맞는 물건을 댈 줄 아는 단골집 주인 루시아(Lucia)가 바로 티투스 장로가 목양하는 교회의 성도였던 것이다. 리지아는 루시아가 제공하는 취향 저격의 물건뿐 아니라 그녀 자체를 인간적으로 좋아했다. 루시아의 가게를 자주 찾다 보니 그곳에서 티투스 장로도 알게 되었다.

티투스 장로 덕분에 코르넬리우스와 셉티무스가 예수님을 믿게 되었는데, 정작 리지아는 그리스도의 복음에 별 흥미를 느끼지 않았다.

하나만 선택하는 남자•

코르넬리우스는 티투스에게서 복음을 듣고 예수 그리스도를 영접했다. 돈을 허투루 쓰기 싫어서 헤르메스만을 섬겼던 그는 인생을 허투루 쓰기 싫은 마음에 헤르메스를 버리고 예수 그리스도만을 섬기기로 마음먹었다. 티투스 장로는 그에게 예수 그리스도를 왕으로 모시고, 그 나라의 시민이 되기 위해서는 '회개'해야 한다고 말했다. 그리고 회개하고 나면 먹든지 마시든지 무슨 일을 하든 그리스도의 통치를 받으며 살아야 한다고 가르쳤다. 마음먹은 이상 모든 걸 수용하기로 한 코르넬리우스는 침례를 받기까지 실제로 엄청난 변화를 보여 주었다.

우선, 아내 리지아에게 자신이 예수 그리스도를 믿게 되었으니 인제부터 예수 믿는 사람답게 살 것이라고 선언했다. 리지아는 남편의 고백이 뜬금없었지만, 신이야 얼마든지 바꿀 수 있으니 크게 신경 쓰지 않았다. 그의 결단이 가져올 변화가 얼마나 크고 심각한지는 나중에야 깨닫게 되었다.

코르넬리우스가 침례를 받기 전에 이런 일이 있었다. 집 안을 발칵 뒤집어 놓을 정도로 대대적인 청소에 들어갔는데, 한쪽 벽면을 장식하고 있던 대형 벽화를 회반죽으로 덮어 버린 것이다. 그것은 헤르메스가 에로스(Eros)의 권능을 알리기 위해서 작고 앙증맞은 날개를 퍼덕이며 창공을 날아가는 장면을 그린 화려한 벽화로 리지아가 마음에 들어 했던 작품이다. 아내가 무슨 일이냐고 따져 묻자 코르넬리우스는 예수님을 믿게 되었으니 헤르메스는 더 이상 필요 없다고 말했

* 이 부분은 브라이언 월쉬·실비아 키이즈마트, 《제국과 천국》, 홍병룡 역, IVP, 2011에서 참고하였다.

다. 가정의 수호신 라레스(Lares)에게 바쳤던 라라리움(Lalarium), 곧 작은 제단을 없애고, 부엌에 있던 주방의 신 베스타의 신상도 없애 버렸다. 그리고는 라레스와 베스타에게 매일 드리던 제사를 더는 하지 않겠다고 선언했다. 바닥에 새겨진 올림푸스(Olympus)의 12신 모자이크를 가리기 위해 커다란 양탄자를 깔았다. 그뿐만 아니라 신들의 형상이 새겨진 물건들은 모조리 없애고 교체해 버렸다. 중정에 있던 아우구스투스(Augustus)의 두상도 없애 버렸다. 유명 조각가에게 의뢰하여 제작한 고가의 작품이었다. 집 안의 온갖 장식품과 조각상들을 없애다 보니 집이 텅텅 비어 창고처럼 느껴지기까지 했다.

리지아는 남편이 몰고 온 거센 변화의 바람에 도무지 적응할 수가 없었다. 게다가 오직 한 신만을 섬기다가 자칫 다른 신들을 노엽게 할지도 모른다는 생각에 불안해서 견딜 수가 없었다. 조급해진 리지아가 질문 공세를 펴며 남편을 몰아붙였다.

"우리 로마에 신이 모자란답니까? 왜 하필 더러운 유대인들이 믿는 신을 섬기겠다는 거냐고요? 그깟 신 하나 때문에 이 난리냔 말이에요!"

코르넬리우스가 부드러운 음성으로 말하기 시작했다.

"당신에게는 이런 모습이 갑작스러울지 모르겠소. 하지만 내가 섬기는 예수 그리스도는 만유를 통치하시는 유일한 주이시오. 그분은 어느 장소나 건물에만 계시는 분이 아니라 온 땅에 충만하신 분이라오. 당연히 우리 집안도 그분의 통치 아래 있다고 나는 확신하오. 그분의 주권이 우리 집 구석구석에 임할 때, 우리 집에도 그분의 나라가 임하리라고 믿소. 그러니 그리스도의 통치를 받들기 위해서는 이렇게 하는 것이 바람직하다는 것을 이해하고 받아들여 주길 바라오."

함께 죽고, 함께 부활하다

"여보, 설마 당신 사업장도 이렇게 뒤집어 놓는 건 아니겠죠?"

"그야, 당연히 주님이 우리 가정뿐 아니라 사업장도 통치해 주셔야 하지 않겠소? 곡물 운반선의 선두에 새겼던 바다의 신 넵투누스(Neptunus), 트리톤(Triton), 포세이돈(Poseidon)의 조각상은 벌써 다 없애 버렸소."

"세상에, 어쩌려고 그래요? 어느 선원이 그런 불길한 배를 탄단 말이에요?"

"걱정하지 말아요. 우상이 없는 배를 타기를 원하는 크리스천 선원 몇 명을 이미 뽑아 놓았소." 리지아는 남편의 철두철미한 일 처리에 할 말을 잃었다.

일주일 뒤 코르넬리우스는 침례를 받고 정식으로 크리스천이 되었다. 그는 로마 제국의 자유민으로서 상류층에 속하는 사람이었지만, 예수 그리스도의 복음을 전해 듣고 난 뒤로는 하나님 나라에 들어가기를 간절히 소망하며 열망하게 되었다. 그런 마음으로 침례를 받았으니 그의 마음은 이제 천국에 들어간 것이나 다름없었다. 침례 현장에서 그리스도와 함께 죽고, 그리스도와 함께 부활했으므로 그의 마음은 기쁨으로 가득했으며 주변의 모든 것이 새로워 보였다.

코르넬리우스, 믿음의 사업가로서 거듭나다

코르넬리우스의 회심은 그의 사업 방식에도 큰 영향을 끼쳤다. 한때 그는 신규 사업을 펼치며 사업 확장에 몰두했었는데, 이제는 더 이상 흥미를 느끼지 못했다. 주님이 다시 오시면, 이 땅에서 하는 사업은 아무짝에도 쓸모가 없을 텐데, 돈 몇 푼 더 벌려고 아귀다툼하는 것이 무상해 보였기 때문이다.

천국의 소망과 사업의 열의가 충돌하다

코르넬리우스는 주님이 속히 오셔서 이 땅을 다스리시고, 온 땅을 정의와 공평과 평화로 통치해 주시기만을 구했다. 그때가 되면, 하나님이 우리를 보시듯 우리도 하나님을 볼 수 있을 것이며, 그리스도의 입에서 나오는 감미로운 말씀을 매일 들을 수 있을 것이다. 모두가 부활의 몸을 입어 슬픔이나 눈물이나 질병에서 해방될 것이며, 전쟁 연습이 사라지고, 가난도 폭력도 증오도 사라질 것이다. '아, 그 아름다운 세상이 언제나 오려나? 올해 안에 올까? 내년쯤에는 올까? 최소한 5년 내에는 오겠지.' 그는 소망했다.

그는 그리스도께서 재림하실 날만을 기다리며 기도와 말씀 묵상에 전념했다. 가끔은 사업을 다 그만두고, 나폴리만의 바이아(Baiae)에 있는 별장에 가서 기도와 명상에 집중하고 싶었다. 티투스 장로님을 모시고 생명의 말씀만 한없이 듣는다면 얼마나 좋을지 생각하기도 했다. 이렇게 코르넬리우스는 재림 신앙 때문에 사업에 대한 열정이 식었다.

그가 사업에 흥미를 잃고 경영에 소홀해지다 보니 여기저기서 문제들이 터지기 시작했다. 경쟁 업체들이 치고 들어오는데도 제때 대응하지 못해서 몇몇 수주가 취소되는 일이 발생했다. 영업 이익이 눈에 띄게 줄어들었다. 그러자 가게 수입도 줄어 아내와 갈등을 빚기도 했다.

코르넬리우스는 혼란스러웠다. 믿음 생활을 열심히 하면, 주님이 축복하시어 가정도 사업도 잘 운영되어야 하지 않은가? 그런데 점점 더 위태로운 상황으로 내몰리기만 했다. 결국, 티투스 장로에게 상담을 요청했다.

잘 먹고 잘사는 것도 사명이다

코르넬리우스의 푸념을 들은 티투스가 무겁게 입을 열었다.

"코르넬리우스 형제님은 믿음 안에서 사업의 의미를 제대로 찾지 못하시는 것 같소이다."

"주님이 이제 곧 강림하실 텐데, 사업이 다 무슨 소용이 있나 싶어서요. 이 땅의 것은 결국 다 불에 타서 없어질 것들이 아닙니까?"

코르넬리우스가 사업을 세상적인 일이라고 생각하다 보니 사업에 대한 동기부여와 관심이 줄어들게 된 것은 당연했다. 사실 1세기 교회에는 이렇게 생각하는 이들이 적지 않았다. 티투스는 그에게 사도 바울의 권면을 들려주었다.

"형제님, 바울 선생은 고린도교회 성도들에게 '각 사람은 부르심을 받은 그 부르심 그대로 지내라'(고전 7:20)라고 권면한 바 있어요. 우리가 그리스도 안에서 새롭게 태어나긴 했지만, 노예든 주인이든 각자가 하던 일을 계속해 나가야 하는 법이지요. 우리는 하나님 나라가 '이미' 이 땅에 도래했다고 믿습니다만, 사실 하나님 나라는 '아직' 완성된 것이 아니라오. 하나님이 우리를 천국으로 곧바로 인도하시지 않는 것은 우리가 이 땅에 머물며 하나님이 맡기신 일을 하기를 원하시기 때문이지요. 그러니 자기가 하던 일을 성실하게 감당해 가는 것이야말로 '부르심에 합당한 삶'이 아니겠소?

형제님이 구원의 부르심을 받았다면, 그 부르심에는 사업가라는 지위와 신분과 역할도 포함되어 있다는 사실을 아셔야 하오. 그러니 지금까지 해 오시던 일을 더욱 열심히 하길 바라오. 그것이 형제님의 사명이라오."

코르넬리우스가 물었다.

"사업가로서 제게 맡겨 주신 사명은 무엇일까요?"

"하나님은 형제님뿐 아니라 모든 크리스천, 그리고 이 땅의 모든 사람이 잘 먹고 잘살며 생명을 유지하기를 원하시지요. 그 일을 온전히 감당하시는 것이 첫째 의무라오."

코르넬리우스가 물었다.

"이 땅에서 잘 먹고 잘사는 것이 하나님이 제게 맡기신 사명이라고요?"

"물론, 다른 사명들도 있겠소만 그것이 가장 기본이 되는 사명이라는 말씀이오."

"잘 먹고 잘사는 것이 사명이라니 좀 당혹스럽군요."

"하나님과 하나님의 사람들이 한 일을 기억하시오. 광야에서 하나님은 이스라엘 백성에게 만나를 주셨고, 예수님은 오병이어로 배고픈 사람들을 먹이셨소. 하나님은 아합왕에게 쫓기는 엘리야에게 까마귀를 보내 아침저녁으로 먹이셨고, 엘리야는 사르밧 과부의 집에 밀가루와 기름이 끊이지 않게 했소. 예레미야가 바벨론의 침공을 앞두고 있는 유다 백성에게 한 말이 뭐였소? '살아남도록 하여라'였소(렘 27:17, 새번역). 바벨론 포로들은 살아남는 것이 그들의 사명이었소. 하나님은 이 땅의 사람들이 잘 먹고 잘살기를 원하신다오."

"하지만 장로님, 우리는 이 땅에서 영원히 살 것이 아니잖아요. 우리에게는 하나님의 나라에 들어갈 소망이 있는 사람들 아닙니까?"

"데살로니가 교회 성도들이 그렇게 생각했소. 그런데 그 그릇된 종말 신앙 때문에 먹고 사는 문제를 등한시했고 바울 선생이 크게 책망을 했소. 하나님께서는 우리를 구원하신 후 곧바로 천국으로 인도하시지 않고 이 땅에서 살게 하셨소. 이 땅이 비록 죄와 악으로 물들었으나 하나님께서는 이 땅을 붙들고 유지하고 계시오. 하나님께서는 우리 크리스천도 이 땅에서 '경건과 단정함으로 고요하고 평안한' 삶을 살기 원하신다오(딤전 2:2). 이 기본 조건이 허물어지면 천국 소망도 사상누각이 된다오. 그러니 천국을 향한 소망을 품고 살되 이 땅에서 사는 동안에 사람들의 먹고사는 문제를 해결하는 것도 중요한 사명이라오."

"사업가로서 그 문제를 해결하라는 말씀입니까?"

"바로 그 말이오. 요 며칠 사업에 소홀하니 생활하기가 어떻습디까?"

"사실, 사업이 잘 안되니 가정생활도 믿음 생활도 흔들리더군요."

"더구나 형제님은 곡물 운반업을 하시지 않소. 성도들뿐 아니라 제국 시민에게 먹거리를 제공하는 일이니 얼마나 중요하냔 말이오! 클라우디우스(Claudius) 황제 때 유대 지방에 덮쳤던 대기근*을 잊었소? 자칫하면 온 제국이 혼란에 빠질 뻔하지 않았소. 먹고사는 일이 아무 것도 아닌 것 같지만, 한 제국을 서게도 하고 무너뜨리게도 할 만큼 중차대한 문제라오. 크리스천의 삶도 마찬가지요. 먼저 생업을 잘 감당해서 삶의 튼튼한 기반을 마련해야 하지 않겠소?"

코르넬리우스가 고개를 끄덕이며 대답했다.

"무슨 말씀인지 잘 알겠습니다. 생업에 충실하여 딸린 식솔을 먹여 살리고, 나아가 성도들과 제국 시민들을 먹여 살리는 것이 주님이 제게 맡기신 첫 번째 사명이란 말씀이지요? 명심하겠습니다."

---

* 티베리우스 알렉산더(Tiberius Alexander)가 유대 총독으로 있을 때로 글라우디오 곧 클라우디우스 황제 시절, AD 46~48년의 대기근을 말한다.

코르넬리우스, 생업을 넘어 왕업에 이르다

코르넬리우스는 티투스 장로와 상담한 후 크게 고무되어 사업에 열심을 내기 시작했다. 하지만 시간이 가면서 다시금 사업에 회의를 느꼈다. 세속적인 사업이 과연 크리스천의 사명이 맞는가? 결국, 그는 이 문제를 두고 티투스 장로와 상담하기로 했다.

나는 크리스천 사업가다

코르넬리우스가 티투스 장로에게 물었다. "장로님, 먹고사는 문제가 중요하다는 것은 잘 알겠습니다. 그러나 곡물 운송과 같은 일은 저만 하는 게 아니라 믿지 않는 다른 사업가들도 합니다. 과연 이 일을 크리스천의 사명이라고 할 수 있을지 여전히 의문입니다."

"다윗은 노래하기를, '여호와의 나무에는 물이 흡족함이여 곧 그가 심으신 레바논 백향목들이로다 새들이 그 속에 깃들임이여 학은 잣나무로 집을 삼는도다'(시 104:16-17)라고 하였고, 주님은 '공중의 새를 보라 심지도 않고 거두지도 않고 창고에 모아들이지도 아니하되 너희 하늘 아버지께서 기르시나니 너희는 이것들보다 귀하지 아니하냐 … 또 너희가 어찌 의복을 위하여 염려하느냐 들의 백합화가 어떻게 자라는가 생각하여 보라 수고도 아니하고 길쌈도 아니하느니라'(마 6:26-28)라고 말씀하셨지요. 이처럼 하나님은 모든 사람과 만물을 먹이시고 입히시는 분이 아니시오?"

"그러니까 먹고사는 일에 종사하는 것은 모든 사람이 할 일이지 특별히 크리스천으로서 부여받은 사명이라고는 할 수 없을 것 같다는 말씀입니다."

"그것은 잘못 생각하신 것이오. 믿지 않는 이들은 그저 육신의 필요 때문에 일하지만, 크리스천은 그것이 하나님이 우리에게 주신 사명임을 깨닫고 일하기 때문이지요. 이렇게 자신의 사명을 깨닫고 일할 때, 크리스천의 일은 생업의 차원을 넘어서 왕업의 차원으로 들어가게 되는 거라오."

"왕업이 무엇입니까?"

"왕업은 장차 천국에 들어가서 하게 될 일이라오. 천국에서는 오직 사랑으로 주님을 섬기고 이웃을 섬기는 일을 할 텐데, 이를 왕업이라 하지요.

"믿음의 눈으로 사업을 행한다면 저의 사업이 왕업이 된다는 말씀이군요."

"그렇소. 만일 형제가 믿음의 눈을 떠서 자신의 삶을 뒤돌아본다면 하나님께서 오래전부터 형제의 삶을 인도해 오셨고, 형제에게 지금 곡물 수입 사업을 하도록 인도하신 분도 하나님이시라는 사실을 깨달을 수 있을 것이오."

"제가 예수님을 알기 전부터요?"

"크리스천의 삶에서 우연이란 하나도 없소. 다 하나님의 뜻이고, 다 그리스도의 통치의 결과물이오. 이렇게 믿음의 눈으로 자신의 과거의 삶, 현재의 삶, 그리고 지금 하는 일들을 바라볼 때, 모든 것이 하나님의 섭리라는 사실을 자각할 수 있을 것이오. 형제님이 사업장에서 하나님을 경외하며 이웃을 사랑으로 섬길 때, 생업이 비로소 왕업이 된다고 할 수 있소."

"아, 그렇군요! 셉티무스가 언젠가 제게 이런 말을 하더군요. 자신이 주방에서 요리하는 것이 곧 하나님이 우리 가족을 먹여 살리시는 일을 대신하는 셈이라고요. 셉티무스에게는 주방일이 생업이자 왕업이란 말씀이지요?"

"그렇소. 우리가 하는 일은 모두 하나님의 일이라오."

"아멘."

"그런데 셉티무스 형제와 달리 형제님이 하는 일에는 또 다른 차원이 있다오."

"그게 뭡니까?"

"사업가로서 사람들에게 일자리를 제공해 주고 있잖소. 예수님이 들려주신 포도원 품꾼의 비유를 아시지요. 포도원 주인이 장터에 놀고 있던 사람들에게 일자리를 주어 품삯을 벌게 하지 않았소? 천국은 마치 그 포도원 주인과도 같다고 하셨소. 형제님은 수백 명의 일꾼과 노예들에게 일자리를 주어서 먹이고 입히지 않소? 그렇게 일자리를 제공하는 것이 곧 하나님의 일을 대신하는 것이라오."

"오, 그 말씀을 들으니 마치 제가 하나님의 동업자라도 된 듯한 기분이 드는군요."

"코르넬리우스 형제님. 형제님이 사업을 잘 감당하면, 그 자체만으로 선교의 열매를 맺을 수 있다는 사실을 아시오?"

"사실, 얼마 전에 천국을 소망하느라 사업을 등한히 한 적이 있지 않습니까? 그때 한 동료 사업가가 제게 그러더군요. '이보게. 자네 예수를 믿고 나디니 일하는 게 영 신통치 않아 보이는군. 사업을 열심히 하기 위해서라도 난 예수를 믿으면 안 되겠어' 하고 껄껄 웃는데, 속으로 얼마나 뜨끔했는지 모릅니다."

"바로 그거요! 믿지 않는 주변 사람들은 예수 그리스도를 영접하기에 앞서 형제님이 크리스천으로서 어떻게 사는지를 보지 않겠소? 그러니 사업할 때도 '외인을 대하여 단정히 행하고 또한 아무 궁핍함이 없게'(살전 4:12) 하라는 바울 선생의 가르침을 명심하시오."

"어떻게 하면 제가 믿지 않는 자에게도 본이 될 수 있을까요?"

"세속적 기준에서 봤을 때, 괜찮은 사업가가 되도록 힘쓰시오."

"그게 무슨 말씀인지요?"

"세속적으로 일하라는 뜻이 아니라 세속의 사업가들이 보기에도 모범적으로 일하라는 말씀이오. 크리스천 사업가로서 신앙의 기준을 고려하기에 앞서 성과적인 면에서 괜찮은 사업가가 되는 것이 먼저라는 뜻이오. 그렇게 하고 난 뒤에야 비로소 신앙의 기준도 생각할 수 있을 것이오. 바울 선생은 '외인에 대하여 단정히'(살전 4:12) 행하라고 하셨소. 그리스도께 판단 받기 전에 믿지 않는 사람들로부터 먼저 판단 받는다는 사실을 알아야 하오."

"저 자신이 한 사람의 사업가임을 잊지 말아야겠군요"

"그렇소. 크리스천 사업가는 먼저 믿지 않는 사람들에게도 인정받을 수 있어야 하오. 믿지 않는 사람들이 볼 때, 크리스천 사업가가 영망으로 사업한다면 선교의 걸림돌이 될 것이오. 법적으로나 도덕적으로나 세속적인 기준에서 봤을 때, 근면하고 창의적이며 혁신적이고 양심적인 사업가가 될 필요가 있소. 그러고 나야 비로소 하나님께 영광을 돌릴 수 있는 법이오. 그러므로 크리스천이 훌륭한 사업가가 되는 것은 생업의 차원을 넘어서 선교의 차원에서도 매우 중요한 일이오."

코르넬리우스가 큰 깨달음을 얻었다는 듯 고개를 끄덕였다.

사랑의 수고로 왕업을 이루라

티투스 장로가 말을 이었다.

"바울 선생은 갈라디아교회 성도들에게 '각각 자기의 짐을 질 것이라'(갈 6:5)라고 말하였소. 이 말씀의 뜻을 아시오? 각자가 자기 생계를 잘 꾸리고 감당하는 데서 사랑의 수고가 시작된다는 뜻이라오"

"제 몸 하나 건사하는 것이 어찌 사랑의 수고라고 할 수 있습니까?"

"형제님의 사업이 번창하면, 가족과 친족들 부양은 말할 것도 없고, 집에서 부리는 노예들, 사업체에 딸린 일꾼들, 관련 사업체 모두가 그 덕을 보지 않겠소?"

"네, 맞습니다."

"만일 형제님이 그들의 생계를 책임지지 않았다면, 그 많은 이들의 생계를 위해서 다른 누군가가, 혹은 교회가 부담해야 하지 않겠소? 형제님이 그들을 먹여 살림으로써 교회와 다른 사람들의 부담을 줄여준다면, 그거야말로 사랑의 수고가 아니겠소."

"아, 그렇군요."

"또 바울 선생이 이렇게 말했소. '너희가 짐을 서로 지라. 그리하여 그리스도의 법을 성취하라'(갈 6:2). 제 코가 석 자인데도 오지랖 넓게 다른 사람을 돕는다면 어리석은 일이오만, 형제님이 생업을 충분히 잘 해낸다면 형편이 어려운 이웃을 양껏 도울 수 있단 말이오."

"제가 열심히 일하여 연보를 더 많이 해야 할 이유가 이것이로군요."

사실 코르넬리우스는 누구보다도 연보를 많이 하고 있었다. 당시 교회는 일할 능력이 없는 과부와 가난한 신자들의 명단을 작성하여 그들의 생계를 책임졌는데, 성도들의 연보가 여기에 사용되었다.

티투스 장로는 늘 교회는 하나님 나라가 앞당겨 실현되는 곳이라고 설교하면서 "마지막 날에는 하나님 나라에 가난한 자가 없을 것이니 우리 교회에도 가난한 자가 있어서는 안 됩니다"라고 가르쳤다. 연보는 하나님 나라가 희미하게나마 이 땅에 실현되게 하는 수단이었다. 코르넬리우스는 자신이 사업 경영을 잘 해내어 교회에 더 많이 연보하면, 그만큼 가난한 이들을 더 많이 도울 수 있다는 사실에 새삼 고무되었다. 그럼으로써 자신의 생업을 왕업으로 승화시킬 수 있다는 사실도 깨달았다.

"믿지 않는 사업가들은 돈을 많이 벌고, 일을 통해 자신의 유능함을 드러내고, 성취감을 만끽하는 것이 일의 목적일 것이오. 물론, 크리스천 사업가도 그런 것들을 등한히 여겨서는 안 되오만 궁극적으로 그리스도께서 명하신 사랑의 이중 계명, 곧 하나님을 경외하고, 이웃을 사랑하는 명령을 성취하는 것이 일의 목적이 되어야 마땅하오. 그러니 사업할 때, 고객의 필요를 채움으로써 그들을 사랑으로 섬기고, 그들로 하여금 행복감을 느끼게 하길 바라오."

"그 말씀을 하시니 대기근 때 생각이 납니다. 그 무렵 날씨까지 좋지 않아서 곡물 운반선이 자주 침몰하곤 했지요. 장로님도 아시다시피 알렉산드리아에서 오스티아로 돌아오는 항로가 얼마나 험합니까!"

"알지요. 바울 선생의 배가 거기서 유라굴로를 만났잖소."

"당시 난파한 배가 많았는데, 다행히 난파하지 않아도 해적들에게 나포되기 일쑤였지요. 그러다 보니 곡물 운송이 제때 이루어지지 않아 굶는 사람이 속출하여 폭동이 일어날 지경이었는데, 마침내 우리 배가 항구에 도착하자 사람들이 감격의 눈물을 흘리던 장면이 떠오릅니다."

"바로 그것이오! 사람이란 빵만으로는 살 수 없지만, 빵 없이도 살 수 없는 존재라오. 그러니 빵은 곧 생명이오. 바로 그 생명을 살리는 일을 형제님이 하고 있소. 그러니 단순히 돈을 버는 사업이 아니라 고객들을 먹여 살리는 생명의 일인 것이오. 형제님이 하나님을 믿는 믿음으로 이웃을 향한 사랑의 수고를 기꺼이 감당한다는 사실을 고객들이 알게 된다면, 분명히 그들도 하나님께 찬양을 올려 드리게 될 것이오. 그때 형제님의 사업은 사랑의 계명을 성취하는 수단이 되고, 사업은 생업을 넘어 왕업이 되는 것이라오."

그리스도의 종으로서 왕업을 이루라

티투스가 말을 이어 나갔다. "형제님, 하나님이 사업의 주관자이시고, 예수 그리스도께서 사업의 통치자이심을 잊지 말길 바라오. 형제님은 다만 이 사업을 하도록 종으로 부르심을 받았을 뿐이오."

"그러니까 셉티무스가 제 노예이듯이 저 역시 그리스도의 노예라는 말씀이군요."

그 말을 들은 티투스 장로의 표정이 순간 굳었다. 그리고 잠시 말이 없었다. 그러자 코르넬리우스가 긴장했다.

"장로님, 왜 말씀하다가 멈추십니까?"

"지난번 셉티무스 형제가 한 실수에 상당히 화가 많이 나셨던가 보오."

"정말로 그때는 너무도 화가 났답니다. 그때 제가 신규 계약을 위해서 바이어를 모시고 연회를 열고자 했는데 셉티무스 그 놈이 신규 계약을 망쳐버리고 말았습니다."

"분명 그 일은 셉티무스 형제가 잘못한 것이 맞소. 그런데 그에 대한 형제님의 대응이 적절했는지는 돌아본 적 있으시오?"

"사실, 지금도 마음에 걸리는 부분이 있기는 합니다만, 다음에도 같은 일이 벌어지지 않게 하려면 한 번은 다잡아야 한다고 생각했습니다. 장로님이 '각 사람은 부르심을 받은 그 부르심 그대로 지내라'(고전 7:20)라고 말씀하지 않았습니까? 제가 사업가로 부르심을 받았다면, 셉티무스는 당연히 노예로 부르심을 받은 것 아니겠습니까?"

"맞소이다. 다만 그때 셉티무스 형제에게 가해진 벌이 과연 적절했는가를 묻는 것이라오."

"장로님. 여느 주인 같았으면, 두 손을 잘라 버렸을 것입니다."

"그렇지요. 관습에 따르면, 인두질, 채찍질, 사지 절단은 물론이고 목숨까지도 빼앗을 수도 있었다는 걸 잘 아오. 그에 비하면, 형제님이 셉티무스를 사흘간 창고에 가두고 물과 음식을 주지 않은 것은 가벼운 처벌이라고 할 수 있을 것이오."

"이튿날에 물을 넣어 주긴 했습니다."

"형제님, 이 사업의 최고 경영자는 형제님이 아니라 예수 그리스도이시고, 형제님은 그리스도께 사업 경영을 위임받은 주님의 종일 뿐이라고 말하지 않았소? 셉티무스 또한 코르넬리우스 형제의 종이 아니라 그리스도의 종임을 아셔야 하오. 주님은 셉티무스 형제를 이 땅에서 일하는 노예로 부르셨고, 형제님에게 그를 잠시 맡겨 주셨을 뿐이오. 그러니까 형제님은 그리스도 안에서 종 된 자로서 같은 종에게 그런 벌을 내리신 거요."

"셉티무스가 저와 같은 종이라는 말씀이 제 폐부를 찌르는군요. 하지만 그때 그 녀석은 분명 혼나야 했습니다."

"형제님. 그의 실수를 바로잡는 것이 목적이었다면, 훈계부터 해 주었더라면 어땠을까 하는 생각이라오."

"사실, 그 일이 있고 나서 셉티무스를 대하기가 아직 껄끄러운 것이 사실입니다. 오늘 저녁에 그와 한번 얘기를 나눠 보겠습니다."

"잘 생각하셨소. 주님이 함께하실 거요. 우리는 모두 그리스도의 종이니 댁에서나 사업장에서도 주님의 종으로서 주님의 일을 한다고 생각하길 바라오."

"제 사업이 아니라 주의 사업이다! 명심하도록 하겠습니다."

"주님의 사업이니 혼자서 사업한다고 생각하지 마시기 바라오. 어떤 사업을 하든 늘 사업의 진짜 주인이신 그리스도께 보고하십시오. 그리고 어떤 문제가 생긴다면 주님께 물으십시오. 그러면 주님은 분명 선한 길을 알려 주실 것이오."

"맞네요. 사업의 진짜 주인은 그리스도시니 늘 주님께 기도로 보고하고 여쭤봐야겠네요."

"그리고 기회 될 때마다 주님의 사업을 맡아 잘하고 있으니 상을 주십사 청하기도 해 보시오. 분명히 부활의 때에 좋은 상을 주실 것이오."

"사업을 잘하기만 해도 상을 주실까요?"

"당연하지요. 형제님의 사업이 아니라 주님의 사업을 한다면야 그에 대해서 주님이 당연히 상을 주시지 않겠소?"

"생업을 넘어 왕업을 하라고 하시는 뜻을 조금은 이해할 수 있을 것 같습니다."

"코르넬리우스 형제님, 마지막으로 한마디만 더 하겠소. 사업을 이 땅에서의 일로만 보지 말고, 천국에서 하게 될 일의 예행으로 여기고 일하길 바라오."

"천국에서도 사업을 하게 된다는 말씀인가요?"

"어떨 것 같소?"

"천국에서는 더 이상 일하지 않을 것 같은데요."

"그럼, 천국에서는 놀고먹기만 할 것 같단 말이요?"

"글쎄요. 그럴 것도 같고, 아닐 것도 같습니다."

"모르긴 몰라도 천국에서도 사랑의 수고는 계속할 것이오."

"천국에서 일한다는 생각은 한 번도 해 본 적이 없습니다."

"그럴 수 있소. 그런데 천국에서도 일하게 되리라는 생각은 이 땅에서 하는 일에 새로운 전망을 열어 준다오. 사실, 이 땅에서 하는 모든 일의 본질은 돈벌이가 아니라 사랑의 수고라오. 돈을 버는 것이 워낙 중요하다고 생각해서 이 사실을 자꾸 잊지만, 형제님의 사업의 본질은 사랑의 수고요."

"오, 그러니까 제가 하는 곡물 운송업도 결국 누군가를 섬기기 위한 사랑의 수고라는 말씀이로군요. 천국에서도 사랑의 수고를 계속하게 될 거고요."

"그렇소. 그런 생각으로 사업한다면, 이 땅에서의 일과 천국에서의 일이 연결된다는 사실을 깨달을 수 있을 거외다. 그때 우리의 일은 생활비를 벌거나 먹고 살기 위해서 하는 일보다 훨씬 더 중요한 신적 차원이 숨어 있음을 깨달을 수 있을 것이오. 그렇다면 천국에서 하게 될 일을 이 땅에서 미리 연습한다고 생각해 볼 수 있는 것이오. 그렇게 소망의 관점에서 일을 바라볼 때, 생업이 곧 왕업으로 승화하는 법이오."

코르넬리우스, 리더로 성장하다

티투스 장로와 코르넬리우스의 대화가 이제 막바지에 접어들었다.

"장로님의 말씀을 들으니 이 땅에서 사업을 잘 해내는 것이 얼마나 중요한지를 깨닫습니다. 예수님을 믿기 전보다 더 열심히 일해야겠어요."

"좋은 생각이오. 그런데 한 말씀 더 드려야 되겠소?"

"그럼요, 무슨 말씀이든지 귀 기울여 듣겠습니다."

"생업으로 왕업이 되게 하는 것도 중요하오만 그와 함께 반드시 해야만 하는 일이 있소."

"그게 뭡니까?"

기꺼이 내어 주는 리더

티투스가 말을 이어 갔다.

"생업과 무관한 하나님 나라의 일을 감당해야 한다는 것이오."

"생업과 무관한 하나님 나라의 일이라니요?"

"오로지 주님을 섬기는 일 말이오. 즉 순수한 왕업이라고 할 수 있소."

"순수한 왕업이라고요?"

"장차 천국에서 하나님께 받을 보상을 소망하며 하는 일이라오."

"예를 들어 주십시오."

"우선 교회에서 섬기는 일을 생각해 볼 수 있소."

"교회에서 하는 일은 전부 하나님 나라의 일이라는 뜻입니까?"

"아니, 그런 뜻이 아니오. 교회에서 하는 일 중에도 하나님 나라와 무관한 일이 있을 수 있소. 그러나 교회의 본질은 하나님 나라를 이 땅에 드러내는 것 아니겠소? 교회를 하나님 나라의 표지로서 드러내기 위해 하는 일들이 바로 생업과 무관한 순수한 왕업이라오."

"셉티무스가 기념 식사 때마다 빵과 포도주를 자원하여 준비해 오는 일이 그런 것입니까?"

"맞소."

"아, 그렇군요. 저도 교회 모임에서 하고 싶은 게 있긴 합니다."

"그게 무엇이오?"

"허락해 주신다면, 예배 모임에서 말씀을 낭독하는 일을 맡아서 하고 싶습니다."

"오, 참으로 반가운 말씀이오. 형제님이 그 직분을 맡아 주면 정말로 감사하겠소."

"직분이라고 하시니 부담스럽습니다."

"성도는 저마다 받은 은사가 있는데, 그 은사를 따라서 직분이 주어지는 법이라오. 그러니 형제님이 은사를 따라서 성경을 낭독하는 직분을 맡는 걸 부담스럽게 여길 필요가 없소."

"그렇군요. 또 혹시 괜찮으시다면, 제 집에서 예배 모임을 해도 좋겠습니다. 더불어서 제가 알기로는 오스티아에서 가정 교회 모임이 4~5개 정도 되고, 모임을 책임지는 장로가 3~4명 정도에 집사들은 그보다 많은 10~15명 정도라고 하던데요. 오스티아 교회들의 장로와 집사가 한데 모이기도 한다는데, 그 모임을 제 집에서도 가져 주시면 큰 영광이겠습니다. 우리 도시에서 교회를 섬기는 분들과 교제할 기회가 있으면 좋겠다고 늘 생각해 왔답니다."

"잘 알겠소. 그럼, 나도 부탁 하나 하리다. 아시다시피 여러 도시를 순회하며 말씀을 전하는 설교자들이 있는데, 그분들이 우리 도시를 방문할 때 숙소를 제공해 주실 수 있겠소?"

"좋다마다요. 기꺼이 내어 드리지요. 그분들과 교제할 수 있다면, 생각만 해도 너무 좋습니다."

"허허허, 바로 이런 것들이 생업과 무관한 하나님 나라의 일이라고 할 수 있소."

"연보도 순수한 왕업이라고 할 수 있습니까?"

"당연하오. 연보는 가난한 자를 이 땅에서 없애시는 하나님의 권능의 수단이오. 예수님은 '가난한 자들은 항상 너희와 함께'(막 14:7) 있을 것이라고 말씀하셨소. 타락한 세상 가운데 가난한 자가 존재하는 것은 필연이라는 뜻이오. 그러나 교회는 연보를 통해 공동체에 가난한 자가 없게 함으로써 하나님 나라가 이 땅에 임한 것을 드러내 보여 줄 수가 있소. 형제님이 평소에 꽤 많은 연보를 하시는 걸로 아오. 재물의 은사로 가난한 자들을 구제하는 직분을 감당하고 계신 셈이라오."

"그렇게 말씀해 주시니 감사합니다."

교회 담장 너머의 사람들을 돌아보다

티투스가 말을 이었다.

"순수한 왕업은 교회 안에서만 행해지는 것은 아니라오. 교회 밖에서도 할 수 있고, 또 해야만 하오."

"순수한 왕업에 또 다른 차원이 있다는 말씀이군요."

"그렇소. 성도가 있는 곳에 그리스도의 통치가 임할 것을 믿고 주의 뜻에 순종할 때, 그곳에 하나님 나라가 임하게 된다오. 성도가 하나님 나라가 이 땅에 임한 것을 드러내기 위해서 하는 일이 바로 순수한 왕업이며, 우리는 각자 삶의 자리에서 자기 재능과 직업을 통해 그 일을 해야 하오."

"장로님도 아시다시피 우리 제국은 공화정 시기부터 가난한 시민들에게 곡식이나 빵을 시중 가격보다 싼 값에 팔거나 아예 공짜로 나눠 주는 큐라 아노나(Cura Annona)라는 복지 제도를 운영해 왔습니다."

"곡물 운송이 제대로 이루어지지 않으면, 폭동이 일어나곤 해서 그런 제도가 생긴 것으로 알고 있소."

"맞습니다. 장로님이 제 직업을 통해서도 순수한 왕업을 수행하라고 하시니, 이 제도를 통해서 순수한 왕업을 행할 방법을 좀 찾아봐야겠다는 생각이 듭니다. 그렇잖아도 정부에 큐라 아노나용 곡물을 납품하고 있거든요."

"계획을 좀 말씀해 주시겠소?"

"큐라 아노나는 가난한 로마 시민들에게 싼 값이나 무상으로 곡물과 빵을 나눠주는 좋은 제도이지만, 몇 가지 한계점이 있습니다. 먼저, 로마 시민이 아닌 사람들이나 노예나 극빈층은 혜택을 받지 못하는 경우가 있습니다. 그리고 무상으로 제공하기는 하지만, 사실상 폭동이나 사회적 불안을 막으려는 정치적 계산이 깔려 있다는 점도 아쉬운 부분입니다. 진짜 문제는 이 빵이 '제국과 황제의 이름'으로 주어진다는 것입니다. 그래서 사람들은 풍요와 번영을 가져다주는 제국과 황제에게, 또 곡식의 신에게 감사와 찬송을 돌리게 되니 말입니다."

"정확한 지적이오. 황제가 자국 백성을 먹이고 돌보는 것은 하나님께 받은 사명인데, 그 일을 했다는 이유로 감사와 찬송을 받는다니 문제가 아닐 수 없소."

"그래서 저는 정부와 혼선을 빚지 않는 선에서 큐라 아노나를 받지 못하는 가난한 자들에게도 곡물과 빵을 나눠 줄 방법을 찾아볼까 합니다. 그럼으로써 사람들이 황제가 아닌 그리스도께 찬송을 돌리게 할 수 있지 않겠습니까?"

"그 일은 분명히 형제님에게 순수한 왕업이 될 것 같소이다. 다만 정치적으로나 사회적으로 보상을 받게 된다면, 자칫 뜻이 왜곡될 수 있으니 각별히 주의하면 좋겠소. 크리스천은 일터에서 주님께 영광을 돌리고, 사랑으로 세상을 섬기는 일을 할 수 있소. 이것이 바로 크리스천에게 맡겨진 사명이오. 그런데 좋은 일을 하려다가 사업 운영에 차질을 빚진 않을까 염려되는구려. 정 어려우면 돈을 조금 받아도 좋지 않나 싶소."

"걱정마십시오. 손해가 나지 않는 선에서 지혜롭게 하겠습니다."

티투스 장로와 긴 대화를 끝마친 코르넬리우스는 마음속의 무거운 짐을 벗어 버린 느낌이들었다.

코르넬리우스, 좁은 문을 선택하다

신앙의 순수성을 지켜 나가기란 쉬운 일이 아니다. 코르넬리우스에게도 시험이 닥쳐왔다.

이원론의 문제

코르넬리우스는 티투스 장로와의 대화를 통해서 큰 깨달음을 얻고, 셉티무스와도 화해했다. 셉티무스는 기념식사, 곧 주의 만찬에 쓸 빵과 포도주를 준비했고, 코르넬리우스는 교회에서 말씀을 읽는 직분을 감당함으로써 예배 모임에 유익을 끼쳤다. 주인과 노예가 한 교회를 섬기는 모습이 많은 사람에게 귀감이 되었다.

게다가 몇 년 전부터 곡물 운송업 유통망을 활용하여 대리석이나 블록 및 벽돌용 석재 등 인술라, 도무스, 빌라 등의 주택 건축에 꼭 필요한 건축용 석재를 납품해 오고 있었다. 마침 로마 제국이 욱일승천의 기세로 뻗어 나가던 때라 도시 건설 및 건축 공사가 활발했는데, 개선문이나 포룸의 기둥, 조각상, 아치 구조물 건축 등의 공사로 석재 수요가 급증하는 바람에 신규 사업이 급성장하였다. 게다가 기존 사업과 시너지 효과를 내며 순풍에 돛 단 듯 사업이 번창해 갔다.

그러나 호사다마라고 했던가! 석재 납품에 문제가 생겼다. 이방 신전 건축에 들어갈 석재의 주문이 들어온 것이다. 처음에는 납품을 거부했지만, 사업이 성장하면서 원치 않아도 납품해야만 할 상황에 부딪히는 일이 생겼다. 특히 문제가 되는 상황은 이런 경우였다. 구매자가 계약서에는 공공건물용 석재라고 명기했으나 신전 건축용으로 전용하는 일이 생겼다. 코르넬리우스가 이에 대해 항의하자 계약 당사자는 자신들 도시에서는 신전 건물을 공공건물의 범주로 분류한다고 답했다. 그런 일이 생길 때마다 어떻게 대처해야 할지 무척 난감하며 혼란스러웠다. 나중에는 급기야 대놓고 베스타를 비롯한 유피테르(Jupiter), 미네르바(Minerva), 포세이돈(Poseidon) 등 각 신을 섬기는 신전 건축용 석재로 주문해 왔다.

코르넬리우스는 '결국 사업은 사업이고, 신앙은 신앙이라고 타협해야 하는가?' 하는 고민에 빠졌다. 타협하면, 마음이 편해질 것 같았다. 그런데 몇 주 만에 참석한 예배 모임에서 티투스 장로의 설교가 코르넬리우스의 마음을 찌르고 말았다. 설교의 내용은 대충 이러했다.

'예수 그리스도께서는 지금 하나님 우편에 앉아 만유의 주로서 온 세상을 통치하고 계신다. 따라서 크리스천의 가정은 물론이고, 로마 제국과 온 도시와 사업장들을 그리스도께서 통치하고 계신다. 그러므로 크리스천은 어디서 무슨 일을 하든 그분의 통치를 받들고 그 통치 아래 거함이 마땅하다.'

코르넬리우스는 예수님을 처음 믿었을 때, 자신이 했던 행동을 떠올렸다. 집안과 사업장에 있던 모든 우상을 제거하고, 제단들도 없애버리지 않았던가. 그렇게 한 이유는 자기 집뿐 아니라 일터에서도 주님의 통치를 받들기 위함이었다. 그런데 지금은 과연 일터에서 그리스도의 통치를 받들고 있는지 의문이 들었다. 그는 이 문제를 어떻게 풀지 몰라 갈등했다. 신전 건축에 사용될 석재는 무조건 납품하지 말까? 나아가 신전의 부속 건물에 필요한 석재도 모조리 공급하지 말아야 할까? 신전이 아닌 다른 건축물, 가령 원형경기장, 극장, 공중목욕탕 등에는 납품해도 될까? 그곳에서 문란한 일이 자주 벌어진다는 사실을 알고 있지 않은가? 영적으로나 도덕적으로 문제없는 건물에만 자재를 납품해야 한단 말인가? 그는 자신이 점점 수렁에 빠져드는 것만 같았다.

결국, 티투스 장로를 찾아 지혜를 구하기로 했다.

원칙이 필요하다

코르넬리우스가 하소연하듯 말했다.

"장로님, 제가 정말로 답답한 게 뭔지 아십니까? 선을 긋기가 너무 애매하고, 기준이 모호하다는 것입니다."

"그렇소. 지금 형제님이 부닥친 문제들이 애매하고 모호한 것이 맞소."

"솔직히 사업은 사업이고, 신앙은 신앙이 아니겠습니까?"

"사업과 신앙을 분리해서 생각하면, 마음이 편하시오?"

코르넬리우스는 속마음을 들킨 것 같아 얼굴이 붉어졌다.

"그렇게 생각하니 마음이 편해지긴 하더군요. 신경 쓸 것이 줄어드니 사업에도 집중할 수 있겠고 말입니다."

"형제님. 크리스천이 이 땅에서 살면서 삶과 신앙을 하나로 일치시키기란 쉬운 일이 아니라오. 늘 긴장 상태에 있어야 하니 쉬이 피곤

해지기도 하오. 그래서 선택하는 가장 일반적인 해법이 이원론이오. 옛 그리스 철학자들이 인간을 육체와 영혼으로 구분했듯 크리스천도 일과 신앙을 구분하는 경우가 있소. 그래서 예배 모임에 와서는 주님을 찬양하지만, 일터에 가면 믿음과 상관없이 행동한단 말이오. 그러면 크리스천은 야누스(Janus)와 같은 존재가 되고 마오. 그러나 이것은 잘못된 해법이오.

일전에 하나님은 타락한 세상이라도 이 땅을 보존하길 원하신다고 말씀드린 바 있소. 그러나 그것이 죄악도 보존하신다는 뜻은 아니라오. 하나님은 정하신 때까지 죄악을 참아 주시는 것일 뿐, 그것들을 옳다고 인정하시는 게 아니란 말이오. 우리를 생업으로 부르셨으나 '죄업'까지 용납하시는 것은 아니라오. 바울 선생은 에베소교회 성도들에게 도둑질하지 말고 손으로 일해서 생계를 꾸리라고 하셨습니다. 그런데 만일 어떤 사람이 '도둑질도 생업'이라고 주장한다면, 어떻게 되겠소?"

코르넬리우스가 피식 웃으며 답했다.

"에이, 그건 말이 안 됩니다. 도둑질이 어떻게 생업이 됩니까?"

"맞소. 하나님은 도둑질 같은 죄업을 생업으로 삼는 걸 허락지 않으신다오."

"죄업에는 어떤 것들이 있습니까?"

"우선, 제국의 법이 금하는 것들이 있지 않소. 남의 것을 훔치거나 속여 빼앗는 일, 남의 신체를 해하거나 손해를 끼치는 일 등은 모두 죄업이라고 할 수 있소. 주님이 '네 이웃을 네 자신 같이 사랑하라'(마

22:3)라고 가르치신 만큼 남에게 피해를 주는 일은 마땅히 피해야 할 죄업들이오.

그런데 로마법이 인정하지만, 복음의 질서에는 어긋나는 죄업들도 있소. 검투 경기나 전차 경주를 예로 들 수 있소. 음란한 공연이나 매매춘도 마찬가지요. 이방 신상을 조각하거나 그리는 행위도 그렇소. 이교 신전에서 복무하는 사제나 황제 숭배에 참여하는 공직 등도 복음의 질서에는 반하는 일을 하는 직업들이오."•

"바울 선생은 '여자들도 단정하게 옷을 입으며 소박함과 정절로써 자기를 단장하고 땋은 머리와 금이나 진주나 값진 옷으로 하지'(딤전 2:9) 말라고 가르치지 않았습니까? 루시아 자매는 귀부인들에게 값비싼 장신구를 파는 일을 하는데, 그것은 죄업입니까? 아니면 생업입니까?"

"바울 선생의 후원자인 빌립보교회의 루디아 자매도 왕족이나 귀족들이 입는 자색 옷감 파는 일을 했소. 사실, 이런 일은 죄업인지 생업인지 구분하기가 어렵소. 아마 그분도 일하면서 고민이 많았을 거요. 바울 선생은 이런 말씀도 하셨소. '이 말은 이 세상의 음행하는 자들이나 탐하는 자들이나 속여 빼앗는 자들이나 우상 숭배하는 자들을 도무지 사귀지 말라 하는 것이 아니니 만일 그리하려면 너희가 세상 밖으로 나가야 할 것이라'(고전 5:10). 믿지 않는 이들의 문화적인 취향이 설령 복음의 질서에 어긋나는 부분이 있다고 해서 우리가 그들과

• 이와 관련해서는 3세기 문헌인 히폴리투스(Hippolytus)의 《사도 전승》 XVI을 참조했다.

완전히 절연하거나 거래를 그만두는 것은 지혜로운 태도가 아니오.

우리는 세상 문화 가운데는 어느 정도 회색 지대가 있을 수 있다는 점을 인정해야 하오. 즉 명백하게 악하지는 않으나 복음의 질서에도 완전히 부합하지는 않는 그런 영역 말이오. 또한 어떤 문제를 판단할 때, 지역이나 문화나 개인 간에 차이가 있을 수 있소. 즉 다양한 판단이 가능한 영역이 있는 법이오. 그런 문제에 대해서는 정직하고 신실한 태도로 지혜롭게 접근해야 하오.

내가 듣기로는 루시아 자매에게는 나름의 원칙이 있는 것으로 아오. 일단 우상의 형상이나 이방 신화들에서 따온 도안을 넣은 물건들은 취급하지 않는다고 하오. 또한 외적인 화려함보다는 보다 내면적인 아름다움을 살리는 고상한 상품을 판매하자는 원칙을 세웠다고 했소. 루시아 자매가 기도하면서 복음 안에서 스스로 정한 원칙들이라오."

"제 문제도 그와 비슷하다는 말씀이시지요?"

"맞소. 내가 볼 때, 형제님이 당면한 문제는 생업과 죄업의 경계선상에 있는 것 같소. 이처럼 회색 지대에서 벌어지는 일은 명료한 것을 먼저 정리하고, 모호한 것은 신중하게 살펴보는 것이 지혜로운 태도라오. 석재를 운송하는 일 자체는 악한 일이 아니지 않소? 이 점은 명료하오. 동시에 이교 신전에 석재를 납품하여 우상 숭배를 돕는다면, 주님이 그 일을 좋아하실 리 없다는 것도 매우 명료해 보이오. 이렇게 명료한 것들을 정리한 뒤에 회색 지대에 있는 문제들을 신중하게 다루어야 하오."

"바로 그 모호한 부분에서 선택을 잘하고 싶은 것입니다."

"일단 우리는 모든 사업이 다 주님의 사업이라고 고백했으니 주님께 물어봐야겠지요. 제가 잠깐 기도하겠소."

"지, 지금요?"

티투스 장로는 미소를 지으며 코르넬리우스와 함께 짧게 기도를 올렸다.

"주님, 주님께서 코르넬리우스 형제에게 지혜를 주셔서 지금 당면한 문제를 잘 분별히고 주님의 뜻에 합한 길을 찾을 수 있도록 도움을 주옵소서. 자, 주님께 기도했으니 주님을 의지하여 해답을 찾아가도록 하십시오."

"제가 잘못된 결정을 내리면 어떡합니까?"

"사람의 결정은 완벽할 수 없음을 인정해야 하오. 모호한 문제에 관해서는 정답을 찾으려고 하기보다는 신실한 자세를 유지하는 것이 중요하오. 일단 최선이라고 생각되는 쪽으로 판단을 내리고, 그 열매가 선한지 악한지를 계속 점검하면서 그 판단을 수정하는 것이 좋겠소. 언제든지 나와 의논해도 좋소. 또 공동체의 지혜를 구하는 것도 좋은 방법이오. 진짜로 중요한 것은 형제님이 모든 과정을 하나님의 뜻대로 하고자 하는 신실한 마음과 자세를 꾸준히 유지하는 것이라오."

"알겠습니다. 장로님, 제가 주님의 통치를 받드는 결정을 내릴 수 있도록 계속 기도해 주십시오. 그리고 혹 제가 내린 결정에 문제가 있어 보인다면, 기탄없이 말씀해 주십시오."

"물론이오. 주님이 형제님의 결정에 지혜로써 함께해 주시기를 기도하오."

코르넬리우스는 사도 바울이 "우상의 제물을 먹는 일"(고전 8:4)에 관하여 조언한 것을 참고하여 신규 사업 운영에 적용할 원칙을 다음과 같이 세웠다.

- 가급적 일반 주택용 석재 납품을 위주로 한다.
- 신전 건축용이 명백할 때는 석재를 납품하지 않는다.
- 그러나 신전 건축용인지 아닌지 불분명할 때는 굳이 거부하지는 않는다.
- 나중에라도 신전 건축용임을 알게 될 때는 시정을 요구하고, 여의치 않으면 납품을 중단한다.
- 원형경기장이나 극장용 건축물에는 납품을 거부하지 않는다.

코르넬리우스는 이 원칙을 준용하여 석재를 납품하기로 했다. 물론 이 원칙이 정답이라고 할 수도 없고, 완전한 원칙이라고 할 수도 없다. 하지만 이것은 그가 사업장에서 그리스도의 통치를 따르는 나름의 방식이었다. 그러나 만일 주님이 새로운 계시를 주시면 언제라도 원칙을 수정하겠노라고 다짐했다.

일중독이 독을 퍼뜨리다

신규 사업의 운영 원칙을 정하고 나니 판단과 결정이 수월해졌다. 그 덕분에 사업이 더욱 빠르게 성장해 나갔다. 사업이 잘되니 또 다른 문제가 발생했다. 예배 모임에 참석해도 그의 머릿속은 사업과 관련한 생각들로 가득 차 있던 것이다. 어느새 모임에서 천국을 맛보았던 기억이 가물가물해질 지경이 되었다.

그는 새로운 판로를 개척하기 위해서 출장을 자주 가게 되었다. 그바람에 교회 모임에 빠지는 빈도수가 늘었고, 예배 때 말씀을 낭독하던 직분은 이미 다른 성도에게 넘겼다. 출장이 있을 때마다 교회에 양해를 구했고, 그때마다 성도들은 그를 위해 기도하기를 게을리하지 않았다. 하지만 모임에 빠지는 일은 갈수록 잦아졌다. 그가 출석하는 교회에는 무단으로 2주 이상 결석하면 장로로부터 주의를 받고, 4회 이상이면 3개월간 기념 식사에 참여할 수 없게 하는 규칙이있었다. 결국, 코르넬리우스가 양해 없이 4회 이상 모임에 빠지는 일이 발생하고 말았다.

그가 모임에 자주 빠진 것은 비단 사업 때문만은 아니었다. 신앙의열의가 예전만 못하게 된 탓이 컸다. 이것은 그리스도의 재림을 향한소망이 급속히 사그라지게 된 것과도 관련이 있었다. 1세기 말, 성도들은 주님이 곧 다시 오실 줄로 믿었다. 그런데 그가 예수님을 믿은 지벌써 10년이 넘어가는데도 주님은 오시지 않고 있다. 당시 그리스도의 재림을 기다리다가 실망한 사람들이 많았다. 특히 AD 70년 로마의장군 티투스(Titus)가 예루살렘 성전을 돌 위에 돌 하나 남기지 않고 파괴했을 때 많은 크리스천들은 드디어 이제 주님께서 재림하시겠구나하며 기대했다. 하지만 그 일이 있고 벌써 20년이 지났지만 아직도 주님은 오시지 않았다. 여기저기서 실망하는 이들이 생겨났다. 코르넬리우스도 이와 비슷한 이유로 모임에 대한 열정이 식어 갔던 것이다.

재림의 소망이 약해진 만큼 그는 사업에 더욱 몰두했다. 그는 곡물 운송업과 석재 납품업 중 어느 쪽도 포기할 수 없었는데, 투자 대비 손실이 각각 너무 커져 버렸기 때문이다. 달리 물러설 길이 없기에 그는 두 사업을 모두 본궤도에 올려놓기 위해 더욱 힘쓰지 않을 수가 없었다.

코르넬리우스는 자신이 지나치게 사업에 몰두하고 있는 것은 아닌가 하는 걱정이 들기도 했지만, 그때마다 하나님이 그를 사업가로 부르셨다는 생각에 스스로 위안을 얻었다. 그러나 마음의 불편함은 가시지 않았다. 그때마다 그는 '조금 더 헌금하면 되지,' '구제도 더 많이 해야지,' '만나는 사람에게 좀 더 많이 전도해야겠군,' '매일 아침 사업을 시작할 때 기도하면 되겠지,' '장로님이 사업도 주의 일이라고 하지 않았던가? 믿음으로 더 열심히 사업을 하면 되겠지' 등등 여러 다짐과 생각을 하며 불안한 양심을 달랬다. 그러면서도 신앙심은 갈수록 옅어져 갔다. 급기야 교회 모임뿐 아니라 가정에도 소홀하게 되었다. 아내는 그가 사업에만 몰두한다며 바가지를 긁었고, 자녀들은 아버지에 대한 존경심을 잃어 가는 듯했다. 집 안의 노예들도 주인이 예전과 달라진 것에 불안감을 느꼈다. 특히 셉티무스가 그랬다. 사업을 제외하면 남는 것이 없을 정도로 그의 삶은 피폐해져 갔다.

또 하나 그의 문제는 교만이었다. 그는 이제 자신의 정체성을 사업가로만 여기게 되었다. 그는 사업상 최선의 결정을 내리기 위해 모든 과정을 통제해야 했다. 조금이라도 잘못 판단하면 큰 손실을 볼 것이므로 촉각을 곤두세울 수밖에 없었다. 그러다 보니 사업이 주님의 일이라는 의식이 점차 희미해져 갔다. 결국 최종 책임은 그 자신이 져야 한다는 생각이 강해질수록 사업은 그만의 일이 되어 갔다.

교만이 그의 마음을 가득 채웠고, 그로 인해 권위적인 인간으로 변해 갔다. 한번은 예배 모임에서 셉티무스가 그에게 "코르넬리우스 형제님께 그리스도의 평화가 있기를…" 하고 인사하자 그는 셉티무스가 자신을 '형제'라 부르는 것이 몹시 신경에 거슬려 인사를 받기는커녕 그를 한참 쏘아보았다. 그 바람에 셉티무스를 비롯해 이를 지켜 보는 주변 성도들까지 무안해졌다. 지난 번 셉티무스가 자신의 책무를 제대로 감당하지 못해서 큰 실수를 저지른 이후로 그는 집에서는 언제나 코르넬리우스를 '도미누스'(주인님)이라고 부르며 깍듯하게 예를 차렸다. 그게 습관이 되어서 그랬는지 예배 모임 때 셉티무스가 자신을 감히 '형제'라고 부르는 것이 무척 거북했다. 그는 교회에서도 자신과 셉티무스는 주인과 노예 관계여야 한다고 생각했다.

사업은 목적인가 수단인가

코르넬리우스가 변해 가는 걸 지켜 보던 티투스 장로는 그를 더는 놓아두어서는 안 되겠다는 위기감을 느꼈다. 워낙 바쁜 사람이라 시간을 내기가 어려우리라 생각했는데, 바로 약속을 잡을 수 있었다. 사실, 코르넬리우스 자신이 문제의식을 느끼고 있던 터라 티투스의 제안을 차마 거절하지 못했던 것이다.

티투스 장로가 먼저 입을 열었다.

"기억하시오? 형제님은 예수님을 영접하고 나서 천국을 너무나 사모한 나머지 사업을 등한히 한 적이 있었잖소."

"네, 그때는 그랬지요. 그래서 장로님께서 사업이 중요한 이유에 대해서 말씀해 주셨죠." "그런데 지금은 사업에 과몰입하고 계신 것 같다는 생각이 드오만…."

"장로님이 사업에 대해서 잘 모르셔서 그러시는데, 사업이란 게 그렇습니다. 초반에 밀어붙여야 불씨가 꺼지지 않습니다. 저도 요즘 신앙생활에 소홀해지는 것 같아서 스스로 경계하고는 있습니다만 신규 사업이 자리 잡기까지는 전력을 기울여야 하는 상황이라…. 그렇잖아도 사업이 궤도에 오르면, 다시 모임에 잘 나갈 참이었습니다."

"그러셨구려. 그렇다면 안심해도 되겠소만 노파심에서 한 말씀만 더 드리리다. 이번 기회에 형제님에게 사업이 목적인지 수단인지 한번 점검해 보기를 바라오."

"목적과 수단을 어떻게 구분합니까?"

"크리스천에게 삶의 목적은 하나님이 맡기신 일로 하나님을 기쁘시게 해 드리고, 주님께 영광을 돌려 드리는 것 아니겠소? 수단이야 그 목적을 이루기 위한 도구이고 말이오."

"하나님을 기쁘시게 해 드리는 것이 목적이니 사업은 당연히 수단이죠."

"말씀은 그렇게 하오만 막상 사업 현장에서는 그 둘을 구분하기가 쉽지 않으실 거요. 그래서 이렇게 분별해 보시길 권하오. 첫째로 목적은 중단할 수 없지만, 수단은 언제든지 중단할 수 있소. 형제님은 사업을 그만둘 수도 있으시오?"

코르넬리우스는 아무 대답도 할 수 없었다.

"둘째로 목적은 대체 불가능한 것이오만 수단은 필요하면 다른 것으로도 바꿀 수 있소. 다른 사업으로도 대체할 수 있는지 한번 생각해 보시오."

"왠지 신규 사업을 중단하라고 말씀하시는 것 같습니다."

"사업이 궤도에 오르면, 다시 모임에 나오겠다고 하셨으니 기다려 보겠소. 다만 사업이 신앙생활에 문제기 될 시에 중단하거나 다른 사업으로 바꿀 수도 있는지 생각해 보길 바랄 뿐이오."

"장로님. 그런데…. 예배 모임의 참석 여부가 신앙의 판단 기준일 수 있습니까?"

"내 말이 그렇게 들리셨소? 물론, 예배 모임에 반드시 참석해야 한다는 법이 있는 것은 아니오. 모임에 참석해도 마음은 콩밭에 가 있다면, 그 자리에 있는 것이 무슨 소용 있겠소? 또 부득이한 사정으로 참석하지 못하더라도 성도들과 얼마든지 영으로 교통할 수 있지요."

"맞는 말씀입니다. 제가 성도들과 영으로 교통하고 있지 않습니까!"

"그러시오? 그런데 바울 선생이 이런 말씀을 했다오. '시집가지 않은 자와 처녀는 주의 일을 염려하여 몸과 영을 다 거룩하게 하려 하되 시집간 자는 세상일을 염려하여 어찌하여야 남편을 기쁘게 할까 하느니라'(고전 7:34). 시집가고 장가가는 것은 죄가 아니오. 게다가 시집가고 장가갔다면, 남편을 사랑하고 아내를 사랑하기 위해 힘쓰는 것이 마땅하오. 하지만 그러느라고 주님을 향한 사랑에 소홀해질 수 있는

게 인간이라오. 주님을 잊고, 남편이나 아내만 기쁘게 하고자 한다면 그 일은 '세상일'이 되고 마는 것이오. 사업도 마찬가지외다. 생업에 충실하여 생계를 책임지는 것은 주님의 부르심에 합당한 자세이오. 그러나 사업에 과몰입한 나머지 주님을 잊는다면, 그 사업은 '세상일'이 되는 것 아니겠소?"

"교회 일은 주님의 일이고, 사업은 세상일이라고 말씀하시는 겁니까? 왠지 이원론처럼 들리는데요."

"그런 뜻이 아니오. '너희가 먹든지 마시든지 무엇을 하든지 다 하나님의 영광을 위하여 하라'(고전 10:31)는 것이 바울 선생의 가르침 아니겠소? 크리스천 사업가가 자기 사업을 하나님께 영광을 돌리게 하기 위한 수단으로 삼는다면야 그것은 하나님 나라의 일이 될 것이오. 그러나 돈벌이 수단으로만 삼는다면, 그것은 왕업이라고 할 수 없소."

"장로님, 저는 제 사업이 왕업이 되길 힘쓰고 있습니다."

"내가 보기엔 그저 사업만 남은 것 같소만."

"장로님, 왜 그렇게 생각하시는 건가요?"

"문제는 균형이오. 예배 모임보다, 그리고 가정에 대한 책임보다 신규 사업 쪽으로 과도하게 기울어져 있어 뵈니 문제란 말씀이오."

"글쎄, 사업이 본궤도에 오르면…." 코르넬리우스가 말끝을 흐렸다.

"네, 그러시리라고 믿소이다. 그러나 미래 일은 함부로 장담할 수 없지요. 중요한 건 지금이오. 자칫 잘못하면, 영영 균형을 찾지 못하실 수 있소. 느헤미야 시절 안식일에도 사업을 쉬지 않았던 주류 사업자, 곡물 사업자, 음식 판매업자들이 있었소. 예루살렘에 거주하던 두로 사람들도 바다 생선과 각종 상품을 들여와 판매를 했소(느 13:15-16).
느헤미야가 이들을 향해 격분했는데, 이는 이들이 일과 안식의 균형
을 잃어버렸기 때문이오."

"안식일을 지키라는 말씀이신가요?"

"계명으로서의 안식일이 아니라 일과 안식의 균형이 중요하다는 말
씀입니다. 균형이 무너지면, 형제님이 사업을 끌고 가는 것이 아니라
사업이 형제님을 끌고 다닐 수 있소. 그렇게 되면 수단과 목적이 뒤
바뀌게 되고요, 그렇게 목적이 된 수단은 우상이 되고 마는 법이오."

"우상이라고요?"

"그렇소. 에덴동산에서 아담과 이브가 뱀을 다스려야 했는데, 다스
리지 못한 바람에 우리가 '옛 뱀'(계 12:9)의 지배하에 놓이게 되지 않았
소? 사업은 인간이 다스려야 하는 일이고, 궁극적으로는 그리스도께
서 통치하셔야 하는 영역이오. 그런데 만일 형제님이 사업을 다스리
지 못한다면, 사업이 형제님을 다스리게 될 테고, 결국 사업이 그리스
도의 통치에 저항하게 될 거요."

교만하면
이미 임한 하나님 나라가 보이지 않는다

코르넬리우스가 변명하듯
말했다.

"솔직히 신앙의 열정이 전보다 덜한 것은 사실입니다. 그것은 아마
도 곧 오실 것만 같던 주님이 오시지 않는 것에 대한 실망이 큰 탓인

것 같습니다."

"형제님, 어느 정도 짐작은 했소. 최근에 형제님과 비슷한 고민을 하는 성도들이 우리 교회뿐 아니라 다른 교회에도 많이 생겨나고 있다오."

"처음에 저를 사로잡았던 것이 바로 그리스도의 재림과 함께 이 땅에 임할 하나님 나라에 대한 기대였으니까 말입니다. 이사야 선지자의 예언대로 사막에서 시내가 흐르고(사 35:6), 이리가 어린양과 함께 사는(사 11:6) 그런 세상이 온다면 얼마나 행복할까 하고 가슴 설렌 적도 있습니다. 온 세상에 가난한 자들이 사라지고, 더 이상 아프거나, 슬프거나, 고통받는 사람이 없다면 정말 얼마나 좋을까? 그렇게 생각했습니다."

"모든 성도의 간절한 소망이지요. 데살로니가 교회 성도들 중 일부는 하던 일도 그만 두고 재림하시는 주님을 맞을 준비를 하기도 했었소."

"장로님, 그런데 그리스도의 재림을 이제 더는 기다리지 않게 되었단 말입니다. 그러다 보니 이 땅에 도래할 하나님의 나라를 더 이상 이전과 같이 소망하지 않게 되었어요."

"형제님과 비슷한 고민을 하는 성도들이 더러 있는데, 이런 말씀을 드리고 싶소. 하나님 나라가 이 땅에 완성되기를 기다리기도 해야 하지만, '이미' 임한 하나님 나라를 볼 수 있어야 한다고 말이오."

"네? 그게 무슨 말씀입니까? 하나님 나라가 이미 임했다니요?"

"주님이 이렇게 말씀하신 것을 기억하실 거요. '내가 하나님의 성령을 힘입어 귀신을 쫓아내는 것이면 하나님의 나라가 이미 너희에게 임하였느니라'(마 12:28). 하나님 나라는 한 번에 뚝딱 완성되는 것이 아니라오. 마치 땅에 뿌려진 씨가 자라서 열매를 맺듯이 하나님 나라는 이 땅에 심겼고, 이 땅에서 점점 전진하여 마침내 완성되는 것이라오."

"네, 씨 뿌리는 자의 비유가 천국 비유인 것은 익히 들어서 알고 있습니다."

"하나님의 약속과 성취는 늘 과정 가운데 있다오. 가령 이집트에서 히브리인들의 수가 늘어난 것은 아브라함의 자손이 별과 같이 많아지리라는 하나님의 약속이 성취된 것이오. 하지만 땅을 주시겠다는 약속이 성취되기까지는 더 기다려야만 했소. 또 여호수아가 이끈 이스라엘 군대가 가나안 땅을 밟았을 때, 땅을 주신다는 약속이 성취되었으나 그 땅이 완전히 정복되기까지는 더 기다려야 했소. 바벨론 포로에서 귀환한 유다 백성들은 예레미야의 예언의 성취는 맛보았으나 이사야와 에스겔의 예언의 성취는 더 기다려야 했소. 이처럼 하나님의 약속은 늘 성취의 측면과 기다림의 측면이 동시에 존재한다오."

"하나님 나라도 성취와 기다림의 관점에서 바라보라는 말씀인가요?"

"바로 그것이오. 우리는 주님의 말씀대로 하나님 나라가 이 땅에 이미 임한 것을 볼 수 있어야 하는 동시에 하나님 나라가 이 땅에 완성되기를 계속 기다려야만 하오."

"장로님, 저는 정말 주님께서 재림하셔서 이 땅의 모든 악한 권력

자들과 정치인들, 탐욕스러운 사업가들, 범죄자들을 모조리 다 쓸어 버리시고 온 땅을 부활의 권능으로 새롭게 하실 그 나라를 눈으로 보고 싶습니다."

"하나님의 나라를 볼 수 있는 방법을 가르쳐드리리까?"

"어떻게 하면 이미 임한 하나님 나라를 볼 수 있습니까?"

"셉티무스 형제는 예배 모임에 처음 참석한 날, 마치 하나님 나라를 보는 것만 같았다고 고백했소. 빈부귀천을 무론하고 서로 형제자매라고 부르며 문안하는 모습, 식탁에 음식이 풍성히 쌓인 것과 귀부인이 비천한 자들을 위해 식탁 시중을 드는 모습, 고아와 과부의 명단을 작성해서 연보를 나누는 모습, 성령의 능력으로 병이 치유되고 귀신이 쫓겨나는 모습을 보고 천국을 보았다고 했소. 이처럼 천국은 이미 이 땅에, 특히 교회 안에 들어와 있소. 그래서 예수님은 고향 회당에서 첫 번째 설교를 하실 때 희년이 지금 너희 가운데 도래하였다고 하셨던 거요(눅 4:21)."

"그러면 하나님 나라는 교회에만 임합니까?"

"형제님, 밭에 숨겨진 보화를 발견한 농부의 비유에서 보화는 천국을 뜻하오. 그리고 보화가 묻힌 밭은 농부의 일터가 아니오?"

"그렇군요. 제 사업장에도 하나님 나라가 이미 임하여 숨어 있었다는 말씀이네요."

"그렇소. 천국은 교회에도 임하지만, 우리가 일하는 일터에, 그리고 매일의 일상 영역에도 이미 내려와 감추어져 있다오. 다만 우리가 그것을 보지 못할 뿐이오. 그런데 놀랍게도 농부는 밭을 갈다가 그 보물을 발견하게 되오. 다른 사람들은 보지 못한 천국을 자신의 일터에서 보게 되었다 그 말이오."

"네, 그렇군요. 그런데 사업을 하다보면 그런 생각을 전혀 할 수 없습니다."

"일터와 일상에 임한 천국을 보기 위해서는 고도로 훈련된 영적인 눈이 필요하오."

"장로님, 제 사업장에 임한 하나님 나라를 보고 싶습니다."

"사랑하는 코르넬리우스 형제여, 바울 선생이 이렇게 말씀하셨소. '그러므로 너희가 그리스도와 함께 다시 살리심을 받았으면 위의 것을 찾으라 거기는 그리스도께서 하나님 우편에 앉아 계시느니라'(골 3:1). 이 땅에서 하나님 나라를 발견하길 원한다면, 먼저 눈을 들어 하늘을 바라봐야 하오. 스데반 집사는 순교의 자리에서 하늘을 바라보고 하나님과 그리스도를 볼 수 있었소."

"엘리사의 사환 게하시의 눈이 열리자 땅에 가득한 시리아 군대보다도 더 많은 하늘의 천군과 천사들을 볼 수 있었던 것처럼 말이죠."

"그러니 형제님, 늘 하늘을 바라보십시오. 일터와 일상에서 하늘을 바라볼 때, 주님이 형제님의 눈을 열어 만유의 주 그리스도를 바라볼 수 있게 해 주실 거요."

"그런데 만유의 주 그리스도와 하나님 나라는 무슨 관계입니까?"

"만유의 주 그리스도께서 통치하신다는 말은 곧 하나님 나라가 임하고 있다는 뜻이오. 바울 선생은 크리스천이 '그리스도 안에' 있어야 한다고 자주 말씀하셨소. '그리스도 안에' 있다는 것은 그분의 통치 아래 있다는 뜻이라오. 형제님이 사업장에서 일하실 때, 그리스도 안에 있다면 사업장에 그리스도의 통치, 곧 하나님 나라가 임하는 것을 볼 수 있을 것이오."

"그럼, 그리스도의 재림을 기다릴 필요가 없다는 뜻입니까?"

"그럴 리가요? 우리는 이미 임한 하나님 나라를 믿음의 눈으로 볼 수 있어야 하지만, 동시에 이 땅에 완성될 하나님 나라를 소망하기도 해야 하오."

"소망이나 기다림이나 다 너무 힘든 것 같습니다."

"우리의 소망은 막연한 기다림이 아니라오. 미래를 앞당겨 와서 미리 맛보는 힘이 있소."

"미래를 앞당겨 온다고요?"

"오스티아 외곽에서 큰 빌라를 지으려는 귀족이 있는데, 그가 형제님의 석재가 마음에 들어 1만 아우레우스(Aureus)어치를 주문하겠다고 하면, 형제님은 어떻게 하시겠소?"

"당연히 계약금을 달라고 하겠죠."

"자, 계약금을 받고, 샘플을 주었다면, 그것으로 장차 거래가 완성되리라는 보증으로 여기지 않겠소?

"당연하죠. 물론 100% 확신하는 것은 아닙니다. 그래도 계약금을 받은 것만으로 저는 수익을 확신할 수 있고, 그 귀족은 제가 준 샘플을 본 것만으로 빌라가 지어질 것을 확신할 수 있겠지요."

"이것이 바로 아라본, 곧 보증의 의미라오. 바울 선생은 '보증으로 성령을 우리에게 주신 이는 하나님이시니라'(고후 5:5)라고 말했소. 성령은 아라본으로 오셔서 우리로 하여금 부활을 미리 경험하게 하신다오. 그러니까 우리는 성령을 통해서 장차 완성될 하나님 나라를 미리 당겨서 체험하고, 부활도 미리 당겨서 맛볼 수 있는 것이오."

"그러니까 결국 성령님께서 제 믿음의 눈을 여셔서 아직 완성되지 않은 하나님의 나라의 샘플을 미리 맛보게 하신다는 말씀이군요."

"그렇습니다. 그러니까 크리스천의 기다림은 막연한 기다림이 아니오, 미래에 완성될 그 일을 미리 당겨서 경험하는 기다림인 것이오. 성령께서 오신 이유가 바로 이것이오. 이처럼 소망은 우리를 미래와 연결시켜 준다오."

코르넬리우스는 내내 무거웠던 마음이 점차 가벼워지는 것을 느꼈다.

"티투스 장로님, 주님의 말씀은 이해하기도 쉽지 않고, 실천하기는 더 어려운 것 같습니다. 분명히 생업을 왕업으로 승화시키는 것에 대해 가르침을 받았는데, 어느 순간 바른길에서 벗어나게 된 것 같습니다. 어디서부터 잘못되었을까요?"

"형제님은 교만의 유혹에 빠져 계신 게 아닌가 싶소."

"교만이라고요?"

"지난 예배 모임에서 형제님이 셉티무스 형제의 인사를 받지 않는 모습을 본 적이 있소"

"아, 그건…. 셉티무스 그 녀석이 주인인 저를 감히 만만히 대하는 것 같아서 버릇을 고쳐 주려고 그런 것입니다."

"하지만 형제님이나 셉티무스나 다 그리스도의 종이라는 사실을 알고 계시지 않소? 교회에서는 서로 '형제'라 부르며 문안하는 것이 당연한 일임을 알잖소."

"그래도 제가 주인인 걸 잊으면 안 되지요. 아니면 그놈이 어디에서 음식과 의복을 얻겠습니까? 제게 고마워해야 마땅한데, 예수님을 믿고 난 뒤부터 자꾸 저와 맞먹으려고 한단 말입니다."

"셉티무스 형제를 계속 '그 녀석', '그놈'이라고 부르시는구려."

"사업장에서는 위계질서를 확실히 세우지 않으면, 큰 혼란이 생기고 맙니다."

"형제님이 말씀하시는 사업장이란 이 땅에서 하는 일, 즉 생업의 차원을 말하는 것 같소. 생업의 차원에서는 그 얘기가 맞을 거요. 그러나 크리스천의 일에는 왕업의 차원도 있소. 그것은 일의 종말론적 차원이라오. 천국에서는 노예와 주인의 위계질서도 사라질 것이오. 이 땅에서 하나님 나라를 체험하길 원한다면, 왕업의 차원을 놓쳐서는 안 되오."

"하지만 장로님이 사업을 책임지는 제 입장이 되어 보지 않아서 그러시는 것 아닙니까?"

"형제님이 사업을 책임지신다고요? 저런! 형제님은 청지기일 뿐이오. 사업을 책임지는 분은 그리스도이시오."

"그건 말이 그런 것이지, 현실은 아니지 않습니까?"

"바로 그 마음이 형제님을 교만하게 만드는 것이오. 말로는 그리스도께서 사업장의 주인이라고 하면서 어느 순간 그리스도의 자리에 올라가 차지해 버리신 것 아니오! 형제님이 셉티무스에게 음식과 의복을 주신다고 하였소? 천만에요. 형제님의 손을 빌려 그리스도께서 주시는 것이오. 생업을 왕업처럼 하라고 한 조언은 벌써 잊으신 듯하오. 왕업은 하나님 나라에서 하는 일인데, 하나님 나라에서 하는 일이 무엇이오? 왕 되신 그리스도의 통치를 받드는 일 아니겠소? 그리스도께서 통치하시고, 우리는 다만 그 통치를 받들 뿐이오. 그러므로 왕업의 주체는 사람이 아니라 그리스도이시란 말이오."

"네. 구구절절 맞는 말씀입니다만…."

"코르넬리우스 형제님은 자신이 노예들을 다 먹여 살리고 있다고 생각하시는 모양이오, 그리스도의 통치를 망각하고, 주님이 받으셔야 할 영광을 취하고 있는 것 아니오?"

코르넬리우스는 할 말을 잃었다. 티투스가 말을 계속 이어 갔다.

"또 교회에 연보를 많이 낸다고 은근히 자랑하시는 것 같소이다. 그런 자랑은 세상의 사업가들이나 하는 것 아니오? 하나님 나라는 만유의 주 그리스도께서 통치하시는 나라요. 모든 것이 다 그리스도의 주권 아래 있소. 모세는 신명기에서 구약의 이스라엘 백성들에게 이렇게 말했소. '그러나 네가 마음에 이르기를 내 능력과 내 손의 힘으로 내가 이 재물을 얻었다 말할 것이라 네 하나님 여호와를 기억하라 그가 네게 재물 얻을 능력을 주셨음이라'(신 8:17-18). 하나님 나라의 도를 알지 못했던 구약의 백성들도 이런 말씀을 들었는데, 하나님 나라의 도를 깨달은 형제님이 어찌 스스로의 힘과 지혜로 재물을 얻은 것처럼 생각하시오?"

"부끄럽습니다."

"사업가로서 사업만 열심히 한다면, 이방인과 다를 바가 무엇이오? 사업가는 형제님의 진정한 정체성이 아니오. 진짜 정체성은 그리스도의 통치를 받는 하나님 나라의 시민인 거요. 그리고 그것은 셉티무스 형제의 정체성과도 하나 다를 바가 없소. 형제님이 하나님 나라의 시민인 것과 형제님이 노예라 부르는 셉티무스 형제도 하나님 나라의 시민인 것은 완전히 똑같다는 말이오."

"장로님, 제가 잘못 생각한 것 같습니다. 정말 부끄럽습니다."

그들의 대화는 약속 시간을 훌쩍 넘겨서 끝났다.

3

하나님 나라가
일터로 임할 때

♦ 　　　지금까지 살펴본 셉티무스와 코르넬리우스의 소
명 이야기를 바탕으로, 하나님 나라 신학의 기초 위에서 일터 신학의 이론을
정립하고자 한다. 먼저 이번 장에서는 하나님 나라가 일터로 임한다는 것의
의미를 살펴보고자 한다.[1]

천국의 미래성과 현재성

'이미'와 '아직'

　　　　　하나님 나라 신학의 기초 위에서 일터 신학
을 정립하는 데 필요한 과제는 하나님 나라의 현재성과 미래성을 동
시에 고려하는 것이다. 하나님 나라 신학은 하나님 나라가 '이미' 이
땅에 임하였으나 '아직' 완성되지 않았다는 신약성경의 가르침을 새
롭게 발견하는 데 기여했다[2]. 예수 그리스도께서는 "내가 하나님의 성
령을 힘입어 귀신을 쫓아내는 것이면 하나님의 나라가 '이미' 너희에

게 임하였느니라"(마 12:28)라고 하셨다. 그런데 히브리서 저자는 "우리가 여기에는 영구한 도성(하나님의 나라)이 없으므로 '장차' 올 것을 찾나니"(히 13:14)라고 말했다. 여기서 "이미"는 하나님 나라의 현재성이고, "장차"는 하나님 나라의 미래성이라고 할 수 있다. 신약성경은 하나님 나라의 '현재성'과 '미래성'을 모두 말하고 있다.

성도는 '이미' 임한 하나님 나라와 '아직' 완성되지 않은 하나님 나라에 동시에 속해 있다. 그러므로 이 긴장되고 모순되는 상황 속에서 매일 갈등하며 살게 된다. 성도는 자신의 실존 안에 두 현실을 껴안고 있기에 온몸이 찢어질 정도의 팽팽한 긴장감을 느낀다.[3]

크리스천은 '이미' 임한 하나님 나라에 속하며 동시에 '아직' 완성되지 않은 상태의 하나님 나라를 산다. 그는 하늘에 오르신 예수 그리스

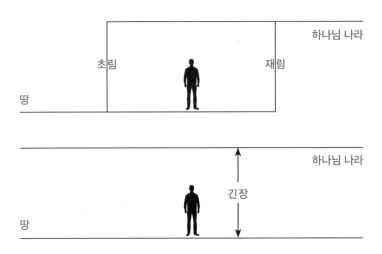

도의 통치를 받는 동시에 그리스도의 재림을 기다린다. 그러므로 그는 '종말론적' 존재인 동시에 '현실적' 존재다. 그의 '두 눈'은 하늘을 바라보지만, 그의 '두 발'은 땅을 딛고 있다. 그는 땅에서 얻은 '옛 정체성'을 여전히 갖고 있지만, 하늘로부터 받은 '새 정체성'을 비밀스럽게 간직하고 있다. 그가 하는 일에는 종말론적 차원(왕업)과 현실적 차원(생업)이 동시에 존재한다.

이미	하늘	종말	두 눈은 하늘로	새 정체성	왕업
아직	땅	현실	두 발은 땅에	옛 정체성	생업

크리스천의 실존에 하늘의 차원과 땅의 차원이 동시에 존재함을 이원론으로 받아들이는 것은 오해의 산물이다. 이원론은 두 차원이 근본적으로 구분되며 둘 중 하나만 택할 수 있음을 전제로 하지만, 필자는 크리스천이 두 현실 중 어느 하나만 선택해서는 안 된다고 주장하기 때문이다. 크리스천은 두 현실 모두에 속해야 한다. 두 현실 모두 우리의 현실이다. 이런 점에서 이것은 이원론(dualism)이 아니라 현실주의(realism)다.

이원론자는 하늘의 차원에 속하기 위해서는 땅의 차원을 떠나야 한다고 주장한다. 반면에 순진한 통합론자는 땅의 차원과 하늘의 차원을 성급하게 동일시한다. 이러한 시도는 땅의 차원을 제거하거나 하늘의 차원을 배제한다. 하지만 크리스천의 현실주의는 하늘의 차원과 땅의 차원을 구분하되 둘이 공존하는 것으로 본다.

두 차원은 어떻게 구분되는가? 땅의 차원은 현실적 차원이고, 하늘의 차원은 종말론적 차원으로 하늘의 하나님 나라가 땅에 임하여 있는 것이다. 크리스천이 두 차원에 동시에 속하되 자신의 실존 안에서 그 둘을 하나로 아우를 수 있는가가 관건이다.

혹자는 이러한 과제를 "이 땅에 하나님 나라를 세우자"라는 슬로건 (slogan), 곧 구호쯤으로 이해한다. 이것은 땅을 하나님 나라로 바꾸고자 하는 기획이며 이중적 현실을 하나로 통합하고자 하는 순진한 시도다. 하지만 하나님 나라는 인간의 힘과 지혜로 건설할 수 있는 나라가 아니다. 하나님 나라는 전적으로 하나님의 주권으로 건설되는 나라다.[4] 우리는 다만 그 주권에 순복하여 그 나라를 받들 수 있을 뿐이다. 우리가 무엇보다 먼저 할 일은 우리 자신의 능력으로 하나님 나라를 건설하는 것이 아니라 하나님이 이 땅에서 건설하기 시작하신 그 나라를 발견하고, 그 나라에 참여하는 것이다.

천국 비유

마태복음 13장을 가리켜 흔히 '천국 비유의 장'이라 부른다. 여기에는 총 7가지 비유가 등장하는데, 이들 비유는 하나님 나라의 '이미'와 '아직'을 보여 준다. 여기서 천국, 곧 하나님 나라에 관해 가장 빈번하게 사용되는 알레고리(allegory)는 '씨앗'이다. 예수님이 천국은 땅에 떨어진 씨앗과도 같다고 말씀하셨다. 씨를 뿌리는 자가 길가, 돌밭, 가시떨기, 좋은 땅 등에 뿌린 씨앗이 바로 천국 복음이며, 씨 뿌리는 행위가 곧 복음 전파라는 것이다. 씨앗 안에 천국이 들어 있다. "한 알의 밀"(요 12:24)과 "겨자씨 한 알"(마 13:31; 막 4:31; 눅 13:19)에도 천국이 깃들어 있다.

또한 천국은 "가루 서 말 속에 갖다 넣어 전부 부풀게 한 누룩"(마 13:33; 눅 13:21)과도 같다. 씨앗이 이제 누룩으로 바뀌었다. '씨를 뿌리는 네 종류의 땅'이나 "가루 서 말"은 모두 땅, 곧 세상을 가리킨다. 하나님 나라가 세상에 누룩으로 들어와 있다. 이는 죄 많은 세상에 천국이 '이미' 작은 존재로 들어와 있음을 뜻한다. 비록 너무 작거나 은폐되어서 잘 보이지 않지만, 그럼에도 천국은 씨앗으로, 누룩으로 '이미' 이 땅에 임했다. 이것이 천국의 현재성이다.

동시에 이 비유들은 '이미' 임한 천국이 이 땅에서 성장하며, 전진하는 역동적 실재임을 말한다. 씨앗이 자라는 것은 그 속에 생명이 있기 때문이다. 천국에는 생명이 있다. 그래서 천국은 30배, 60배, 100배로 성장한다. 세상 속에서 천국은 가라지와 구분하기 어려운 모습이지만, 자라면서 점차 가라지와 구분될 것이다. 땅에 심긴, 눈에 보이지 않을 정도로 매우 작은 겨자씨가 나중에는 "공중의 새들이"(눅 13:19) 깃들 정도로 크게 자랄 것이고, 적은 누룩이 머지않아 가루 서 말을 전부 부풀게 할 것이다.

눈에 띄지 않게 임한 천국은 이 땅을, 죄 많은 이 세상을 하나님 나라로 변화시켜 나갈 것이다. 하지만 천국이 성장하는 것은 잘 보이지 않는다. 천국이 안 보이니 천국이 성장하는 것도 눈에 띄지 않는 것은 당연하다. "그가 밤낮 자고 깨고 하는 중에 씨가 나서 자라되 어떻게 그리 되는지를 알지 못하느니라"(막 4:27)라는 말씀처럼 장차 어느 순간 온 땅과 온 세상에 하나님 나라가 충만하게 된 것을 볼 수 있을 것이다. 이처럼 천국 비유는 천국의 현재성과 성장과 미래성을 모두 보여 준다.

천국의 미래성

언젠가는 천국이 완성될 텐데, 그때가 되면 "세상 나라가 우리 주와 그의 그리스도의 나라가 되어 그가 세세토록 왕 노릇"(계 11:15)하실 것이다. 역사의 끝에 가면, 온 땅이 모두 하나님께로 돌아오니 하나님 나라만이 영영히 서게 될 것이다. 천국 비유에서 "추수 때"(마 13:30)는 바로 종말을 가리킨다. 천국은 역사의 끝, 곧 종말에 완성된다.

종말에 그리스도께서 "호령과 천사장의 소리와 하나님의 나팔 소리로 친히 하늘로부터 강림"(살전 4:16)하실 텐데, 그때 "그리스도 안에서 죽은 자들이 먼저" 부활의 몸으로 다시 일어나고, 그 후에 "살아남은 자들"이 변화될 것이다(살전 4:16-17). 이는 우리의 죽을 몸이 "마지막 나팔에 순식간에 홀연히 다 변화"(고전 15:51)될 것을 말한다. 또한 "피조물도 썩어짐의 종노릇한 데서 해방되어 하나님의 자녀들의 영광의 자유에"(롬 8:21) 이르게 될 것이다. 이는 성도들이 부활의 몸을 입을 때, 피조물도 "하나님의 자녀들의 영광의 자유", 곧 부활에 참여하게 되리라는 뜻이다. 이러한 인간과 피조물의 변화는 완전히 새로운 세상을 창조할 것인데, 이를 '새 창조'라 할 것이다. "그날에 하늘이 불에 타서 풀어지고 물질이 뜨거운 불에 녹아지려니와 우리는 그의 약속대로 의가 있는 곳인 새 하늘과 새 땅을"(벧후 3:12-13) 보게 될 것이다. 하늘이 불에 타서 풀어지고 물질이 뜨거운 불에 녹아"진 후 "새 하늘과 새 땅"이 열리는 것이다. 바야흐로 하나님 나라가 완성되는 순간이다.

마지막 때에 반드시 있을 일은 심판이다. "흰 보좌"(계 20:11) 앞에서 민족과 열방의 심판이 있을 것이다. 곡식과 가라지가 구분될 것이고(마 13:30), 좋은 물고기와 나쁜 물고기가 갈릴 것이다(마 13:48). 양과 염소가 오른편과 왼편으로 나뉠 것인데(마 25:32), 지극히 작은 자 하나에게 선을 행했느냐 행하지 않았느냐로 갈릴 것이다(마 25:40, 45). "오른편에 있는 자들", 곧 구별된 자들은 "예비된 나라를 상속"(마 25:34)받을 것이나 "누구든지 생명책에 기록되지 못한 자는 불못에"(계 20:15) 던져질 것이다.

이 모든 일이 이루어질 때까지 우리는 아직 완성되지 않은 하나님 나라를 기다리며 죄 많은 이 세상에서 살아야만 한다. 그런데 천국의 미래성만을 강조할 때, 우리가 할 일은 죄 많은 세상에서의 삶을 견디며 종말을 기다리는 것뿐이다. 이것이 전통적인 가르침이다.

천국의 현재성

성도들은 천국의 미래성에 관한 전통적인 가르침에 익숙하다. 그러나 성경은 천국의 미래성뿐 아니라 현재성에 관해서도 이야기하고 있다. 그런데도 그동안 교회는 이것을 잘 가르쳐 오지 않았다. 그래서 하나님 나라가 '이미' 이 땅에 임하기 시작했다는 가르침이 성도들에게는 생소하다. 성도가 이 땅에서 능력 있는 삶을 살기 위해서는 천국의 미래성과 함께 현재성에 관한 깊은 깨달음도 필요하다.

예수 그리스도, 미래를 현재로 끌어오시다

어느 날, 사람들이 "귀신 들려 눈 멀고 말 못 하는 사람"을 예수께로 데려와서 예수님이 그를 고쳐 주셨다(마 12:22). 그가 말하며 보게 된 것을 지켜본 무리가 "이는 다윗의 자손이 아니냐" 하고, 바리새인들은 "이가 귀신의 왕 바알세불을" 힘입었다며 갑론을박하자 예수님이 이렇게 말씀하셨다. "내가 하나님의 성령을 힘입어 귀신을 쫓아내는 것이면 하나님의 나라가 이미 너희에게 임하였느니라"(마 12:28). 예수님은 병자의 치유를 의료 행위의 결과가 아닌 하나님 나라가 미래에서 현재로 돌입해 들어온 사건으로 보셨다. 즉 한 병자의 치유를 보면서 동시에 모든 병자가 치유되어 온전한 몸과 마음으로 회복될 미래의 하나님 나라를 보셨던 것이다.

옛말에 "싹수가 노랗다"라는 말이 있다. 싹은 연두색이라야 한다. 그런데 색이 노랗다면 보나 마나 좋은 결실을 내기가 어렵다. 그런가 하면, "될성부른 나무는 떡잎부터 알아본다"라는 속담이 있다. 이는 떡잎을 보면 그것이 얼마나 수려하게 잘 자라게 될지 금세 알아차릴 수 있다는 뜻이다. 두 가지 모두 지금의 징조를 보아 장차 다가올 미래를 내다볼 수 있음을 말한다. 예수님은 귀신 축출이라는 현재의 표징을 보시고, 장차 완성될 하나님 나라를 미리 내다보셨다. 즉 치유라는 눈앞의 현실(떡잎)과 종말의 하나님 나라(결실)를 연결하신 것이다.

그때 예수님의 치유 사역은 단순한 의료 봉사가 아니라 애통함과 곡함이 다시 있지 않을 미래의 하나님 나라를 현실로 미리 당겨와서 펼쳐 보이신 사역이었다.

이러한 관점으로 예수님의 말과 행동, 곧 사역을 이해할 수 있다. 가령 예수님이 친구 나사로를 다시 살리신 사건은 종말에 있을 부활을 미리 구현하신 사건이었다. 또한 오병이어의 기적은 빵과 물이 없어 고통받는 가난한 자들이 사라진 하나님 나라에서 베풀어질 메시아 식사를 미리 당겨 오신 사건이었다. 예수님이 십자가에 달려 돌아가시기 전에 제자들의 발을 씻기신 사건은 완성될 하나님 나라에서 왕과 통치자들이 보일 섬김의 통치를 미리 보여 주신 것이다. 즉 예수님의 사역은 미래의 하나님 나라를 현재로 끌어와 보여 주기 위함이었다. 즉 예수님과 함께 하나님 나라가 가까이 왔다. 믿음의 눈을 가진 자는 이미 이 땅에 들어온 하나님 나라를 그리스도 안에서 찾아볼 수 있다. 하지만 불행히도 당시 예수님의 사역의 의미를 알아차린 사람은 아무도 없었다.

미래에 튜닝되어 현재를 사는 사람들

영화 〈동감〉(유지태, 김하늘 주연, 2000년)에서 1979년의 대학생 소은(김하늘)이 어느 날 고장 난 무전기를 얻게 된다. 그런데 고장 난 무전기를 통해 어떤 목소리가 들려온다. 그것은 2000년의 대학생 지인(유지태)의 목소리였다. 소은은 미래에서 들려오는 목소리에 귀 기울이면서 점차 미래에 튜닝(tuning)된다. 결국, 소은은 자기 삶의 중요한 결정을 미래에 맞추어 결정하기에 이른다. 그녀가 사랑하는 남자와 헤어지기로 결심한 이유를 아무도 알지 못했지만, 미래의 지인만은 그 의미를 이해할 수 있었다.

성경의 계시는 하나님의 '약속'이라는 형식을 취한다. 성경은 약속, 곧 옛 약속(구약)과 새 약속(신약)이다. 약속은 늘 미래에서 현실로 다가온다. "보라 내가 새 일을 행하리니 이제 나타낼 것이라"(사 43:19)라는 여호와의 말씀 뒤에 사막과 같은 현실에 강물이 흐르리라는 약속이 따라온다. 현실 속으로 들어온 약속은 현실과 충돌한다. 약속(강물)과 현실(사막)이 너무 다르기 때문이다. 약속이 현실과 똑같다면, 그것은 더 이상 약속이 아니다. 신자는 사막 같은 현실에서 강물 같은 약속을 붙잡는 자다. 바꿔 말하면, 성경을 통해 들려오는 미래의 목소리에 자신을 튜닝하는 자다.

예수 그리스도는 하나님의 약속이었다. 다시 말해, 그리스도는 미래에서 현재로 침투해 들어오신 분이셨다. 그리스도는 미래에 튜닝된 존재요 미래에서 온 사람이었다. 그리스도와 마찬가지로 크리스천도 미래에 튜닝된 사람이다. 한편으로는 '지금 여기에' 살면서도, 다른 한편으로는 종말의 시간을 사는 사람들이다. 독일 신학자 위르겐 몰트만(Jurgen Moltmann)은 기독교는 "하나님 나라를 가져오시는 이의 장차 실현될 지배를 위해 생존한다"라고 말했다.[5] 하여 크리스천은 현재를 살지만, 동시에 그는 자신의 정체성을 역사의 끝에 맞추고, 종말에 완성될 하나님 나라가 마치 지금 여기에 임한 것처럼 산다. 그러므로 크리스천은 소은처럼 미래에 튜닝된 존재들이며, 미래에서 온 카일 리스(Kyle Reese)[6]와 같은 미스터리한 존재다.

크리스천은 '지금 여기'에서 살지만, 장차 올 미래에 맞춰 살기에 마치 나그네처럼 이곳에 산다. 베드로가 크리스천을 "거류민과 나그네"(벧전 2:11), 곧 파레피데모스와 파로이코이로 불렀던 이유가 바로 이것이다. 크리스천의 진짜 고향은 역사의 끝에 완성될 종말론적 하나님 나라다. 그러므로 크리스천은 세상 속에서(in) 살지만, 세상에 속하지는 않는(not of) 나그네로서 늘 고향으로 돌아갈 채비를 하며 살아간다.

그런데 이렇게 살기 위해서 크리스천은 하나님 나라의 현재성을 볼 수 있어야 한다. '이미' 현재로 침투해 들어와 있는 하나님 나라를 볼 수 있으려면, 천재적인 통찰력과 상상력이 필요하다. 구약 시대의 많은 예언자의 눈은 미래에 튜닝되어 있었다. 특히 예레미야가 그러했다. 그는 예루살렘성이 멸망하기 직전에 "숙부의 아들 하나멜의 아나돗에 있는 밭을 사는데 은 십칠 세겔을"(렘 32:9) 주었는데, 이를 위해 증인을 세우고 증서까지 썼다. 장차 이스라엘 백성들이 포로에서 귀환할 미래에 튜닝되어 있었기에 할 수 있었던 행동이다.

1979년, 대한민국에 최초로 귀화한 미국인 민병갈(본명 Carl Ferris Miller) 박사는 크리스천이었는데, 충남 태안에 천리포수목원을 세웠다. 이 수목원은 2000년 국제수목학협회로부터 세계에서 열두 번째, 아시아에서는 최초로 '세계의 아름다운 수목원'으로 인증받았다. 당시 수목원 터는 매우 척박했다고 한다. 하지만 민병갈 박사는 '300년을 내다보고' 그 척박한 땅을 세상에서 가장 아름다운 수목원으로 바꾸었다. 그는 미래를 내다보고, 미래에 맞춰 현재의 행동을 한 놀라운 사람이다. 어쩌면 그는 종말에 완성될 하나님 나라를 내다보고, 천국을 닮은 수목원을 그 땅에 만들었는지도 모른다.

1963년 8월, 마틴 루터 킹(Martin Luther King Jr.) 목사가 워싱턴 D.C. 링컨 기념관에서 〈나에게는 꿈이 있습니다〉(I Have a Dream)라는 제목의 연설을 했을 때, 그는 미래에 튜닝되어 있었다. "언젠가는 조지아의 붉은 언덕 위에 옛 노예의 후손들과 옛 주인의 후손들이 형제애의 식탁에 함께 둘러앉는 날이 오리라는 꿈"은 분명 하나님 나라를 당겨오는 꿈이었다.

미래를 엿보는 창, 교회

천국 복음은 교회의 정체성을 이해하는 데 중요한 열쇠다. 왜냐하면 보이지 않는 하나님 나라가 교회 안에서는 희미하게 보이기 때문이다. 교회의 사명은 하나님 나라를 드러내 '보여 주는' 것이다.[7] 미래가 현재에 드러나게 하는 것이 교회의 본질이다. 만일 미래가 드러나지 않는다면, 교회라고 하기 어렵다.

교회는 보이지 않는 하나님 나라를 어떻게 드러내 보여 주는가? 크리스천은 마치 밭에 감추인 보물을 발견하고는 자신의 소유를 다 팔아서 그 밭을 사려고 한 사람처럼(마 13:44) 자기 전부를 걸고 하나님 나라를 사고자 결단한 사람이다. 그런 이들이 모여서 교회가 생겨났으니, 교회는 하나님 나라를 보는 자들, 그리고 그 나라에 들어가는 일에 투신한 자들의 모임이다. 그들은 자신들 모임의 구조와 성격을 미래의 천국에 튜닝하여 교회 모임을 만들었다. 미래의 하나님 나라는 성전이라 불리는 건물이 아닌 신앙 속에서, 성도의 모임 가운데, 조직 가운데, 의사 결정 구조에서, 사역 속에서 드러난다. 그리하여 교회는 미래에서 온 기관이 된다.

이방인들이 초대교회에서 강렬한 매력을 느꼈던 이유는 교회에서 미래 세계, 곧 천국을 맛보았기 때문이다. 셉티무스가 예배 모임에서 느꼈던 첫인상의 정체가 바로 그것이다. 당시 셉티무스와 같은 하층 민들, 즉 빈민이나 노예들은 음식, 옷가지, 생필품 등이 풍성하게 쌓여 있는 교회를 보고, 그곳이 바로 천국이라고 느꼈을 것이다. 또한 노예와 가난한 자들이 귀족과 부자들과 서로 '형제자매'라 부르며 입 맞추며 인사하고, 남자와 여자, 이방인과 유대인, 로마 시민과 속주민 이 스스럼없이 어울리며 친교하고, 고귀한 신분의 집주인이 서서 시 중을 들고 노예와 가난한 자들이 앉아서 먹는 모습에서 미래의 천국 을 미리 맛보았을 것이다.

또한 기독교인들은 집집마다 돌아가면서 함께 식사하고, 친교하 며, 일상의 언어로 그리스도의 행적과 크리스천의 윤리에 대한 가르 침을 들으면서 예배를 드렸다. 이러한 예배 방식은 장차 온 열방이 하 나님을 예배하게 될 천국의 연회를 미리 맛보는 예배였다. 예배 모임 중 일어나는 치유의 기적을 통해서는 더 이상 병든 자, 아픈 자, 애통 한 자가 없는 종말의 천국을 맛볼 수 있었다. 또한 방언과 예언, 통역 의 은사를 통해서 장차 마지막 날에는 언어와 민족이 통합되고 모든 분리와 분열이 극복될 것을 내다볼 수 있었다. 음식과 옷가지, 생필품 등 예배 모임 때 바쳐진 연보를 과부 명단을 만들어서 나누어줄 때, 성도들은 가난한 자들이 사라지게 될 천국을 미리 경험할 수 있었다. 이처럼 교회에서 일어나는 모든 일들은 완성될 하나님 나라와 튜닝되어 일어났다. 교회는 천국의 현재성을 신앙하고 체험하는 시공간이다.

일터와 하나님 나라

크리스천은 교회에서 이 땅에 '이미' 도래한 하나님 나라를 맛볼 수 있다. 그러나 진짜로 중요한 것은 크리스천이 자신의 일터와 일상 가운데에서도 이 땅에 '이미' 임한 하나님 나라를 맛볼 수 있느냐 하는 것이다. 만일 크리스천이 미래와 튜닝되어 있다면, 일터와 일상에서도 하나님 나라를 맛볼 수 있을 것이다.

교회와 일터, 성과 속을 구분하다

불행히도, 일터에서도 하나님 나라를 발견할 수 있다는 생각은 오랫동안 아무도 하지 못했다. 이는 교회가 하나님 나라의 미래성만을 지나치게 강조해 온 탓이라는 게 나의 생각이다. 교회의 가르침에 따르면, 하나님 나라는 미래에, 곧 역사의 끝에서 완성될 것이다. 곧 주님의 재림과 함께 완성될 것인데, 그때까지는 죄 많은 세상을 견디며 살아갈 수밖에 없다. 종말이 올 때까지 하나님 나라는 이 땅에 존재하지 않는다는 뜻이다. 다만 거룩한 교회 건물 안에서 하나님 나라를 희미하게나마 발견할 뿐이다. 이러한 관점은 일터를 죄로 물든 세속적인 공간으로 여기게 하였고, 생업을 먹고살기 위해 어쩔 수 없이 하는 일로 생각하게 하였다.

옛날에는 주일 대예배 때마다 장로들이 자주 하던 기도 레퍼토리가 있었다. "지난 한 주간 주님의 백성들이 죄 많은 세상 가운데 살다가 이제 주님의 거룩한 전으로 나아왔으니, 은혜를 베풀어 주옵소서." 이 기도는 두 가지 문제점이 있다. 첫째, 하나님 나라가 장소로서의 교회당 안에 존재하는 것처럼 생각한다는 것이고, 둘째, 일상과 일터를 세속적이며 죄악 된 공간으로만 바라본다는 것이다. 결국, 이는 성전 안은 하나님 나라로, 성전 밖은 세상으로 보는 관점을 드러낸다. 이것은 성전(교회)과 일터를 공간적으로 성(聖)과 속(俗)으로 구분하는 이원론적 사고라고 할 수 있다. 이러한 관점 때문에 많은 크리스천이 일상과 일터를 부정적으로 바라보며 일터와 하나님 나라, 일과 신앙은 관계가 없다고 생각한다.

실제로 일터의 현실은 월급날을 빼면, 끔찍한 경우가 대부분이다. 수많은 스트레스의 진원지가 일터이고, 온갖 탐욕과 폭력이 목격되는 곳 또한 직장이다. JTBC 드라마 〈나의 해방일지〉(2022년 방영)에서 미정은 일터에서의 피곤한 삶을 이렇게 표현했다. "그냥 지쳤어요. 모든 관계가 노동이에요." 이것이 현실이다. 그런데 교회에 오면 예배와 찬양이 있고, 성도 간의 친교가 있다. 사정이 이러하다 보니 교회와 일터를 성과 속의 이원론적으로 바라보는 관점이 이해가 안 되는 것은 아니다.

그러나 일터를 그런 식으로'만' 바라봐서는 안 된다. 우리는 일터를 다른 관점으로, 곧 하나님 나라가 임하는 곳으로도 볼 수 있어야 한다. 이러한 관점을 개발하게끔 독려하는 것이 현대 교회의 중요한 과제다. 드라마 〈나의 해방일지〉에서 미정이 끝내 일터와 일상에서 해방을 맛보고, 하나님 나라를 경험할 수 있었던 것은 큰 희망을 준다. 크리스천은 일터와 일상에서 하나님 나라를 맛볼 수 있어야 한다. 그리고 이를 위해서 천국의 현재성에 관한 가르침이 필요하다는 것이 나의 생각이다.

일터를 새롭게 바라보다

어떻게 하면 크리스천이 일터를 긍정적으로 바라볼 수 있을까? 그 몇 가지 방식을 살펴보자.

일터는 하나님의 창조 영역

무엇보다 일터 또한 하나님이 창조하신 영역이라는 사실을 기억해야 한다. 비록 "공중의 권세 잡은 자"(엡 2:2), 곧 "세상의 임금"(요 12:31)이 일터에서 막강한 영향력을 발휘하고 있기는 하지만, 일터와 그 가운데 있는 모든 것은 다 하나님이 창조하신 것들이다. 사실, 사탄이 이 세상에서 창조한 것은 아무것도 없다. 사탄은 다만 왜곡시키고 일그러뜨릴 뿐이다. 바알 신상과 같은 우상을 생각해 보자. 우상의 재료인 돌과 나무는 하나님이 창조하신 것들이다. 사탄이 하는 일이라고는 하나님이 창조하신 것들을 일그러뜨리고 왜곡시키는 것뿐이다. 따라서 우리의 일터가 왜곡되고 일그러져 있을지라도 본래는 하나님의 선하신 창조의 영역이라는 사실을 기억해야 한다.

때문에 일터를 포기하는 것은 옳지 않다. 주님은 "아버지께서 나를 보내신 것 같이 나도 너희를 보내노라"(요 20:21)라고 말씀하며 우리를 세상으로 보내셨다. 일터는 곧 크리스천의 파송지다. 그러므로 일터를 사탄에게 고스란히 내주어서는 안 된다. 크리스천은 일터 한가운데 우뚝 서서 "이곳은 아버지 하나님의 창조 세계다!"라고 선언할 수 있어야 한다.

일터에서 우리가 하는 일 또한 창조와 연결되어 있다는 사실을 기억해야 한다. 아담과 이브는 에덴동산에서 일했다. 우리도 일터에서 일한다. 물론, 아담과 이브의 일과 우리의 일은 다르다. 이에 관해서는 앞으로 살펴볼 것이다. 차이가 있음에도 불구하고, 아담과 이브가 에덴동산에서 일했던 것처럼 우리도 일터에서 일한다는 사실은 바뀌지 않는다. 즉 우리가 하는 일은 하나님이 창조하신 것이다.

따라서 일터에서 우리가 하는 일을 에덴 동산에서 아담과 이브가 했던 일과 연결할 수 있다. 우리의 일과 아담과 이브의 일은 전통적으로 '문화 명령' 혹은 '창조 명령'이라는 도식으로 연결되어 왔다.[8] 이 도식에 따르면, 하나님이 세상을 창조하실 때 2% 부족하게 만드셨다고 한다. 하나님은 그 2%를 인간과 함께 채우기를 원하셨고, 그래서 아담과 이브에게 일을 맡기셨다. 우리가 하는 일이 바로 그런 의미다. 유대교에 이와 유사한 사상이 있는데, 바로 티쿤 올람 사상이다.[9] 티쿤은 '개선하다'라는 뜻이고, 올람은 '세계'라는 뜻으로, 하나님이 아담과 이브에게 티쿤 올람, 곧 세계를 개선하라는 명령을 주셨다는 것이다. 우리가 하는 일이 또한 티쿤 올람이라는 생각이다.

개신교의 문화(창조) 명령이나 유대교의 티쿤 올람은 하나님의 백성이 일터에서 하는 일을 하나님의 창조와 연결할 수 있게 한다. 이러한 가르침은 일터에서의 일을 그저 먹고살기 위해서 하는 생업을 넘어서 하나님이 주신 창조 명령, 혹은 세계를 개선하도록 맡기신 일을 수행하는 것으로 여기게 한다. 이러한 생각의 전환은 일터를 보다 긍정적으로 바라볼 수 있게 한다.

타락한 세상 속 일터와 하나님의 은총

하나님께 반역한 인간의 범죄로 말미암아 온 세상이 저주받게 되었다. 그와 함께 우리의 일터도 일그러지고 왜곡되었다. 일터의 타락상과 부패상을 굳이 여기에 열거할 필요는 없을 것이다. 지면이 부족할 테니 말이다. 굳이 여기에 쓰지 않더라도 우리가 실생활에서 매일같이 체감하고 있다.

세상과 일터가 타락하고 부패했다고 해서 무조건 정죄하며 거리를 둘 것인가? 그럴 수 없다. 왜냐? 설령 이 세상이 죄악으로 충만한 곳이라고 할지라도 죄 많은 이 세상을 하나님이 사랑하시기 때문이다(요 3:16). 하나님은 죄를 범한 아담과 이브를 버리지 않으셨으며 가죽옷을 지어 그들에게 입혀 주셨다(창 3:21). 인간의 반역과 범죄에도 불구하고, 하나님은 그들이 삶을 지속할 수 있도록 은총을 베푸셨다. 신학적으로 이를 '보존 은총'이라고 한다.[10] 보존 은총의 관점에서 일터를 바라보는 것이 일터를 긍정적으로 바라볼 수 있는 두 번째 방식이다.

보존 은총은 노아의 홍수 이후 무지개를 통해서 분명하게 드러났다. 무지개는 세계가 아무리 타락했어도 멸하지 않고 보존하시겠다는 하나님의 약속의 표지다. 하나님의 백성이든 이방인이든 하나님의 보존 은총 아래 삶을 유지할 수 있다. 물론, 세상에는 보존 은총 아래에서 여전히 죄가 득실거리고, 살육과 폭력, 탐욕과 우상숭배가 가득하다. 그러나 하나님의 "인자하심과 용납하심과 길이 참으심"(롬 2:4)으로 세상은 보존되고, 삶이 지속된다. 크리스천은 하나님의 보존 은총 아래에 죄만 득실거리는 것이 아니라 삶도 이어진다는 사실을 인정해야 한다. 하나님의 백성의 삶 뿐만 아니라 이방인의 삶도 이어진다. 인간 뿐만 아니라 하늘의 새와 땅의 짐승, 바다의 물고기, 들에 핀 백합화와 들풀의 생명도 지속된다.

하나님은 다양한 제도와 법 체제를 보존 은총의 수단으로 사용하시는데, 세상의 무질서를 막고, 사람들이 "고요하고 평안한 생활"(딤전 2:2)을 하게 하려 하심이다. 이를 위해 심지어 국가의 폭력(검)을 용인하기도 하신다. 또한 자본주의 체제가 아무리 탐욕적이어도 하나님은 이 체제를 통해 사람들로 하여금 일자리와 먹거리를 얻게 하신다. 그뿐만 아니라 돈이 비록 맘몬의 속성을 가졌을지라도 하나님은 돈을 사용하셔서 사람들의 삶을 유지하게 하신다. 한마디로 보존 은총 하에서 돈은 악하지만, 필요한 수단이 된다.[11]

하나님은 인간이 일터와 일상에서 행하는 여러 세속적인 일, 심지어 부패한 일을 통해서도 사람들로 하여금 삶을 이어 가게 하신다. 이

때 일터와 일은 하나님의 보존 은총의 도구가 된다. 그러므로 크리스천은 일터에서 일함으로써 하나님의 보존 은총에 참여할 수 있다.[12] 이로써 하나님의 동역자가 된다. 하나님은 믿는 자들뿐 아니라 믿지 않는 자들을 통해서도 세계를 보존하며 인간의 삶을 보호하시나 믿지 않는 자들은 이 사실을 알지 못한다.

하나님 나라, 일터에 임하다

크리스천이 일터를 긍정적으로 보아야 하는 진짜 이유는 따로 있다. 그것은 바로 하나님 나라가 일터로 임하기 때문이다. 예수 그리스도께서 하나님의 통치, 곧 하나님 나라를 이 땅에 가져오신 이후로 일터는 새로운 의미를 갖게 되었다. 그리스도와 함께 하나님 나라가 지금 일터 한가운데 침투해 들어오게 된 것이다. 하나님 나라는 모든 씨보다 작은 겨자씨로, 아주 적은 누룩으로, 밭에 감추인 보화로, 그리고 극히 값진 진주 하나로 우리 일터 안에 '이미' 들어와 있다(참조, 마 13장). 전적으로 새로운 이 현실이 일터를 긍정적으로 바라볼 수 있는 세 번째 방식이다.

밭에 감추인 보화의 비유에서 밭은 농부의 일터이며 밭을 가는 행위는 농부의 일이다. 좋은 진주를 찾는 장사의 비유에서는 진주를 찾아다니는 곳이 그의 일터요 진주를 찾는 것이 그의 일이다. 두 비유는 사람이 자기 일터에서 일하다가 하나님 나라를 발견한다는 점에서 공통점을 보인다. 하나님 나라는 일터에 은밀하게 감추어져 있었으며 일하는 중에 하나님 나라를 발견한다는 것이다. 미국 신학자 크리스토퍼 모스(Christopher Morse)는 "천국은 비유의 형태로, 감춰진 채 자신을 드러낸다. … (천국은) 새롭게 다가올 일을 통해서만 '나타나는' 전혀 다른 현실이다"[13]라고 말한 바 있다.

문화(창조) 명령이나 티쿤 올람은 시초론적(protological) 관점에서 일을 바라보는 데 도움을 준다. 그러나 시초론적 관점만으로는 부족하다. 종말론적(eschatological) 관점에서도 일터와 일을 바라볼 필요가 있다. 이것은 종말에 임할 하나님 나라가 일터에 '이미' 임했다는 관점이다. 사실 이것은 초대교회 신앙의 핵심과 연결된다. 그들은 예수 그리스도를 "만유의 주"(행 10:36)로 고백했다. 예수 그리스도는 지금 하나님 우편에 앉아 계시며 만유를 통치하신다(골 3:1). 그 통치가 미치는 곳마다 종말론적 하나님 나라가 임한다. 왜냐하면, 그리스도의 통치는 하나님의 통치이고, 하나님의 통치는 곧 하나님 나라이기 때문이다. 따라서 그리스도의 통치가 미치는 곳마다 하나님 나라가 임한다. 당연하게도 그리스도의 통치는 우리의 일터에도 미치며 고로 우리의 일터에도 하나님 나라가 임한다. 그러므로 밭을 가는 농부처럼, 좋은 진주를 찾는 장사처럼 우리도 각자의 일터에서 하나님 나라를 발견할 수 있다.

일터에 임한 하나님 나라를 발견하기 위해서는 믿음과 소망이라는 비범한 능력이 필요하다. 예수 그리스도께서는 "눈 멀고 말 못하는 사람"(마 12:22)을 고쳐 주시고, 병든 자가 한 명도 없을 하나님 나라가 이미 자신 앞에 임한 것을 소망의 눈으로 바라보셨다(마 12:28). 작은 씨앗처럼 일터에 임한 하나님 나라를 무심히 넘기지 않고, 그것을 통해 종말론적 하나님 나라를 볼 수 있으려면, 믿음과 소망의 능력이 있어야 한다. 하나님 나라는 믿음과 소망의 능력을 통해 일터 가운데 역동적으로 임하기 때문이다.

사실, 소망은 이 땅에서 살아가는 데 절대적으로 필요한 자질이다. 이것이 홀로코스트의 생존자이자 의미 치료(Logotherapy)의 창시자인 빅터 프랭클(Viktor Frankl)이 아우슈비츠에서 경험한 사실이다.[14] 위르겐 몰트만도 같은 경험을 했다. 희망이 없다면, 삶은 불가능하다. 하나님의 백성에게 소망은 매우 중요한 자질이다. 바벨론 포로들을 생각해 보자. 여호와께서 그들에게 "너희를 향한 나의 생각을 내가 아나니 … 너희에게 미래와 희망을 주는 것이니라"(렘 29:11)라고 말씀하셨다. 미래에 대한 소망이 없었다면, 그들은 살아남을 수 없었을 것이다.

소망은 단순히 막연한 기대가 아니다. 크리스천의 소망은 미래에 완성될 하나님 나라를 지금 이곳으로, 곧 일터로 끌어당겨 와서 미리 맛보게 하는 능력이다. 바꿔 말하면, 소망은 크리스천이 미래에 튜닝되게 하는 기술이다. 미래에 튜닝된 크리스천은 미래의 관점으로 현재 자기 일터를 바라볼 수 있다. 그때 하나님 나라는 단지 미래적인 이상이 아니라 '지금' 이곳에서 경험할 수 있는 현재적 실체가 된다. 그와 함께 일터와 일은 전혀 새로운 의미를 갖게 된다. 그러므로 일터와 일에 관한 관점을 바꾸기에 앞서 우리 눈을 소망과 믿음의 눈으로 바꾸어야 한다.

마태의 집

　　　　　　　일터와 일에 관한 관점은 어떻게 바꿀 것인가? 예수님은 세관에서 일하던 마태를 불러서 제자로 삼으셨다. 그리고 그날 저녁 그의 집에서 저녁 만찬을 즐기셨다. 마태는 그 자리에 예수님의 제자들뿐 아니라 "많은 세리와 죄인들"(마 9:10)을 초대했다. 이 모습을 본 바리새인들은 경악을 금치 못했다. 당시 세리들은 인간 취급을 받지 못했는데, 세리는 법정에서 증언해도 효력을 인정받지 못했다.[15] 세리는 이방인과 같은 존재여서 경건한 유대인들은 그들과 함께 식사하는 것도 꺼렸다. 그런데 그날 마태의 집에는 세리들이 떼로 모여 있었고, 동네에 소문난 죄인들까지 함께 앉아 있었다. 어쩌면 세금 징수를 도와온 동네 건달들도 있었을지 모른다. 그처럼 죄인들이 우글거리는 곳에서 예수님이 저녁 식사를 하고 계셨다.

바리새인들이 제자들에게 따져 물었다. "어찌하여 너희 선생은 세리와 죄인들과 함께 잡수시느냐"(마 9:11). 그들은 경건한 유대인이라면, 세리나 죄인들과 함께 식사해서는 안 된다고 주장했다. 그들이 볼 때, 마태의 집은 죄악으로 물든 죄인들의 소굴인지라 그곳에는 한 발도 들여놓아서는 안 되었다. 바로 '죄로부터의 분리'라는 바리새인의 경건 원칙이 있었기 때문이다.

바리새라는 말은 '구별된'이라는 뜻의 히브리어 파루쉬에서 유래했다. 그들은 이러한 관점에서 자신들을 이방인, 세리, 죄인들로부터 격리시켰다. 문둥병 환자나 혈루증 환자나 "손 마른 사람"(눅 6:8)으로부터도 떨어졌다. 분리와 격리는 그들이 자신을 거룩하게 구별하는 방식이었다. 그들은 예수님에게 똑같은 관점과 방식을 요구했다.

그러나 예수님의 관점은 그들과 달랐다. 우리는 여기서 마태의 집을 바라보시는 예수님의 세 가지 관점을 찾아볼 수 있다. 첫째로, 예수님은 그 집에 죄인들이 우글거리고 있다는 사실을 정확히 아셨다. 그곳에 모인 이들을 가리켜 "죄인"이라고 분명히 말씀하셨기 때문이다(마 9:13). 이것은 마태의 집에 타락 질서가 압도하고 있으며 당신이 그 한복판에 머물고 있음을 정확히 통찰하신 것이다.

둘째로, 예수님은 마태의 집에 모인 이들을 치유가 필요한 "병든 자"(마 9:12)들로 규정하셨다. 그들이 본래는 건강한 자들이었는데, 나중에 타락하여 병들게 된 것으로 보셨다는 뜻이다. 창조 질서의 관점에서 예수님은 마태의 집에 몰려든 세리들과 죄인들을 본래 선하고 건강하게 창조되었으나 타락하여 병들게 된 환자들로 보신 것이다. 또한 실력 있는 의사만 있다면, 얼마든지 건강을 회복할 가능성이 있는 자들로 보셨다.

마태의 집을 바라보시는 예수님의 세 번째 관점은 종말론적 관점이다. 바리새인들에 이어 세례 요한의 제자들까지 나타나 예수님께 "우리와 바리새인들은 금식하는데 어찌하여 당신의 제자들은 금식하지 아니하나이까"(마 9:14) 하고 물었다. 그러자 예수님이 놀라운 답변을 주셨다. "혼인집 손님들이 신랑과 함께 있을 동안에 슬퍼할 수 있느냐"(마 9:15). 마태의 집에서의 저녁 만찬을 혼인 잔치로 규정하고, 당신을 신랑으로 선포하셨다.

이것은 무엇을 의미하는가? 바리새인들은 마태의 집을 세리와 죄인이 우글거리는 소굴로만 보았지만, 예수님은 그곳을 혼인 잔치 자리로 보셨다. 그런데 혼인 잔치는 종말론적 하나님 나라를 묘사하는 대표적인 그림 언어다(마 22:2; 25:10; 계 19:9). 즉 죄인이 우글거리는 마태의 집을 역사의 끝에 완성될 하나님 나라의 예표로 보셨던 것이다.

예수님은 그곳에 모인 세리들과 죄인들에게 회개를 요청하지 않으셨다. 그들에게 침례/세례를 베풀지도 않으셨으며, 식사 모임을 예배 모임으로 바꾸지도 않으셨다. 그들은 여전히 죄인인 채로 있었으므로 마태의 집은 죄인들의 소굴이라고 해도 과언이 아니었다. 그러나 분명히 다른 점이 있었다. 예수님이 친히 그곳에 찾아오셨고, 그곳을 새로운 관점으로 보고 계신다는 것이다. 예수님 외에는 누구도 그곳을 그러한 관점으로 보지 못했다. 오직 예수님만이 그 자리를 하나님 나라의 예표로 바라보셨다. 그럼으로써 예수님과 함께 모든 것이 바뀐다. 마태의 집이 하나님 나라로 바뀐다. 죄인들의 소굴이라는 현실 속에 하나님 나라가 임한 것이다.

하지만 이것은 예수님의 개인적인 관점에 불과한 것 아닌가? 그렇지 않다. 예수 그리스도께서는 하나님 나라의 왕으로서 이 땅에 오셨으므로 그분의 관점은 한 개인의 관점이 아니다. 예수님은 당신의 임재와 주권으로 그 자리에 하나님 나라가 임했음을 선포하셨으며, 세리와 죄인을 가리켜 혼인 잔치에 참여한 하나님 나라의 시민으로 선언하셨다. 그리스도께는 그러한 권한과 권위가 있으시다. 마태의 집에 하나님 나라가 임했다고 선포할 주권이 있으시다. 주님은 종말론적 하나님의 통치권을 가지신 분이셨다. 그분 자신이 곧 하나님 나라이므로 그곳에 모인 세리와 죄인들은 예수님과 함께 식사를 나눔으로써 이미 임한 하나님 나라에서 하나님과 화해에 이르게 된 것이다.

그렇다면, 예수 그리스도께서 우리의 일터에도 계시는가? 만일 계신다면, 우리의 일터도 하나님 나라로 바뀔 수 있다. 일터에 계신 그리스도를 바라봄으로써 일터에 임한 하나님 나라를 볼 수 있다. 예수 그리스도께서는 세리와 죄인들로 가득한 마태의 집에서 그들과 함께 식사하심으로써 천국 잔치를 맛보게 하셨다. 마찬가지로 우리의 일터가 죄악으로 충만할지라도 그리스도께서 함께하시면 그곳이 하나님 나라로 바뀌고, 우리 일은 하나님 나라의 일로 바뀐다. 하지만 우리의 일터에 과연 예수 그리스도가 계시는가?

그렇다! 예수 그리스도께서 "하늘에 오르사 하나님 우편"(벧전 3:22)에 앉으셨다는 신앙 고백은 초대교회 시절부터 내려온 가장 고전적인 신앙 고백 중 하나다. 오순절 성령강림절에 베드로는 시편 110편을 인용하며 예수 그리스도께서 하나님의 "우편에"(행 2:35) 앉아 계신다고 설교했고, 스데반은 순교 현장에서 그리스도께서 "하나님 우편에 서신 것"(행 7:55)을 봤다. 우리도 스데반처럼 하늘을 바라보며 그리스도께서 온 땅에 충만히 계신 모습을 볼 수 있다. 바울이 말한다. "위의 것을 찾으라 거기는 그리스도께서 하나님 우편에 앉아 계시느니라"(골 3:1).

성경에서 말하는 하늘은 단순한 공중(sky)이 아닌 하늘나라(heaven)다. 하늘은 땅의 통제실이다.[16] 지상에서 일어나는 모든 일은 하늘의 통제하에 있다. 하늘에서 그리스도께서 땅과 땅에서 일어나는 모든 일을 다스리고 계신다. 그러므로 하늘을 바라본다는 것은 허공(sky)을 쳐다본다는 뜻이 아니라 만유를 통치하시는 그리스도의 통치를 바라본다는 뜻이다. 아울러 하나님의 약속이 이루어지리라는 믿음과 소망으로 미래에 튜닝되는 것이다.[17] 그리고 미래에 튜닝된다는 것은 미래를 지금 이곳으로 끌어당겨 와 맛본다는 뜻이며, 그리스도께서 지배권을 행사하신다는 뜻이다.

우리도 그리스도의 지배권을 행사할 수 있다는 사실을 아는가? 사도 바울은 "허물로 죽은 우리를 그리스도와 함께 살리셨고 또 함께 일으키사 그리스도 예수 안에서 함께 하늘에 앉히시니"(엡 2:5-6)라고 말한다. 주님이 우리를 이미 하늘에 앉히셨다는 것이다. 우리는 그리스도와 함께 다스린다. 이러한 믿음으로 베드로와 요한은 성전 미문에서 구걸하던 "나면서 못 걷게 된 이"(행 3:2)를 향하여 "나사렛 예수 그리스도의 이름으로 일어나 걸으라"(행 3:6) 하고 선포할 수 있었다. 그리스도의 이름은 곧 통치권을 의미한다. 그들은 자신들이 그리스도의 통치권을 위임받았다고 믿었다. 그리하여 '만유를 통치하시는 그리스도께서 지금 이곳 성전 미문도 통치하신다'라고 선언했던 것이다. 장차 종말론적 하나님 나라에서 완전하게 이루어질 그리스도의 통치가 그 시간, 그 장소로 뚫고 들어와 "나면서 못 걷게 된 이"를 일으켜 세웠다. 마찬가지로 우리도 일터에서 그리스도의 통치권을 선포할 수 있다.

예수 그리스도께서는 마태의 집을 혼인 잔치 자리로 선포하심으로써 '하나님 나라가 이 땅에 이미' 임했음을 드러내셨다. 동시에 그곳에는 죄인과 병든 자가 여전히 가득하다는 사실을 인정하심으로써 하나님 나라가 '아직' 완성되지 않은 현실을 깨닫게 하셨다. 마태의 집에서는 '이미'와 '아직', 곧 죄인들의 소굴이라는 현실적 차원과 하나님 나라가 임한 종말론적 차원이 충돌하고 있었다. 이 충돌을 그리스도께서는 당신의 실존 안에 껴안으셨다.

크리스천은 하나님 나라가 자신의 일터 가운데 '이미' 임한 것을 바라보고, 선포할 수 있다. 또한 동시에 일터가 타락하고 부패한 모습을 보면, 하나님 나라가 여전히 '아직' 완성되지 않았음을 인정하게 된다. 크리스천은 자신의 신앙과 실존으로 이 모순된 현실을 껴안을 수 있다. 그리고 그 모순을 통합하기 위해 힘쓸 수 있다. 그러한 과정에서 우리의 일터는 하나님 나라로 바뀌어 가고, 우리가 하는 일은 생업을 넘어서 하나님 나라의 일, 곧 왕업으로 변화되어 간다.

♦ 정리 ♦

- 하나님 나라 신학의 관점에서 하나님 나라는 이 땅에 '이미' 임하기 시작했지만, '아직' 완성되지 않았다.

- 전통적으로 교회는 하나님 나라가 '아직' 완성되지 않았음은 가르쳐도 하나님 나라가 이 땅에 '이미' 임했음은 잘 가르치지 않았다.

- 오늘날의 과제는 '이미' 임한 하나님 나라를 교회, 일터, 일상에서 발견하는 일이다. 이를 위해 크리스천은 소망이라는 특별한 역량이 필요하다.

- 그리스도의 부활이 이미 일어났으며, 그와 함께 새 창조가 진행 중이고, 장차 모든 피조물이 새롭게 창조되리라는 약속을 붙잡고 사는 것이 바로 미래에 튜닝 된 소망의 삶이다.

4

—

다시 생각하는
소명

"목사님, 소명을 어떻게 발견하나요?" "지금 하는 일이 저의 소명인지 잘 모르겠어요." "제 일이 소명이 아니라면, 그만둬야 할까요?" "솔직히 소명만 아니었으면, 지금 다니는 직장을 진작에 그만뒀을 거예요." "솔직히 저는 지난 30년간 소명에 관한 생각 없이 직장 생활을 해 왔는데요. 이런 태도는 하나님의 뜻에 어긋나는 것일까요?" "언젠가 연봉을 많이 주는 직장과 연봉을 적게 주는 직장이 있다면, 연봉을 적게 주는 쪽이 크리스천의 소명일 가능성이 높다는 얘기를 들은 적이 있습니다. 정말로 돈을 적게 주는 직장이 소명인가요?" "저는 아직 정규직으로 취업하지 못한 채 아르바이트만 세 개 하고 있어요. 만일 아르바이트가 제 소명이라면, 정규직 직장을 알아보는 일은 그만둬야 할까요?"
"목회를 그만두면, 소명을 배신하는 것일까요?"

소명과 관련된 질문들이 적지 않다. 그런데 이러한 질문들 가운데서 공통된 전제를 발견할 수 있다. 소명은 '운명적으로 지정된 직업'이라는 전제다. 즉 모든 신자에게는 하나님이 창세 전부터 예정해 놓으신 직장이 있다는 생각이다. 그 뜻을 잘 분별하여 성실하게 일한다면, 소명에 합당한 삶을 살겠지만, 그렇지 못하면 소명에 합당한 삶을 살지 못하게 된다는 것이다. 심지어 소명에 맞는 일을 해야만 삶에 보람이 있고, 상급도 기대할 수 있으리라는 가정으로 나아간다. 따라서 소명에 맞는 일을 찾지 못하면, 삶이 불행해진다거나 하나님께 책망을 들으리라는 두려움에 빠지게 된다.

소명이란 무엇인가

운명이라는 주장

직업 심리학적 관점에서 보면, '운명적으로 지정된 직업'이라는 개념이 실재한다. 난세(亂世)가 영웅을 만든다는 말이 있듯이 거부할 수 없는 시대의 요청으로 자신의 의지와 상관없이 정치에 입문한 정치가가 위대한 지도자로 거듭나는 일을 종종 보게 된다. 독일의 사회학자 막스 베버(Max Weber)가 정치를 소명이라고 말하는 것도 이와 관련 있을 것이다.[1] 비단 정치 지도자뿐 아니라 한 때 알코올 의존증이나 마약 중독이나 재난 등의 이유로 심리적인 어려움을 겪었던 이들도 치유된 후 비슷한 처지에 놓인 사람들을 돕는 것을 소명으로 생각할 수 있다. 또 어떤 이들은 천부적인 재능으로 말미암아 예술가의 길을 걷게 되기도 한다. 어떤 계기로 강력한 책임감을 느껴 특정 직업에 종사하는 사람도 있다. 이것들은 모두 직업 심리적 관점에서 봤을 때, 운명적으로 특정 직업과 만나게 되는 경우라고 할 수 있다.

영적인 차원에서도 이와 유사한 일이 있을 수 있다. 이스라엘 역사를 보면, 하나님은 사사나 왕이나 예언자들을 세우실 때, 종종 '부르심'이라는 방식을 쓰셨다. 아브람을 부르시어 믿음의 조상, 아브라함이 되게 하셨으며, 기드온을 부르시어 이스라엘 민족을 구원하게 하셨고, 이사야를 부르시어 예언자의 직무를 맡기셨으며, 청년 사울을 부르시어 이방인의 사도 바울이 되게 하셨다. 이처럼 하나님이 특정한 일로 사람을 부르시는 사건은 지금도 분명히 일어나고 있다.

운명이 전부가 아니다

결론적으로, 특정 직업을 운명적으로 선택하는 것을 '소명'이라고 부르는 것은 어느 정도 타당하다. 난세의 부름이든, 어떤 비범한 능력이나 책임감의 발로이든, 하나님의 부르심이든 간에 자신의 의지를 넘어선 어떤 초월적인 힘에 이끌려 특정 직업에 종사할 수 있다. 그러나 이러한 특수한 경우들은 모든 사람에게 적용할 수 있는 보편적인 소명이 아니다. 급변하는 환경 속에서 평생직장이 사라져 가고 있는 마당에 이런 특별한 소명의 개념으로 모든 직업을 설명한다면, 여러 문제에 부딪히게 될 것이다.

이 책에서는 모든 크리스천이 자신의 직업과 소명을 어떻게 바라보고, 자기 일에 어떻게 종사하는 것이 바람직한지에 대해서 논하고자 한다. 따라서 위에서 언급한 특별한 소명은 다루지 않고, 모든 성도에게 적용 가능한 보편적인 소명에 관해 생각해 보도록 하겠다.

두 가지 왜곡

직업과 관련한 보편적인 소명에 관해 알아보기에 앞서 소명에 관한 전통적인 이론의 문제를 살펴보고자 한다. 오스 기니스(Os Guinness)는 《소명》에서 소명론과 관련한 두 가지 오류를 각각 '가톨릭적 왜곡'과 '개신교적 왜곡'이라고 명명했다.[2]

가톨릭적 왜곡

가톨릭적 오류란 직업을 성속 이원론에 따라 성스러운 직업과 세속적인 직업으로 구분하는 것을 말한다. 그래서 사제나 수도사를 성직자라 부르고, 일반 직업에 종사하는 이들은 세속직에 종사하는 평신도라 부른다.

두 뿌리, 성경과 그리스 사상

이러한 오류는 어디에서 비롯되었을까? 두 뿌리가 있는데, 하나는 성경이고, 다른 하나는 그리스 사상이다.

먼저, 성속 이원론의 뿌리가 성경에서 비롯되었다고 하면, 당황스러울지도 모른다. 성경이 성속 이원론을 지지한다고 말하려는 것이 아니다. 오히려 성경의 세계관은 거의 언제나 성속 이원론을 전복한다. 그러나 마치 성속 이원론을 지지하는 것 같은 성경 본문을 마주할 수는 있다.

가령 예수님은 30년간 목수로 일하셨으나 공생애를 시작하면서부터는 목수 일을 그만두셨다. 제자들도 평생 어부나 세리와 같은 직업을 가지고 일했지만, 예수님이 "나를 따르라"(마 8:22; 막 2:14; 눅 5:27; 요 1:43)라고 명하시자 모두 직업을 포기했다. 이와 비슷한 말씀으로 "가이사의 것은 가이사에게, 하나님의 것은 하나님께 바치라"(마 22:21; 막 12:17; 눅 20:25), "손에 쟁기를 잡고 뒤를 돌아보는 자는 하나님의 나라에 합당하지 아니하니라"(눅 9:62), "혼인 잔치에 오소서 하라 하였더니 그들이 돌아보지도 않고 한 사람은 자기 밭으로, 한 사람은 자기 사업하러 가고"(마 22:4-5) 등 예수님의 말씀이 있고, "장가가지 않은 자는 주의 일을 염려하여 어찌하여야 주를 기쁘시게 할까 하되 장가간 자는 세상일을 염려하여 어찌하여야 아내를 기쁘게 할까 하여 마음이 갈라지며"(고전 7:32-34)라고 지적한 사도 바울의 가르침이 있다.

이상의 말씀들은 얼핏 보면 이원론을 지지하는 것처럼 보인다. 마치 세속의 직업은 그리스도의 제자도에 합당치 않다거나 그리스도의 재림을 준비하는 일에는 적합하지 못하다는 인상을 준다. 게다가 목사나 선교사가 되어야 좀 더 영적인 것처럼 여기게끔 하는 것 같다.

하지만 성경은 일을 영적인 것과 육적인 것으로 나누지 않는다. 다만 인간의 일에 존재하는 현실적 차원과 종말론적 차원을 구분할 뿐이다. 성경은 두 차원을 존재론적으로 분리하지 않으며 다만 마음과 동기에 따라서 구분한다. 성경이 늘 강조하는 것은 마음의 동기다. 동기에 따라 영적인 일이 세속적으로 되기도 하고, 세속적인 일도 영적인 일이 되기도 한다. 크리스천은 "먹든지 마시든지 무엇을 하든지 다 하나님의 영광을 위하여"(고전 10:31) 일해야 한다.

두 번째, 성속 이원론의 두 번째 뿌리인 그리스 사상이야말로 가톨릭적 왜곡의 진짜 뿌리다. 고대 그리스인들은 오래전부터 세계를 물질과 정신으로 구분하는 경향이 있었다. 이러한 관점에서 보면, 인간은 신체(물질)와 영혼(정신)으로 구성되었다. 고대 그리스 철학자 플라톤(Platon)이 세계를 현상계와 이데아계로 구분한 것도 물질-정신 이원론을 전제로 하고 있다.

그리스 사상의 이원론이 기독교 사상에 점차 스며들면서 가톨릭적 왜곡이 형성하게 되었다. 2세기에 활동한 순교자 유스티누스(Justinus Marty)가 예배는 하나님께 속한 활동이고, 기타 활동은 가이사에게 속했다고 말한 것에서 초보적인 성속 이원론을 발견할 수 있다.[3] 4세기 가이사랴의 주교 유세비우스(Eusebius of Caesarea)는 크리스천에게 완전한 삶과 허용된 삶이라는 두 가지 생활 방식이 주어졌다고 말했으며,[4] 4세기 말부터 5세기 초까지 활동한 아우구스티누스(Augustinus)

는 관조적 삶(Vita Contemplativa)과 활동적 삶(Vita Activa)을 구분했다.[5]

완전한 삶(혹은 관조적 삶)이란 명상, 기도, 성경 연구 등과 같은 정신적 활동을 말하며, 허용된 삶(혹은 활동적 삶)이란 정치, 농업, 상업 등에 종사하거나 가족을 부양하는 일 등을 말한다. 이러한 삶의 구분은 고대 그리스 철학자 아리스토텔레스(Aristoteles)가 인간의 삶을 철학적 삶(Bios Theoretikos)과 정치적 삶(Bios Politikos)으로 구분한 것에서 비롯된다.[6] 13세기 도미니크회 수도사 토마스 아퀴나스(Thomas Aquinas)는 이 도식을 이어받아 관조적 삶은 '영원한 것'을, 활동적 삶은 '현재의 필요들'을 목적으로 하는 것이라고 했다. 또한 관조적 삶은 '자유의 질서'에, 활동적 삶은 '필연의 질서'에 속한다고 보았다. 이처럼 그리스 사상의 이원론이 가톨릭적 왜곡의 뿌리를 형성하였다.

소명에 귀천이 있는가

이러한 이원론의 뿌리로 인해 점차 인간의 직업을 두 종류로 구분하는 전통이 확립되었다. 이 전통에 따르면, 하나님의 말씀을 묵상하고, 하나님의 진리를 성찰하며 명상하는 일은 관조적 삶으로 보지만, 모든 종류의 노동은 물론이고, 공부, 설교, 가르치는 일, 구제 활동 등을 활동적 삶으로 본다. 오로지 기도만 하거나 말씀을 묵상하거나 명상하는 일만을 '진리에 대한 인식'과 관조적 삶으로 높이 평가한다. 물론, 활동적 삶도 나름대로 의미가 없지는 않다. 가령 사업(negotium)이나 세속적 직업은 구제와 자선을 위해 필요한 것이다.[7] 이들 일은 하나님을 섬기는 데 필요한 일이기는 하지만, 마음이 흐트러지기 쉬운 번잡한 일상 속에서 하는 일이기에 전심으로 하나님께 마음을 모으기는 어렵다. 그래서 이러한 일들은 관조적 삶에는 미치지 못하는 열등한 활동으로 간주했던 것이다. 즉 활동적 삶은 그저 견뎌 내야만 하는 삶이었다.

이러한 식의 삶의 구분은 인간 활동을 계층적으로 보도록 만들었다. 관조적 삶은 고차원적인 거룩한 삶인 반면에 활동적 삶은 저차원적인 세속적인 삶이었다.[8] 그리하여 성직과 세속직의 이층 구도를 만들었다. 이것은 다시 성도를 두 종류로 구분했다. 관조적 삶을 사는 사제, 수도사, 수녀들은 '기도하는 자'라는 사회적 지위를 인정받았고, 기사, 국왕, 황제 등은 '싸우는 자'라는 지위를 인정받았으며, 농노를 비롯한 대장장이, 제빵업자, 목축업자 등 각종 장인과 상인들은 '일하는 자'라는 계급을 부여받았다. 기도하는 자는 지위상 최상층이었으며, 싸우는 자와 일하는 자는 보다 열등한 성도로서 성직자의 지도를 받아야 하는 양 무리로, 혹은 어린 자녀들로 간주되었다. 그리스도께서 "나를 따르라"(마 8:22; 막 2:14; 눅 5:27; 요1:43)라고 하신 제자도는 고차원적 삶을 사는 성도들에게만 해당한다고 보았다. 그리하여 기도하는 자에게는 산상 설교의 실천이 요구되었으나 싸우는 자와 일하는 자에게는 시민 윤리가 요구되었다.

나아가 성도를 두 종류로 나누는 구분은 각기 다른 소명을 받는다는 개념을 낳았다. 종교 전문가들은 성직으로 소명(부르심)을 받았으나 그 외는 세속직으로 소명 받았다고 보는 것이다. 이때 세속직 종사자들의 역할은 신체적 욕구를 해결하는 데 필요한 것들을 공급하는 것에 지나지 않는다고 보며, 성직자가 받은 소명이 세속직 종사자의 소명보다 우월하다고 봤다. 이처럼 소명을 계층적으로 바라보는 관점이 가톨릭적 왜곡의 핵심이다.

시간이 흐르면서 소명은 성직자에게만 해당되는 것으로 간주되었으며, 평신도는 아예 소명이 없다고 생각하게 되었다. 그리하여 "소명을 받았습니까?"라는 질문은 성직자로 부르심을 받았느냐는 뜻이 되어 버렸다. 세속직 종사자들은 소명의 범위 밖으로 점차 밀려나게 되었으며, 먹고살기 위해서 어쩔 수 없이 일해야 하는 존재들로 여겨졌다.

이제 성도는 하나님께 소명을 받은 성직자와 아무런 소명도 받지 않은 평신도 세속직 종사자로 구분되었다. 이는 엘리트 성도인 종교 전문가가 열등한 양 무리 성도를 이끌어야 한다는 뜻으로 받아들여졌다. 소명은 거의 전적으로 종교 전문가로 부르시는 초월적이고 특별한 부르심으로만 이해되었다. 흥미롭게도 이러한 소명관이 개신교회에서도 여전히 계승되고 있다. 어떤 부흥사 목사는 목회자나 선교사가 소명을 받아 하나님께 기름 부음을 받은 존재가 되었다면, 평신도는 그들의 잘잘못을 함부로 평가해서는 안 된다고 설교한다. 하나님이 그들을 특별하게 부르셨으니 인간은 건드릴 수 없다는 것이다. 이러한 식의 소명관은 가톨릭적 왜곡의 잔재다.

개신교적 왜곡

가톨릭적 왜곡을 바로잡는 데 결정적으로 기여한 것은 종교 개혁가들이었다. 종교 개혁가들은 가톨릭교회의 그릇된 신학과 더불어 성례전주의와 성직자주의를 맹렬하게 공격했는데, 특히 마르틴 루터의 기여가 크다. 하지만 종교 개혁으로부터 시작된 개신교 전통은 점차 노동과 소명에 관해 또 다른 왜곡으로 기울어지게 되었다.

루터와 칼뱅의 혁신

중세 가톨릭교회는 인간의 활동을 둘로 나누고, 이것을 다시 사람과 직업에 따라 소명에 차등을 두는 결과를 낳았다. 그러나 중세 1,000년 동안 모두가 이런 생각에 동의한 것은 아니다. 노동을 기도만큼이나 중요하게 여기는 전통이 중세 내내 살아남았는데, 아이러니하게도 이런 전통은 수도원에서 생겨나 계승되었다. 특히 누르시아의 베네딕토(Benedict of Nursia)는 수도원을 창설하고, 《베네딕토 규칙》(Benedict's Rule)을 정하면서 수도사들에게 "기도하고 일하라"(ora et labora)라는 규칙을 요구했다. 이는 노동과 기도의 균형을 중시한 자세라고 할 수 있다. 이후 독일의 신비주의자 마이스터 에크하르트(Meister Eckhart)와 요하네스 타울러(Johannes Tauler) 등도 노동과 기도를 아울러서 강조했다.[9]

그러나 이 부분에 대해서 가장 개혁적인 목소리를 낸 주인공은 바로 마르틴 루터였다. 그의 종교 개혁 3대 논문 중 하나인 〈독일 크리스천 귀족에게 고함〉(An den christlichen Adel deutscher Nation)에서 그는 가톨릭교회가 쌓은 3대 거짓 장벽 중 첫 번째가 성직자의 계급이 세속적 계급보다 우월하다고 하는 주장이라고 했다.[10] 이 논문에서 그는 그 유명한 '만인사제설'을 선포한다. 이 사상의 핵심은 "모든 크리스천은 다 똑같이 왕 같은 제사장"이라는 것이다. 그의 논문이 일차적으로 독일 크리스천 귀족들에게 전달됨으로써 독일 귀족들로 하여금 그들도 사제나 주교와 동등하다고 주장할 수 있게 만들어 주었다. 이를 통해 가톨릭교회의 성직자주의와 당당하게 맞설 수 있는 자신감을 신학적으로 제공해 준 셈이다.

루터의 위대한 선언으로 성직과 세속직의 위계적 구분이 철폐되었다. 이제 모든 형태의 노동은 동등하다는 평가를 받게 되었으며, 종교적 지분뿐만 아니라 세속적 직업을 통해서도 하나님을 기쁘시게 할 수 있다는 관념이 생겨났다. 이러한 맥락에서 영국의 윌리엄 틴들(William Tyndale)은 "구두 수선공이 되든, 사도가 되든 모두가 하나다"라고 말할 수 있게 되었다.[11] 더불어서 성직자와 세속직 종사자 간의 차별적 위계도 힘없이 무너지고 말았다. 루터는 말한다. "당신이 만일 육체노동자라면 당신은 당신의 일터에, 당신의 손에, 당신의 마음에 성경이 놓여 있음을 알아야 합니다."[12]

이러한 사상은 소명론도 새롭게 변화시켰다. 루터는 일단 소명을 영적(내적) 소명(vocatio spiritualis)과 외적 소명(vocatio externa)으로 구분했다. 영적 소명은 구원 소명이고, 외적 소명은 외적인 임무와 책임과 관련된 부르심으로 직업 소명이 여기에 해당한다고 했다.[13] 이러한 소명의 구분은 1차 소명(구원 소명)과 2차 소명(직업 소명)으로 구분하여 지금까지 전해 내려오게 되었다. 그는 모든 성도에게 "하나님 나라로 들어오라"라는 영적 소명과 "이웃을 섬기라"라는 외적 소명이 주어진다고 말했다.

종전에는 소명을 보다 고차원적인 소명과 열등한 소명으로 구분했을 뿐만 아니라 오직 성직자만 소명을 받고 평신도는 소명이 없는 것처럼 간주했다. 그러나 루터는 모든 성도가 종류만 다를 뿐 차별 없이 동등한 소명을 받는다고 말한다. 목회자는 목회자로, 평신도는 세속직으로 부르심을 받을 뿐이다. 만일 성도가 믿음으로 일한다면, 그 일은 성직이 될 수 있다. 고로 모든 성도는 "왕 같은 제사장"(벧전 2:9)이며, 모든 일은 다 성직이 될 수 있다.

나아가 그는 고린도전서 7장을 근거로 '사회적 신분'(stand)도 소명으로 보았다. 그러니까 소명은 직업뿐 아니라 남편, 아내, 자녀, 영주, 농노 등 사회적 지위를 가리키는 말도 된다. 이 논리대로라면, 어떤 대장장이는 대장장이와 남편이라는 두 가지 외적 소명을 가진 것으로 생각할 수 있을 것이다. 이렇게 루터는 소명을 적극적으로 확대했다. 하나님은 성직자만 아니라 모든 사람을 부르신다. 성도가 어떤 종류의 일을 하느냐는 중요하지 않다. 중요한 것은 "사람들이 그리스도인으로서의 부르심에 그대로 거하는 것"이다.[14] 이처럼 루터는 모두가 하나님으로부터 부르심을 받았다고 주장함으로써 소명의 민주화를 이루어 냈다.

루터의 이러한 개혁을 더욱 밀어붙인 인물은 프랑스 출신의 종교 개혁가 장 칼뱅(Jean Calvin)이다. 그는 하나님이 게으르고 잠에 빠져 계신 신이 아니라 깨어서 능률적으로 일하시는 신이라고 말했다. 그는 달란트 비유에서 '달란트'를 영적인 은사만이 아니라 평신도가 하는 여러 종류의 일과 연결시켰다. 오늘날 우리가 어떤 사람의 재능을 탤런트(talent)라 부르는 것은 칼뱅의 영향이다.[15] 칼뱅에 이르러 소명은 직업과 더욱 긴밀하게 연결되었다. 직업을 성실하게 감당하는 것은 하나님을 기쁘시게 하는 것일 뿐만 아니라 그가 택자(selection)임을 입증하는 수단이 된다.[16] 모든 성도는 누구나 소명을 받는다. 그리고 모든 성도는 자기 일을 성실하게 감당함으로써 택자임을 보여야 한다. 이것이 칼뱅의 가르침이다.

두 가지 방향의 혼동, 그 결과

종교 개혁가들의 사상은 평등주의와 민주주의의 감수성을 일깨웠다. 그리하여 기도하는 자만이 사회를 주도하고, 지배해야 한다는 중세적 사상은 복구될 수 없을 정도로 큰 상처를 입게 되었다. '기도하는 자'뿐 아니라 '싸우는 자'와 '일하는 자,' 모두가 왕 같은 제사장들이며, 그들은 모두 하나님으로부터 부르심을 받았다. 부르심을 받았다는 점에서 믿음으로 하는 모든 일은 성직이 된다. 이제 상업, 무역, 전문직, 기술직 등에 종사하는 이들도 하나님을 기쁘시게 할 수 있다는 자신감으로 더욱 당당하게, 더욱 적극적으로 자기 일에 임할 수 있게 되었다. 이러한 사상이 17세기 이후, 개신교 진영에서 나타난 활기찬 직업적 열정, 모험, 실험, 창의성 등에 영향을 주었음은 잘 알려진 사실이다. 그러나 시간이 지나자 소명의 혼동이라는 문제가 나타났다.

소명과 직업의 혼동

그러나 문제가 나타났다. 그것은 소명의 혼동이었다 혼동은 두 가지 방향으로 나타났는데, 첫째는 소명과 직업의 혼동이다. 루터는 이렇게 말했다. "우리의 몸이 하는 모든 일은 그것이 외부적이며 세속적인 것이라 할지라도 만약 하나님의 말씀이 그 일에 부가되어 그 일이 믿음으로 행해졌다면, 영적인 행동이며 영적인 행위로 일컬어진다. 그러므로 하나님의 말씀과 믿음으로 행해졌다면, 그렇게 육적이며 세속적이고 외적인 것은 하나도 없으며, 모두 영적인 것이다."[17] 루터는 직업이 그 자체로 소명이라고 말하지 않았다. 성도가 '믿음'으로 일할 때, 비로소 그 일이 영적인 행위가 되며, 그제야 소명이라 일컬어질 수 있다고 말했다. 그런데 시간이 가면서 점차 일, 혹은 직업이 그 자체로 영적이며 소명인 양 간주되었다. '직업 소명'이라는 개념은 이러한 문제를 더욱 심화시켰다.

점차 직업은 소명과 동일시되었다. 오늘날 영어권 국가에서 직업을 보케이션(vocation)이라고 부르는 습관이 이를 잘 보여 준다. vocation은 본래 부르심을 뜻하는 라틴어 보카레(vocare)에서 유래했다. 그러니까 vocation의 원뜻은 소명에 가까운데, 어느 순간 직업을 가리키는 말로 사용되기에 이르렀다. 이제 직업은 곧 소명이 되었다. 이와 관련하여 위르겐 몰트만은 다음과 같이 비판했다. "루터교 윤리학뿐만 아니라 루터교 역사는 루터의 소명[즉 '보카티오 엑스테르나'(외적 소명)]과 부르심[즉, '보카티오 스피리투알리스'(영적 부르심)] 간의 대담한 동일시가 부르심이 소명으로 통합되고, 소명이 직업으로 통합되는 것으로 반복적으로 이어지고, … 즉, 오른쪽의 하나님의 말씀(복음)이 왼쪽의 하나님의 말씀(율법)으로 흡수되어 버린 것이다."[18]

루터는 분명 어떤 크리스천이 "만약 하나님의 말씀이 그 일에 부가 되어 그 일이 믿음으로 행해졌다면" 그 일이 영적인 일이 된다고 말했다. 그러나 이제 일은 그 자체로 자동적으로 영적인 것처럼 간주되었으며, 직업은 그 자체로 소명으로 여기게 되었다. 오스 기니스에 따르면, 이러한 혼동은 이미 칼뱅에게서 시작되었다고 한다. 농담으로 한 얘기였겠지만, 칼뱅은 매춘부의 매춘과 도둑의 절도도 그들의 소명이라고 말한 적이 있다.[19] 칼뱅 이후 이러한 혼동은 더욱 심화되었다. 차츰 일, 거래, 고용, 직업 등과 같은 단어들이 서서히 소명과 동일시되었다.[20]

이러한 혼동은 여러 가지 문제를 만들어 냈다. 우선 일이 그 자체로 거룩한 활동인 양 신성시되었다. 직업에는 분명 세속적인 차원이 존재하는데, 이를 간과하고 직업은 그 자체로 거룩한 것이 되어 버렸다. 이것은 특히 고용주가 노동자를 착취하기 위한 근사한 선전의 내용이 되었다. 미국의 30대 대통령 캘빈 쿨리지(Calvin Coolidge)는 "공장을 세우는 사람은 성전을 세우는 것이다," "공장에서 일하는 사람은 그곳에서 예배하는 것이다"라고 말했고, 자동차 왕으로 불리는 헨리 포드(Henry Ford)는 "일은 도덕적, 신체적, 사회적으로 인류를 구원한다"라고 말했다.[21] 노동자들도 점차 이러한 노동 윤리를 내면화하게 되었다.

이제 회사 사장은 노동자들을 향해 "꾸물거리지 말고 열심히 일하시오. 그대들은 지금 일로써 하나님께 예배를 드리는 중이오!"라고 말할 수 있게 되었다. 이러한 선전은 기독교 예배를 종교적인 형태로만 고수하는 전통주의자들과 대비를 이루며, "교회당에서 예배 의식을 통해서만 하나님을 기쁘시게 하는 것이 아니오. 여러분은 공장 작업대에서 일하면서 하나님께 예배를 드릴 수 있소"라고 설교할 수 있게 만들었다. 언뜻 들으면, 종교적 형식주의를 타파하는 개혁적 가르침처럼 들리지만, 실은 이런 소명론은 '세속성에 대한 종교적 재가'를 초래했다. 노동은 점차 신격화되어 자기 닦달과 일중독을 성경적으로 정당화하는 결과를 낳았다. 일은 신격화되었고, 이것은 다시 부의 우상화, 기복 신앙, 능력주의 등으로 이어졌다.

소명과 직업의 혼동은 자본주의 탄생 이후 새롭게 등장한 일의 특성에 대해서 비판적으로 고려하지 못하게 만들었다. 과거 산업화 이전의 노동은 하나님을 기쁘시게 하고, 이웃을 섬기기 위한 활동이 될 여지가 많았다. 그러나 산업화 이후에는 노동의 속도가 감당할 수 없을 정도로 빨라졌다. 더구나 각각의 작업 공정이 분업화되고, 파편화되어 자신이 하는 일이 전체 작업 공정에서 어떤 부분을 차지하는지조차 알 수 없게 되었다. 일은 사람과 사람 사이에서 이루어지지 않고, 자동으로 돌아가는 거대한 작업 공정 속에서 기계 부품들의 작동처럼 이루어졌다.

이런 노동 소외 상황에서 일의 의미를 발견하기란 매우 어려워졌다. 일의 의미를 발견하기 위해서 잠시 딴생각을 하다가는 작업대에 손이 낄 판이었다. 영화 〈모던 타임즈〉(Modern Times, 1936)에서 스패너로 나사 조이는 일을 하는 찰리 채플린(Charlie Chaplin)은 현대 노동자의 슬픈 초상이다. 하지만 회사 대표는 그러한 상황에서도 직원들에게 일을 독려할 필요가 있었다. "일하자. 더욱 일하자. 한없이 일하자.

겨레를 위해, 나라를 위해, 인류를 위해…"라는 어느 기업의 노래는 직원들에게 일하도록 독려하는 노력을 잘 보여 준다. 흥미롭게도 이 노래 가사는 "찬 이슬 맺힐 때에 즉시 일어나 / 해 돋는 아침부터 힘써서 일하라 / 일할 수 없는 밤이 속히 오리라"라는 새찬송가 330장 〈어둔 밤 쉬 되리니〉의 가사와 거의 비슷하다.

전통적인 소명론은 이처럼 회사의 프로파간다(propaganda)로 활용될 가능성이 농후하다. 모든 일이 다 소명이라면, 질주해 오는 조립라인에서 아무 생각 없이 기계처럼 일하는 비인간적 노동도 소명이되지 않을 이유가 없다.[22] 그리하여 교회는 그런 일을 하는 노동자들에게 "기쁜 마음으로 섬기기를 주께 하듯"(엡 6:7) 하라고 설교했다. 하지만 이러한 설교는 "일하자!"를 제창하는 기업의 노동 찬가와 비슷해져 버리고 만다.

또한 소명이 직업과 혼동되면서 오직 임금 노동만 소명인 것처럼 간주되고 말았다. 돈을 받고 일하는 생업은 소명이지만, 가사 노동은 별 의미 없는 것으로 평가절하되었다. 이는 돈이 모든 인간 활동에서 가치 평가의 척도가 되었다는 뜻이다. 그래서 꽤 오랫동안 상업이나 전문직 등 남자들이 하는 일은 참된 일이지만, 살림이나 자녀 양육 등 여자들이 하는 가사 노동은 가짜 노동이요 소명에 속하지 않는 것처럼 치부되었던 것이다.[23] 물론 종교 개혁가들은 결코 이렇게 가르치지 않았다. 하지만 소명이 직업과 혼동되면서 이러한 폐단이 발생하게 된 것이다. 더불어서 이것은 자선이나 구제와 같은 비임금 노동에 대한 평가 절하에도 영향을 미쳤다. 오직 월급을 받아 오는 생업만이

고귀한 노동이요 참된 노동이라는 것이다.

소명과 신분의 혼동

또 다른 혼동은 소명과 신분 사이에서 나타났다. 루터는 소명을 받지
못했다고 말하는 성도에게 "당신이 누군가의 아버지/어머니이고, 누
군가의 아들/딸이고, 혹 누군가의 농노라면 바로 그것이 당신의 소명
이오"라고 말해 주었다. 이는 사회적 신분이 있는 한 소명 받지 않은
성도는 있을 수 없다는 취지의 말이었다. 사회적 신분을 소명으로 보
는 관점은 고린도전서 7장의 "각 사람은 부르심을 받은 그 부르심 그
대로 지내라"(고전 7:20)라는 말씀에 대한 해석의 결과물인데, 이 사상
은 개신교 신학자들에 의해 계승되었다.[24] 소명을 신분으로 이해할 때,
바울의 "부르심 그대로 지내라"라는 권면은 사회적 신분을 고수하라
는 가르침으로 이해되었다. 이 같은 소명론은 부모는 부모답게, 자녀
는 자녀다운 본분을 지키도록 하는 가정 규례로서 기능할 때, 긍정적
인 역할을 한다.

그런데 소명과 신분의 혼동은 또 다른 문제를 일으킬 수 있다. 일
단 이러한 소명론이 소명에 대한 관점을 하나로 통합하기 어렵게 만
든다는 사실을 기억할 필요가 있다. 루터는 1차 소명이 구원으로 부
름 받은 것으로, 2차 소명은 직업과 신분으로 부름 받은 것으로 설명
했다. 루터 시대에는 한 번 직업은 평생 직업인 경우가 많았기 때문에
직업과 사회적 신분이 긴밀하게 연결되었다. 따라서 구원으로의 소
명, 직업으로서의 소명, 신분으로의 소명이 어느 정도 통합될 수 있었

다. 그러나 사회가 분화되면서 점차 이러한 통합은 어려워져 갔다. 그러면서 구원 소명, 직업 소명, 신분 소명이 각각 따로 놀기 시작했다.

특히 주목할 부분은 신분을 소명으로 보는 관점이 '현 체제'(status quo)를 옹호하는 이데올로기적 역할을 한다는 것이다. 이것은 사실 노예 해방을 반대하고, 여성의 지위와 역할을 저평가했다는 이유로 사도 바울에게 가해지는 비판이기도 하다. 이 비판은 "각 사람은 부르심을 받은 그 부르심 그대로 지내라"(고전 7:20)라는 사도 바울의 가르침에 근거하여 소명론을 발전시킨 종교 개혁가들에게도 동일하게 적용할 수 있다. 가령 칼뱅은 《기독교 강요》에서 "주님께서는 각 사람에게 그 독특한 생활 방식에 따라 의무를 지정해 주셨다"라고 말하면서,[25] 자신의 신분에 만족하지 못하는 이들을 향해서는 강한 야심으로 다양한 것들을 붙잡는 자들이라고 비난했다. 그러면서 소명 의식을 분명히 가진 이들은 "하나님께서 자신에게 지정해 주신 대열(divinitus locatus)을 벗어나지 않게 될 것"이라고 말했다.[26]

따라서 개신교회의 소명론은 개신교 진영에서 남편과 아내, 영주와 농노의 관계에 대해서 변혁적 태도를 취하기보다는 순응적이고 묵종적 태도를 취하라는 방식으로 이해될 수밖에 없었다. 가령 루터의 경우, 아내는 가정에서, 남편은 사회에서 소명을 받는다고 말했다. 이 때문에 그는 남편과 아내의 성 역할을 지나치게 도식적으로 구분함으로써 여성의 사회 참여를 가로막는 장벽을 놓았다는 비판을 듣게 되었다.[27] 그리하여 여성이 직업을 통해서 사회적 진출을 하려고 하면, 가정을 내팽개친 무책임하고 이기적인 여성이라는 비판과 아울러서 하나님이 주신 소명을 경홀히 여긴다는 비난까지 아울러 듣게 되었다.

이것은 농노에 대해서도 마찬가지로 적용되었다. 만일 어떤 사람이 농노로 태어났다면, 그가 농노인 것과 농노로서 충실히 일하는 것이 그의 소명이 될 것이다. 따라서 이를 거부하는 것은 소명을 거부하는 것이 된다. 루터는 농노의 딱한 처지에 공감하면서도 그들이 자신들의 요구를 관철시키기 위해서 집단행동에 나서자 차갑게 돌아섰는데, 아마도 "부르심 그대로 지내라"라는 구절에 대한 이해가 그 원인이었을 것으로 보인다. 이처럼 소명과 신분의 혼동은 체제 수호적 이데올로기로 역할 할 수 있다.

소명과 신분의 혼동은 신분 고착과 더불어서 평생 직업의 개념을 만드는 데에도 역할을 했다. 즉 부르심(소명)을 받은 그대로 지내야 하므로 자기 신분을 넘어서 다른 신분이 되기를 힘써서는 안 되며, 자기 직업을 넘어서 다른 직업을 기웃거려서도 안 된다. 이에 대해서 루터는 "하나님은 그의 예정 가운데서 각 사람이 모두를 사회 속에서 그 사람의 자리에 두사 그 자리에 속한 일을 하도록 하셨다"라고 말했다.[28] 이와 유사하게 17세기 영국의 리차드 스틸(Richard Steele)은 이렇게 조언했다. "자기 분야 밖에서는 결코 그리 활동적이 되지 마십시오. 자신의 포도원을 지키지 못하고, 자기 사업을 염두에 두지 않으면, 그 사람은 큰 손해를 보게 될 것입니다. … 우리가 직분과 소명을 따르지 않는 일을 행함으로써 하는 수고는 별로 칭찬할 것이 못 됩니다."[29]

물론 이러한 가르침이 크리스천들로 하여금 특정 분야에 전문가가 되도록 독려했을 가능성도 없지는 않다. 요즘식으로 말하면, "한 우물만 파라"라는 지혜로운 충고가 될 수 있다. 그러나 이러한 가르침 때문에 하나님은 "한 사람에게 필생의 한 신분과 직업"을 주신다는 신화가 만들어지게 되었다.[30] 이렇게 되면, 신분과 직업을 운명으로 받아들이게 되는데, 본 장의 서두에서 예로 들었던 여러 질문이 이러한 관점에서 비롯되었음을 짐작할 수 있다. 하지만 노동 유연성이 극단적으로 강화되고 있는 지금 이러한 소명관은 점차 현실성을 잃고 있다.

혼동의 결과, 일터와 하나님 나라

소명과 직업의 혼동, 소명과 신분의 혼동은 일터와 하나님 나라를 혼동하게 한다. 가령 어떤 크리스천이 자기 직업을 소명으로 여긴다고 생각해 보자. 그렇다면 그 일은 하나님 나라를 위한 일이 될 것이다. 캐나다의 기독교 저술가 폴 스티븐스(R. Paul Stevens)는 "모든 선한 사업은 하나님 나라의 일"이라고 대범하게 주장한다.[31] 이때 사람이 어떠한 관점과 믿음으로 그 일을 했느냐보다도 그 사업의 속성에 방점이 찍히게 된다. 그러다 보면, 불신자가 그 '선한 사업'을 하더라도 그 사업은 자동적으로 하나님 나라의 일이 되고 만다.

이러한 현상은 크리스천 경영인에게서 보다 심각하게 나타난다. 만일 그가 믿음을 가지고 자신의 사업체를 선하게 경영한다면, 그의 사업체는 하나님 나라의 사업체(kingdom company)가 된다. 그래서 크리스천 경영인은 회사에 하나님 나라를 세우기 위해서 회사에서 예배를 드리기도 하고, CCM을 틀어 주기도 한다. 그런데 이러한 선한 노력의 이면에는 회사를 하나님 나라로 만들 수 있다는 착각이 자리하고 있다. 주님은 마태의 집에서의 저녁 만찬을 천국의 연회로 바라보셨으나 그곳이 여전히 죄인들의 소굴이라는 사실을 잊지 않으셨다. 믿음과 소망의 눈으로 우리의 일터에 임한 하나님 나라를 바라보는 것과 일터 자체를 하나님 나라라고 주장하는 것은 완전히 다른 일이다. 이것은 직업을 소명이라고 생각하는 개신교적 왜곡의 또 다른 버전이다.

이러한 혼동은 자칫 후천년설주의자들의 오류에 빠질 수 있다. 즉 인간 문명의 진보를 통해서 하나님 나라가 점차 완성되어 간다고 주장하는 후천년설주의는 인간의 문명과 문화, 사업을 하나님 나라와 동일시하고, 인간의 노력과 성취를 통해 하나님 나라를 이룰 수 있다는 오류를 저지르게 된다. 하지만 하나님 나라는 전적으로 하나님의 주권에 의해 세워진다. 우리는 다만 그 나라를 하나님께 받을 수 있을 뿐이다. 인간이 그 나라의 건설을 위해서 뭔가 기여할 바가 있다면, 그것은 그 나라를 믿음으로 받들고, 하나님의 초대에 응하는 것이다. 우리의 노력으로는 우리의 직업이나 사업장을 하나님 나라로 만들 수 없다. 다만 주권적으로 이 땅으로 침투해 들어오는 하나님 나라에 '믿음으로' 참여할 수 있을 뿐이다.

다시 생각하는 소명

소명은 기독교 신앙에서 매우 중요한 부분이지만, 가톨릭적 왜곡과 개신교적 왜곡으로 인해 그 본래 의미가 많이 퇴색되었다. 따라서 소명을 다시 새롭게 이해하는 것이 무엇보다 중요하다고 할 것이다.

소명의 본질적 의미

먼저, 소명의 개념을 다시 정리해 보자. 이를 위해 무엇보다 필요한 것은 소명의 본질적 의미를 확실히 하는 것이다. 왜냐하면 소명(들)의 개념이 너무 많기 때문이다. 통상 소명을 1차 소명(구원 소명)과 2차 소명(직업 소명)으로 구분하고, 2차 소명은 다시 직업 소명과 신분 소명으로 구분한다. 혹자는 목회자나 선교사로 부름 받은 '부르심'과 세속직으로 부름 받은 '소명'을 구분하기도 한다.[32] 오스 기니스는 개별적(특정한) 소명과 공동체적(일반적) 소명, 특별한 소명과 평범한 소명, 중심적 소명과 주변적 소명, 명료한 소명과 신비적 소명 등을 구분한다.[33] 비신자들도 직업 심리적 측면에서 소명을 논하다 보니 이처럼 다양하게 규정되는 소명의 본질을 확실히 알아볼 필요가 있다.

누가 왜 부르는가

소명의 본질은 무엇인가? 소명이란 하나님의 주도권과 다르지 않다. 성경은 하나님이 어떤 일을 주권적으로 행하실 때, 부르심(소명)이라는 표현을 쓴다. 가령 이사야는 하나님의 창조 사역에 관해 "주께서는 수효대로 만상을 이끌어 내시고 그들의 모든 이름을 부르시나니"(사 40:26)라고 말했다. 실제로 태초에 하나님은 "빛을 낮이라고 부르시고 어둠은 밤이라"(창 1:5) 부르셨고, 시편 기자는 "그가 별들의 수효를 세시고 그것들을 다 이름대로 부르시는도다"(시 147:4)라고 노래했다 이때의 '부르심'은 하나님의 창조 사역을 의미한다.

또한 "내가 그들을 부르면 그것들이 일제히 서느니라"(사 48:13)라는 말씀에서의 부르심은 만물에 대한 소환 행위로서 주권적인 통치를 의미한다. 믿음이 좋은 백부장은 "이더러 가라 하면 가고 저더러 오라 하면 오고 내 종더러 이것을 하라 하면 하나이다"(마 8:9)라고 말한 바 있다. 소환 행위는 통치 행위의 핵심이다. 아담과 이브가 선악과를 따 먹고 숨었을 때, 하나님은 "아담을 부르시며 그에게 이르시되 네가 어디 있느냐"(창 3:9) 하고 찾으셨다. 또한 아브라함을 시험하시려고 "아브라함아"(창 22:1)라고 부르셨다. 야곱의 꿈에는 하나님의 사자가 나타나 "야곱아"(창 31:11) 하고 불렀다. 하나님은 떨기나무 가운데서 "모세야 모세야"(출 3:4) 하고 부르셨으며, 여호와의 전에 누운 어린 사무엘을 불러 "사무엘아 사무엘아"(삼상 3:10) 하셨고, 호렙산의 굴 어귀에 선 엘리야에게 "엘리야야 네가 어찌하여 여기 있느냐"(왕상 19:13) 하고 말씀하셨다. 이러한 하나님의 부르심은 통치 행위로서 주권적 호출이다.

대개 하나님의 소환이나 호출에는 특별한 목적이 있다. 언약을 맺기 위해서, 일을 맡기기 위해서, 책망하기 위해서, 시험하기 위해서

등등 그 목적은 다양하다. 이때 하나님의 부르심의 공통점은 부르신 사람에게 그 목적을 실현하신다는 것이다. 하나님이 어떤 목적을 가지고 누군가를 부르신다면, 그것이 그의 소명이다. 소명은 우리 존재가 우연한 존재인지, 아니면 목적이 있는 존재인지의 문제이다. 인생의 목적이 있다면, 그에게는 소명이 있다.

결국, 모든 사람은 소명이 있다. 하나님의 뜻이 없는 인생은 없으며, 하나님이 이루시고자 하는 삶의 목적이 없는 인간은 아무도 없기 때문이다. 이때의 부르심은 모든 인간에게 주어지는 보편적인 소명이다. 가수 심수봉이 번안한 노래, 〈백만송이 장미〉에 이런 대목이 나온다. "먼 옛날 어느 별에서 내가 세상에 나올 때 사랑을 주고 오라는 작은 음성 하나 들었지." 이 노랫말은 우리 인생의 목적이 다른 누군가에게 사랑을 주는 것임을 밝혀 준다. 이것이 소명이다. 그리고 한국에서 가장 유명한 CCM으로 꼽히는 〈당신은 사랑받기 위해 태어난 사람〉은 인생의 목적이 '사랑받는 것'임을 알려 준다. 이처럼 사랑을 주고받는 것은 모든 인생의 목적이며 이는 우리 삶을 향한 하나님의 의도와 목적이므로 모든 사람이 소명이 있다고 할 수 있다.

그러나 하나님의 목적과 소명은 일반적인 차원뿐 아니라 좀 더 특수한 차원으로도 존재한다. 그것은 하나님의 구원 계획에서 나타난다. 하나님이 인간을 구원하신 이유는 특정 목적을 가지고 그를 부르신 소명 행위라고 할 수 있다. 하나님이 이스라엘을 구원하신 이유는 토라(율법)를 지키게 하기 위해서였다(출 19:4-6). 사도 바울은 성도의 구원에 관해 말하기를, 인간은 "선한 일을 위하여 지으심을 받은 자"(

엡 2:10)라고 하였다. 하나님이 성도를 구원으로 부르신(소명) 목적은 성도로 하여금 착한 일을 하게 하기 위해서라는 것이다. 이러한 특별한 소명은 모든 구원받은 사람들에게 주어진다.

그런데 하나님은 특별한 임무(mission)를 맡기실 목적으로 특별한 사람을 부르시기도 한다. 이것은 가장 좁은 의미의 소명일 것이다. 하나님은 히브리 민족을 해방시키기 위해 시내산 떨기나무 가운데서 모세를 부르셨으며, 예언자로서 임무를 감당케 하시고자 어린 사무엘을 부르셨고, 이사야를 말 안 듣는 자기 백성에게 보내시고자 성전에서 그를 부르셨다. 또한 사울을 이방인의 사도로 삼기 위해 부르셨다. 다메섹 도상의 사울에게만 빛이 마치 스포트라이트처럼 둘러 비추었던 것은 바로 이 때문이다(행 9:3) 부활하신 그리스도께서는 베드로를 요한과는 달리 순교자로 부르시면서 이렇게 말씀하신다. "(요한의 소명이 무엇이든 그것이) 네게 무슨 상관이냐"(요 21:23). 이처럼 특별한 소명은 제각각이다.

소명은 각자 각자이지만 소명이 없는 사람은 없다. 모든 인간은 다 하나님의 목적이 있다. 하나님의 구원 백성에게는 거룩한 삶을 살게 하기 위한 목적이 있다. 특별한 소명을 받은 자들에게는 특별한 임무가 주어진다. 모든 사람은 그 부르심을 받들어 살아야 하고 그럴 때 성공적인 인생이 된다. 그래서 모든 크리스천은 24시간, 365일, 전임 사역자다.[34]

이것은 인간을 향한 하나님의 주권과 통치라는 관점에서 이해하는 소명관이다. "나는 여호와라 이 모든 일들을 행하는 자니라"(사 45:7)라는 말씀에서 소명의 본질적 의미를 찾아볼 수 있다.

부르심의 결과

하나님의 통치를 굳이 '부르심'으로 표현하는 이유는 무엇일까? 표현마다 그 표현이 강조하여 나타내고자 하는 측면이 있는 법이다. 부르심(소명)이라는 표현도 마찬가지인데, 이 표현이 드러내고자 하는 의미는 먼저 왕으로서 명령하는 측면이 부각된다. 가령 하나님이 "빛이 있으라"(창 1:3) 명하신 후 "빛을 낮이라 부르시고"(창 1:5)라고 하신 말씀에서 볼 수 있듯이 하나님의 부르시는 행위는 주권적인 왕의 면모를 보여 주기 위함이다. 이것이 첫 번째 이유다.

두 번째는 인격적인 관계를 맺고자 하시는 하나님의 의지를 드러내기 위함이다. 가령 "너는 내 아들이라"(시 2:7)라고 하신 시편 말씀은 하나님이 당신의 종을 아들로 삼아 주심으로써 특별한 관계를 맺으시는 장면을 드러내 보여 준다. 그리고 이러한 특별한 관계는 곧 정체성의 변화를 뜻한다. 즉 하나님의 부르심은 부르심을 받은 자에게 새로운 정체성을 부여한다. 따라서 어떤 사람이 하나님께 부르심을 받았다는 것은 하나님의 통치 아래 붙들린 바 되었으며, 새로운 정체성을 부여받아 새로운 존재로서 새로운 삶의 의미를 갖게 되었다는 뜻이다.

이것을 한 사람의 인생에 대입해 보자. 주님이 베드로에게 말씀하신 대로 그가 부르심을 받기 전에는 자기 마음대로 살 수 있었다. 그러나 하나님께 부르심을 받는 순간 더는 그는 자기 뜻대로 살 수 없게 되었다(요 21:18). 이제 그의 인생은 하나님의 주권 아래 있게 된 것이다.

이와 함께 그는 새로운 존재가 되어 정체성을 부여받았으며, 새로운 삶의 경로를 따라 살게 될 것이다. 그와 함께 그의 삶의 의미도 새롭게 형성된다. 사도 바울이 평생 "선한 싸움을 싸우고 나의 달려갈 길을 마치고 믿음을 지켰"(딤후 4:7)던 이유가 무엇인가? 이는 "만일 복음을 전하지 아니하면 내게 화가 있을 것"(고전 9:16)이라는 생각 때문이었다. 그는 '이방인의 사도'라는 새로운 정체성과 사명 완수를 위해 평생을 살았다. 이처럼 소명 의식을 갖는다는 것은 더는 자기 뜻대로 살지 않고, 하나님이 부르신 목적을 실현하기 위해서 살게 된다는 뜻이다.

고린도전서 7장의 해석

고린도전서 7장은 개신교회가 직업 소명설을 설명하기 위해서 전통적으로 자주 사용해 온 근거 구절이다. 이 구절을 살펴봄으로써 소명을 다시 생각해 보자.

전통적인 해석

사실 신약성경에서 전통적인 직업 소명설의 근거 구절을 발견하기란 쉽지 않다. 그래서 직업 소명설을 개진하려는 입장에서 "그 부르심 그대로 지내라"(고전 7:20)라는 말씀은 반가운 구절이다. 이 구절을 근거로 "직업/신분 소명을 잘 지키라"라고 설교할 수 있으니 말이다.

고린도전서 7장에는 여러 부류의 부르심 받은 사람들이 나온다. 남자와 여자, 기혼자와 미혼자, 할례받은 자와 할례받지 않은 자, 그리고 종과 주인 등. 전통적인 소명론자는 "그 부르심 그대로"를 남자와 여자, 기혼자와 미혼자, 할례받은 자와 할례받지 않은 자, 종과 주인 등으로 지내라는 뜻으로 이해한다. 모든 정체성을 다 부르심으로 이해한다면, 그 정체성을 잘 지키는 것이 신앙인의 도리가 되기 때문이다. 혹자는 여기에 직업과 신분도 소명에 포함된다고 주장한다. [35]

대안적 해석

과연 "각 사람은 부르심을 받은 그 부르심 그대로 지내라"(고전 7:20)라는 말씀을 직업 소명론의 근거 구절로 볼 수 있을까?

어떤 부르심인가

우선 "네가 종으로 있을 때에 부르심을 받았느냐"라고 묻는 고린도전서 7장 21절을 보면, 20절에서 바울이 말하고자 하는 부르심을 직업이나 신분으로 이해하는 것이 바람직하지 않음은 알 수 있다. 여기서 주목할 것은 '종으로 부르심을 받았느냐'가 아니라 '종으로 있을 때에 부르심을 받았느냐'라고 물었다는 사실이다. 이 말씀은 어떤 사람이 종으로 부르심을 받은 것(직업 소명)에 대한 것이 아니라 종으로 있을 때 부르심을 받은 것(구원 소명)에 대한 말씀이다. '종'이라는 직업/신분과 '부르심'이 구분되고 있다.

그럼 "할례자로 부르심을 받은 자가 있느냐? … 무할례자로 부르심을 받은 자가 있느냐?"라고 묻는 18절 말씀은 어떻게 이해할 것인가? 여기서는 할례자와 무할례자가 부르심으로 보인다. 그러나 영어 성경(NIV)은 18절을 21, 22절과 같은 방식으로 번역한다. [36] 본문에서 즉 직업과 신분이 부르심이 아니라 그들이 부르심 받았을 그때의 그들의 처지나 상태를 말하는 것이다. 그러니까 고린도전서 7장에서 말하는 부르심은 하나님께로부터 호출받은 것을 말하는데, 여기서는 하나님으로부터 받은 구원의 부르심으로 보는 것이 가장 합당해 보인다.

'그대로'의 의미

그렇다면 "부르심을 받은 그 부르심 그대로 지내라"(고전 7:20)라고 한 바울의 뜻을 어떻게 이해할 것인가? 혹자는 지위나 신분에 대해서 묵종하라는 뜻으로 해석하는데, 바울이 여성이나 노예로 하여금 당시 가부장 질서나 노예제에 대해서 순응하라고 가르쳤다고 이해한다. 그러나 그렇지 않다. 우리는 바울의 이 가르침을 이해하기 위해서 그의 구원론의 논리를 찬찬히 따라갈 필요가 있다.

바울은 로마서 6장에서 구원의 부르심을 받은 그리스도인이 침례/세례를 받는 장면을 감격스럽게 묘사하고 있다. 침례/세례의 현장에서 성도가 물속에 가라앉을 때 그리스도인의 옛 정체성은 그리스도와 함께 죽는다. 그리고 물 위로 올라올 때, 성도는 그리스도의 부활에 참여하여 새 정체성을 얻는다. 바울은 이에 대해서 "만일 우리가 그리스도와 함께 죽었으면 또한 그와 함께 살 줄을 믿노니"(롬 6:8)라고 말했다.

그럼 옛 정체성은 무엇인가? 유대인과 이방인, 남자와 여자, 주인과 노예 등과 같은 인종, 성별, 계급, 신분, 직업 등 이 땅이 부여한 정체성을 가리킨다. 새 정체성은 무엇인가? "그리스도 안에서 하나"(갈

3:28)[37], 곧 자기 안에서 지어지는 "한 새 사람"(엡 2:15)[38]이라는 정체성이다. 크리스천은 거듭나면서 옛 정체성의 죽음을 경험하고, 새 정체성을 얻는다. 그래서 구원받은 성도는 더는 남자도 아니고 여자도 아니며, 종도 아니고 주인도 아니며, 유대인도 아니고 이방인도 아니다. 이것이 영적 현실이다. 하지만 이 땅에 사는 동안에는 옛 정체성에서 완전히 벗어날 수 없다. 그러니 형식적으로라도 옛 정체성을 유지할 필요가 있다.

옛 정체성과 새 정체성의 관계는 하나님 나라가 '이미' 임하였으나 '아직' 완성되지 않았다고 하는 도식으로 이해할 수 있다. 크리스천은 부활의 새 정체성을 '이미' 받았다. 하지만 그는 '아직' 옛 정체성을 가지고 있다. 즉 크리스천은 그리스도 안에서 '한 새 사람'이라는 새 정체성을 '이미' 얻었지만, 유대인과 이방인, 남자와 여자, 주인과 종 등의 옛 정체성을 '아직' 그대로 유지하고 있다. 바울은 이러한 이중적 정체성을 둘 다 자기 안에 잘 간직해야 한다고 가르친 것이다.

크리스천은 새 정체성을 '이미' 부여받았다. 바울은 "그런즉 누구든지 그리스도 안에 있으면 새로운 피조물이라 이전 것은 지나갔으니 보라 새것이 되었도다"(고후 5:17)라고 말하며 그러므로 "우리가 이제부터는 어떤 사람도 육신을 따라 알지 아니하노라"(고후 5:16)라고 말했다. 여기서 "육신을 따라"는 과거에 속한 옛 정체성을 가리킨다. 크리스천은 더는 옛 정체성이 자신의 진짜 정체성이 아님을 확신해야 한다. 이는 하나님 나라가 이 땅에 '이미' 임했으며, 특별히 교회 안에 나타나고 있다는 신앙과 부합한다. 하여 교회로 모일 때, 성도들은 새 정체성으로 모인다.

그러나 크리스천은 하나님 나라가 '아직' 완성되지 않았듯이 자신이 여전히 이 땅에 살고 있으며, 과거의 정체성으로부터 완전히 벗어날 수 없다는 사실을 인정해야 한다. 만일 바울의 구원론의 가르침을 따라 어떤 크리스천 형제가 자신은 남자가 아니라고 말하고, 여자 성도는 자신은 여자가 아니라고 한다면, 또 어떤 크리스천 주인이 자신은 더는 주인이 아니라고 주장하고, 어떤 크리스천 노예가 자신은 노예가 아니라고 주장한다면, 또 어떤 크리스천 로마 시민이 시민권을 폐기하고자 하고, 유대인은 자신에게서 할례의 흔적을 지우려고 한다면, 사회 질서가 어떻게 되겠는가? 아마도 대혼란이 일어날 것이다.

그런데 이러한 식으로 생각하고 행동한 성도들이 실제로 있었다. 디모데가 사역하던 에베소교회의 크리스천 노예 중에는 그리스도 안에서 자신의 옛 정체성이 파괴되었음을 너무나도 확신한 나머지 크리스천 주인들에게 '그리스도께서 당신과 우리를 형제자매 관계로 만드셨지 않소?' 하고 도발하면서 자기 주인을 함부로 대하는 이들이 생겨났다. 그러나 무례는 사랑이 아니며 무질서는 복음적 결과가 아니다. 그래서 바울은 디모데에게 에베소교회의 크리스천 노예들을 가리켜 "믿는 상전이 있는 자들은 그 상전을 형제라고 가볍게 여기지 말고 더 잘 섬기게 하라"(딤전 6:2)라고 당부했다.

"그 부르심 그대로 지내라"(고전 7:20)라는 말씀은 이런 맥락에서 이해할 수 있다. 즉 이 가르침은 기존 체제에 순응해야 한다는 이데올로기적 가르침이 아니라 복음을 체제 전복 이데올로기로 이해하는 이들을 자제시키는 당부다. 하나님은 "무질서의 하나님이 아니시오 오 직 화평의 하나님"(고전 14:33)이시다. 이는 하나님 나라가 완성될 때까 지는 하나님이 죄 많은 국가 질서, 계급 제도, 노예제, 경제 시스템 등 을 사용하셔서 이 땅의 삶이 지속되도록 보존하신다는 사실을 인정 하라는 말씀이다.

크리스천은 복음을 빙자하여 하나님의 보존 은총과 섭리를 무너뜨 러서는 안 되며 하나님께 순명해야 한다. 부르심 받은 그대로 지내더 라도 성도의 옛 정체성은 복음 안에서 절대적 권위를 상실한다. 그러 므로 사도 바울은 새롭게 자리 잡은 옛 정체성을 형식적으로나마 "그 대로" 유지하라고 말한 것이다.

소명이라는 렌즈

크리스천은 침례/세례 자리에서 옛 정체성이 죽고 새 정체성을 얻는 경험을 한다. 그러나 이 땅에 사는 동안에는 옛 정체성을 완전히 벗어 버릴 수는 없다. 그래서 두 가지 정체성을 동시에 유지하며 살아야 한 다. 이를 위해서는 고도의 균형 감각이 필요하다.

균형 유지에 실패하는 세 가지 사례가 있다. 첫째, 어떤 사람은 새 정체성만 취하고, 옛 정체성은 포기하려고 한다. 셉티무스 이야기에서 셉티무스가 코르넬리우스를 경홀히 여겼던 것이 그 예다. 둘째, 어떤 사람은 새 정체성을 망각하고, 옛 정체성에 머무르려고 한다. 코르넬 리우스가 자신을 사업가로만 여기고, 사업에만 몰두한 것이 그 예다. 셋째, 어떤 사람은 두 정체성을 동시에 유지하려고 하지만, 둘을 야누스적으로 이해한다. 그래서 교회에 왔을 때는 새 정체성을, 교회 밖에서는 옛 정체성을 카멜레온처럼 바꾸는 것이다. 영화 〈투캅스〉(1993)에 나오는 부패 경찰 조 형사가 그 예다.

그러나 모두 잘못되었다. 크리스천은 두 정체성을 소명이라는 큰 렌즈를 통해 하나로 통합하여 이해해야 한다. 셉티무스의 예를 들어 보자. 과거에 그는 모든 인간은 운명적으로 삶이 결정되어 있다는 철학의 가르침을 주입당했을지도 모른다. 즉 노예(옛 정체성)로 사는 삶을 운명으로 받아들이라는 충고를 들어왔을지도 모른다는 뜻이다. 그러나 그는 복음을 받아들이고 나서 자신의 삶을 전면적으로 재해석해야 한다. 또한 그리스도 안에서 이미 자유인(새 정체성)이 되었음을 믿는 동시에 노예라는 옛 정체성을 과거와는 다른 방식으로 새롭게 이해해야 한다. 그 일련의 과정을 정리하면, 다음과 같다.

1. 하나님의 부르심으로 구원받았음을 깨닫는다(구원 소명).
2. 과거 자신의 삶을 돌아보며 전면적으로 재해석하게 된다. 그가 구원으로 부름받게 된 모든 과정이 하나님의 뜻 안에 있었음을 알게 된다. 삶의 재해석 과정에서 하나님이 그의 삶을 인도해 오셨음을 깨닫는다.
3. 아득히 먼 과거로 거슬러 올라가서 하나님이 창세 전부터 그를 이미 특별히 사랑하셨으므로 구원하기로 작정하셨다는 사실을 깨닫는다.
4. 현재로 돌아와 부르심의 렌즈로 자기 삶을 돌아보고, 하나님이 이

땅에서 사는 동안에 "그 부르심 그대로"(고전 7:20) 살면서 특별한 역할(직업 소명)을 하길 기대하신다는 사실을 깨닫는다.

5. 그럼으로써 자신이 해 온 일을 새롭게 해석한다. 셉티무스는 하나님이 그가 코르넬리우스의 집에서 일하면서 생계를 유지하기를 원하신다는 사실(생업 소명)을 깨닫고, 그 생업이 하나님 나라의 일이 되게 하길 원하신다는 사실(왕업 소명) 또한 알게 된다.

6. 하나님 나라가 자기 삶에 이미 임하였으나 아직 완성되지 않았음을 깨닫는다. 아울러서 자신의 참 정체성이 그리스도 안에서 자유인임을 확신하며 이를 비밀로 간직한다. 셉티무스는 이를 비밀로 간직하며 형식적으로는 노예로서 본분을 다하기로 결심했다.

옛 정체성과 새 정체성

크리스천은 이 땅에서 잠시 옛 정체성에 '아직' 머물러 있더라도 그리스도의 부활에 참여하여 이미 얻은 새 정체성이 자신의 진짜 정체성임을 잊어서는 안 된다. 복음을 믿는다면 새 정체성이 그의 진짜 정체성이 된다. 이것은 크리스천 주인에게 주어지는 가르침에도 마찬가지로 적용되는 진리다. 바울은 크리스천 주인을 향해서는 이렇게 말한다. "(형식적으로) 자유인으로 있을 때에 부르심을 받은 자는 (진짜 정체성이) 그리스도의 종이니라"(고전 7:22). 땅이 그에게 부여한 옛 정체성이 '주인'일지라도 그는 '이미' 부활의 정체성에 참여함으로써 그리스도의 종이라는 새 정체성을 얻었다. 이것이 그리스도 안에서 셉티무스가 자유인이고, 코르넬리우스는 그리스도의 종인 이유다.

두 가지 정체성을 한 인격 안에 어떻게 통합할 것인가? 가령 셉티무스의 경우, 그는 자신의 참정체성이 그리스도 안에서 자유인임을 확신하지만, 이를 비밀로 간직하고 내색하지 않는다. 대신 땅의 정체성인 노예 신분을 형식적으로 유지한다. 이때 드러나지는 않지만, 자유인이라는 새 정체성이 그의 영혼에 충만하다. 그의 새 정체성은 그가 일하는 동기나 방식을 새롭게 바꾼다. 이것이 그를 이해하기 어려운 미스터리한 존재로 만든다.

코르넬리우스는 크리스천이 된 뒤에도 여전히 노예들을 거느리는 주인이라는 '옛 정체성'을 형식적으로 유지한다. 복음은 그로 하여금 노예를 전부 해방시키도록 명령하지는 않지만, 주인이라는 옛 정체성은 절대적 정당성을 박탈당했다. 주인 신분은 잠시만 유효함을 알고 주인 노릇을 한다. 더불어 복음은 그가 그리스도 안에서 그리스도의 노예이며, 노예와 하나라는 새 정체성이 그의 진짜 정체성임을 알려준다. 그는 그리스도의 노예라는 새 정체성을 간직한다. 그러므로 형식적인 주인으로서 행동할 때, 믿지 않는 자들처럼 고압적으로나 폭력적으로 행동할 수 없다. 만일 코르넬리우스가 셉티무스를 폭력적으로 대한다면, 그리스도께서 "너는 나의 종이면서 왜 나의 종 셉티무스를 함부로 대하느냐?" 하고 꾸짖으실 것이다. 이렇게 새 정체성은 새로운 윤리를 만들어 낸다. 이것이 그를 미스터리한 존재로 만든다.

더 좋은 것을 굳이 거부할 필요는 없다

그렇다면 "그러나 네가 자유롭게 될 수 있거든 그것을 이용하라"(고전

7:21)라는 말씀은 어떻게 이해해야 할까? 이 문장은 이해하기 쉽지 않다. 언뜻 보면, "부르심을 받은 그 부르심 그대로 지내라"(고전 7:20)라는 권면을 뒤엎는 것처럼 보이기 때문이다. 크리스천 노예들에게 계속 노예로 있으라는 말인가, 아니면 해방되어 자유민이 되라는 말인가? 만일 노예의 신분이나 노예로서 하는 일을 소명으로 이해한다면, 21절은 더욱 해석하기가 곤란해진다. 소명은 계속 유지해야 하는가, 아니면 편의에 따라 포기해 버릴 수 있는가?

먼저, 이 문장을 다양한 방식으로 해석할 가능성이 있다는 점을 지적해 두자. 나는 이 구절을 다음과 같이 해석한다.

1세기 당시 상황으로 가 보자. 당시 로마의 노예들은 굉장히 다양한 업무를 감당하고 있었다. 탄광의 광부나 농장의 농부 등 힘든 일에서부터, 음식 준비나 빨래 같은 가사일은 물론이고, 가정교사, 법률대리인, 대서인 등 고급스러운 업무까지 다양한 일을 감당하고 있었다. 따라서 그들의 처우도 천차만별이었다. 말하는 짐승 대접을 받기도 하지만, 어떤 노예들은 상당한 소득을 올리며 존중받기도 했다. 하지만 아무리 존중받더라도 노예는 노예일 뿐이므로 그들은 해방되기를 원했다.

노예에서 해방되는 길은 제국을 위해서 특별한 공을 세운다거나 돈으로 자유민의 신분을 산다거나 주인이 죽으면서 그를 해방시켜 주거나 생전이라도 호의로 해방시켜 주거나 하는 것들이었다. 노예 신분에서 해방되더라도 보통은 주인의 클리엔테스(clientes), 곧 준자유민으로서 지내야 했다. 해방되더라도 그들의 이름이나 사회적 명망을 통해서 그들이 노예 출신임을 금방 알 수 있었다. 그럼에도 불구하고, 당시 노예들은 할 수만 있으면 해방되기를 정말로 간절히 원했다. 자유민이 되는 것은 노예의 삶의 목표나 다름없었다.

이런 시대적 상황에서 사도 바울은 "부르심을 받은 그 부르심 그대로 지내라"와 "그러나 네가 자유롭게 될 수 있거든 그것을 이용하라"라는 모순된 가르침을 전했다. 여기서 그가 말하고자 하는 바는 노예든 주인이든 신분과 일에는 절대적 가치를 둘 필요가 없다는 것이다. 즉 바울의 의도는 '노예로 지내도 그만, 해방되어도 그만'이라는 것으로 보인다. 이것은 오로지 해방되기만을 갈망하며 그것이 마치 인생의 절대 목표인 것처럼 여겨 왔던 당시 노예들의 가치관과 다른 대안적 가치관이다.

우리는 이것을 '할례'에 관한 가르침과 비교해서 생각해 볼 수 있다. 어떤 유대인이 예수님을 영접하고 크리스천이 되었다. 그가 부르심을 받았을 때, 그는 이미 할례를 받은 뒤였다. 바울은 그에게 할례받은 상태에서 부르심을 받았다면, 그 상황을 하나님의 선하신 섭리로 수용하라고 가르친다. 동시에 어떤 이방인이 할례받지 않은 상태에서 부르심을 받았다면, 그 또한 자신의 상태를 하나님의 섭리로 수용하라고 가르친다.

그 가르침이 이것이다. "할례자로서 부르심을 받은 자가 있느냐 무할례자가 되지 말며 무할례자로 부르심을 받은 자가 있느냐 할례를 받지 말라"(고전 7:18). 실제로 바울은 이방인 개종자인 디도는 할례를 받지 않게 했고, 유대인 어머니를 둔 디모데는 할례를 받을 것을 권했다. 왜냐하면 그렇게 하는 것이 복음을 전하는 데 유리하다고 판단했기 때문이다. 이것은 바울이 모순적이어서가 아니라 복음 앞에서 할례의 절대적 중요성이 박탈되었다는 뜻이다.

이것과 비교하면, 21절의 가르침은 이렇게 해석할 수 있다. 크리스천 노예들은 하나님이 그를 부르셨을 때 노예 상태였다면, 자기의 노예 신분을 받아들여야 한다. 그러나 그리스도 안에서 그는 이미 자유인이 되었다. 이것이 그의 진짜 정체성이다. 그러므로 자유민이 되는 것이 더는 인생의 목적이 아니다. 그러나 만일 노예에서 해방될 기회가 주어진다면 굳이 애써 거부할 필요도 없다. 자유민이 되는 것이 절대적 목표가 될 수 없듯이 노예 신분을 지키는 것 또한 마찬가지다. 노예든 자유인이든 옛 정체성은 그리스도 안에서 아무것도 아니다.

이러한 관점에서 현대의 직업 소명에 관해 생각해 볼 수 있다. 거듭난 크리스천은 부르심의 렌즈로 자신의 존재와 정체성, 자기 삶의 경로와 과거의 삶과 현재 자신이 하는 일을 재해석할 수 있다. 이때 모든 것이 하나님의 주권과 은총의 빛 아래에서 새롭게 해석되는 것을 경험하게 될 것이다. 특히 현재 하는 일, 곧 직업은 우연히 하게 된 것이 아니라 하나님의 뜻을 수행하도록 맡기신 일이라는 사실을 깨닫게 될 것이다. 이렇게 부르심의 렌즈로 자신의 신분이나 계급이나 직업을 재해석함으로써 크리스천은 새로운 정체성을 형성할 수 있다.

믿지 않는 이들은 좀 더 많은 연봉, 자아를 좀 더 실현할 수 있는 직장, 사회적으로 좀 더 명망 있는 자리를 찾아서 자기 인생을 건다. 특히 요즘 젊은이들은 '경제적 자유'를 얻기 위해서 돈을 벌고, 투자한다.

현대인에게 경제적 자유란 그 의미가 1세기 노예들이 노예에서 해방되는 것과 비슷하다. 그러나 크리스천은 그런 것들에 자기 삶 전체를 걸 필요가 없다. 다만 지금 하는 일을 하나님의 부르심의 목적을 수행하는 수단으로 삼아 묵묵히 최선을 다하면 된다. 이것이야말로 직업 소명이라고 할 수 있을 것이다. 하지만 만일 좀 더 좋은 조건에서 일할 기회가 주어진다면, 또 경제적 자유를 얻을 기회가 주어진다면, 그것을 굳이 거부할 필요는 없다.

빌레몬과 오네시모,
미래에서 온 사람처럼 살기

새 정체성을 입은 크리스천은 영화 〈터미네이터〉 시리즈의 카일 리스처럼 미래에서 온 사람처럼 살아야 한다. 빌레몬과 오네시모의 이야기에서 그 예를 볼 수 있다. 그들은 1세기 골로새라는 도시에서 살았다. 빌레몬은 부유한 크리스천으로 오네시모의 주인이었고, 오네시모는 그의 노예였다. 그런데 아마도 오네시모가 빌레몬의 집에서 돈을 훔쳐서 로마로 도망쳤던 모양이다. 그때 마침 사도 바울이 로마 감옥에 갇혀 있었다. 어떤 연유에서인지는 몰라도 오네시모는 감옥에 갇힌 사도 바울을 찾아갔고, 그에게서 복음을 전해 듣고는 크리스천이 되었다. 바울은 골로새서와 빌레몬서, 두 개 서신을 오네시모의 손에 들려서 골로새에 있는 교회로 보냈다. 그리하여 오네시모는 자신이 도망쳐 나온 주인집으로 돌아가게 되었다.

이제 빌레몬과 오네시모는 둘 다 크리스천이 되었다. '주인'이나 '노예'라는 옛 정체성은 죽었고, 그리스도 안에서 새 정체성을 얻었다. 그러므로 더는 주인이 아니고, 종도 아니다. 주인과 노예라는 옛 정체성은 과거에 속한 정체성이요 그리스도 안에서 얻은 '한 새 사람'이라는 정체성은 미래에 속한 정체성이다.

사도 바울은 두 사람에게 복음을 따라 정체성을 바로 세울 것을 요구했다. 빌레몬이 로마 제국으로부터 부여받은 옛 정체성은 오네시모의 주인이다. 만일 그가 옛 정체성을 따라 행동한다면, 그는 탈주 노예인 오네시모를 고문하고 처형해도 무방하다. 죽이지는 않더라도 다시는 도주하지 못하도록 팔다리를 자르거나 인두로 지져서 '영원히 빌레몬에게 귀속된 존재'라는 표식을 남길 수 있다. 그러나 바울은 오네시모를 가리켜 "종과 같이 대하지 아니하고 종 이상으로 곧 사랑받는 형제로 둘 자"(몬 1:16)라고 말하며 "그를 영접하기를 내게 하듯"(몬 1:17) 해 달라고 청했다. 당시에 탈주 노예를 형제처럼 대하는 것은 미친 짓이었다. 하지만 카일 리스처럼 미래의 정체성을 부여받은 빌레몬은 할 수 있는 일이었다.

물론, 그렇다고 해서 빌레몬이 오네시모의 주인이 아닌 것은 아니다. 그는 여전히 오네시모의 주인이고, 오네시모는 그의 노예다. 이들이 아직은 형식적으로나마 옛 정체성을 가지고 있기 때문이다. 그래서 바울도 오네시모의 주인으로서 빌레몬이 가진 법적 권한을 침해하지 않으려고 애썼다. 바울은 오네시모의 거취 문제를 해결하기 위해 빌레몬의 승낙을 구했으며(14절), 또 필요하다면 오네시모가 그에게 끼친 손해를 대신 보상해 주겠다고 말한다(18절). 즉 빌레몬은 오네시모의 주인이라는 옛 정체성을 버릴 필요가 없다는 뜻이다. 그러나 참된 크리스천이라면 빌레몬은 새 정체성이 자신의 진짜 정체성이라고 믿고 행하도록 힘써야 한다.

그런가 하면, 오네시모의 옛 정체성은 빌레몬의 노예다. 그런데 불행히도 그는 주인집에서 도망친 탈주 노예가 되었다. 옛 정체성에 따르면, 그는 처형당하거나 사지가 절단되거나 인두질을 당해도 마땅하다. 그러나 그는 사도 바울이 전한 복음을 듣고, 크리스천이 되었다. 이로써 그는 그리스도 안에서 "한 새 사람"이 되었다. 이것이 그의 미래 정체성이다. 오네시모가 카일 리스로 산다는 것은 바울이 들려준 두 개의 서신서를 들고 골로새로 돌아가 주인에게 용서를 구해야 함을 뜻한다. 잘못을 고백하고 주인으로부터 용서를 받는 것, 이것이 오네시모가 마땅히 감당해야 할 바다. 그는 옛 정체성을 제멋대로 부정해서는 안 된다.

그런데 이때 오네시모가 자기 주인인 빌레몬과 그리스도 안에서 하나가 되었다고 주장할 수 있을까? 논리적으로 가능하다. 그러나 그에 앞서 그는 주인 빌레몬의 처분을 기다려야 한다. 만일 빌레몬이 그를 용서하고 형제로 맞아 준다면, 그리스도 안에서 얻은 새로운 정체성을 기꺼이 누릴 수 있을 것이다. 그러나 기억해야 할 것이 있다. 설령 새로운 정체성을 누리더라도 현실적으로 그는 여전히 빌레몬의 노예라는 사실이다. 그러므로 그는 그리스도로부터 받은 새 정체성을 기쁘게 누리면서도 자기의 노예 신분을 지켜야 하며, 노예로서 해야 할 일을 등한시해서는 안 된다.

이처럼 하나님 나라의 현재성과 미래성은 우리에게 새 정체성과 옛 정체성이라는 이중의 정체성을 부여한다. 크리스천은 이를 하나님의 부르심이라는 렌즈를 통해 자신의 인격 안에서 이를 조화롭게 통합해야 할 과제가 있다.

♦ 정리 ♦

- 오스 기니스는 소명의 두 가지 오류를 가톨릭적 왜곡과 개신교적 왜곡이라고 명명했다.

- 가톨릭적 왜곡은 직업을 성스러운 직업과 세속적인 직업으로 나누어 차등을 두는 것이며, 개신교적 왜곡은 직업에 세속적인 차원이 있음에도 직업이 그 자체로 하나님의 부르심, 곧 소명인양 간주하는 것이다.

- 두 가지 오류를 피하고 소명에 대한 제3의 길을 찾기 위해 '이미'와 '아직'이라는 하나님 나라의 두 차원을 동시에 고려해야 한다.

5

일의 기원:
왕업, 생업, 죄업

◆　　　　　　　　　하나님 나라 신학을 토대로 일의 신학을 정립하는 것이 이 책의 목적이다. 이를 위해서 이번 장에서는 기원의 측면에서 일의 세 가지 범주를 시초론적 관점에서 살펴보고자 한다.

왕업(King's Work)의 탄생

앞서 생업과 왕업에 관해 말한 바 있다. 독자들에게 왕업이란 낯선 개념일 것이다. 이것은 유진 피터슨(Eugene H. Peterson)이 《다윗, 현실에 뿌리박은 영성》에서 제안한 개념으로[1] 일에 깃들어 있는 존엄성을 환기시키고, 인간의 일과 하나님의 일 간의 유비 관계를 강조하기 위한 용어다.

그러나 유진 피터슨은 일과 일에 깃든 존엄성을 명료하게 구분하지 않음으로써 종종 일 자체를 왕업으로 부르는 것은 아닌가 하는 의심을 품게 한다. 이에 나는 하나의 일은 생업의 차원과 왕업의 차원으로 구분되어야 한다고 제안하는 바다. 그런데 현실 세계에서는 일이 죄악으로 치달아 타락하는 일이 잦으므로 크리스천의 일을 분석하고 설명하기 위해서는 왕업, 생업, 죄업이라는 세 가지 차원을 구분할 필요가 있다는 것이 나의 제안이다.

하나님이 일하시다

왕업(王業)이란 왕이 하는 일이요 하나님의 일이다. 인간이 하나님의 일에 참여함으로써 왕업을 수행한다. 왕업은 일의 시초와 근원이 하나님께 있음을 상기시킨다. 하나님은 "일을 행하시는 여호와, 그것을 만들며 성취하시는 여호와, 그의 이름을 여호와라 하는 이"(렘 33:2)이시다. 성경은 하나님을 일하시는 분으로 얼마나 자주 묘사하는지 모른다. 하나님은 양을 먹이시는 "목자"(시 23:1)요, 진흙으로 그릇을 빚는 "토기장이"(사 29:16)요, 포도원의 농부(사 5:2)이시다. 이처럼 신(神)을 일하는 존재로 묘사하는 것은 고대 세계에서는 흔치 않은 일이었다. 보통 이방 신들은 인간에게 일을 맡기고, 자신은 일하지 않았기 때문이다. 일하지 않는 것이 신들의 특권이었다. 그런데 성경은 하나님을 일하시는 분으로 묘사한다.

하나님의 첫 번째 일은 '창조'이다. 하나님은 설계도를 따라 우주를 창조하셨다. 창조는 하나님의 일이었다. 특히 마지막 날, 인간을 만드실 때, 하나님은 마치 토기장이가 그릇을 만들 듯 흙을 빚어 인간을 만드셨다(창 2:7). 흙을 빚는다는 뜻의 히브리어 야차르가 강하게 암시

하듯 하나님은 노동하셨다.

하나님은 창조하실 뿐만 아니라 지금도 "그의 능력의 말씀으로 만물을"(히 1:3) 붙들고 계신다. 하나님은 우주를 창조하셨고, 그 우주를 유지하는 일을 하신다. 그리하여 세계가 무질서와 혼돈으로부터 위협받을 때, 하나님은 무질서의 세력을 격퇴하시고, 세계를 질서 있게 운행하신다.

그리고 범죄를 저지른 인간과 타락한 세상을 구원하는 일을 하신다. 삼위일체의 교의(教義)에서 경륜적 삼위일체론은 아버지, 아들, 성령께서 죄인과 세상의 구원이라는 힘겨운 일을 하신다고 가르친다. 삼위일체 하나님의 구원이란 일을 구원의 경륜, 혹은 구속사라 부른다. 하나님은 길고 긴 구원의 역사를 통해서 인간과 세상을 끝내 회복하시고, 만유를 통치하시는 때가 이를 것이다. 이 모든 구원의 역사는 하나님이 하시는 일의 결과다.

인간에게 위임하시다

인간은 하나님의 일, 곧 왕업에 참여할 수 있으며 참여해야 한다. 이는 하나님이 당신의 일을 인간에게 위임하시기 때문이다. 하나님은 인간을 창조하실 때, 다른 창조물과는 다르게 만드셨다. "하나님이 이르시되 우리의 형상을 따라 우리의 모양대로 우리가 사람을 만들고 그들로 바다의 물고기와 하늘의 새와 가축과 온 땅과 땅에 기는 모든 것을 다스리게 하자"(창 1:26). 하나님은 인간을 신의 형상과 모양으로 만드시고, 그를 에덴동산의 왕이요 통치자로 봉하셨다. 그때 하나님은 당신이 하실 일을 인간에게 위임하셨다. 인간에게 왕직(王職)을 맡기시고, 왕업(王業)을 위임하신 것이다. 이렇게 해서 하나님의 일이 인간의 일이 되었는데, 이것이 바로 왕업이다.

생육하고 번성하여 땅에 충만하라(창 1:28)

하나님이 인간에게 가장 먼저 주신 일은 생육하고 번성하는 것, 곧 생명의 일이다. 생명의 일은 하나님의 일의 본질이다. 하나님은 인간에게 먼저 스스로 생명을 누리고, 다른 존재들에게도 생명을 나누어 주어 에덴동산을 생명으로 충만한 곳으로 가꾸라고 하셨다. 에덴동산에서 인간이 해야 할 첫 번째 왕업은 생명을 누리는 것, 그리고 다른 피조물들의 생명을 돌보는 것이었으며 이는 곧 생명의 일이요 예수님은 이를 가리켜 '영생'이라 하셨다. 그리하여 인간은 에덴동산에 죽음이 얼씬도 못 하게 해야 했으며, 피조물들로 영생을 풍성히 누리며 또 누리게 하는 일을 해야 했다.

에덴동산에서 인간이 생명을 누린다는 것은 무슨 뜻인가? 이는 단순히 육체적 생명의 연장이 아니라 영적으로도 생명을 누리는 것, 곧 영생을 누리는 것을 의미한다. 그렇다면 영생을 어떻게 누리는가? 〈웨스트민스터 소요리문답〉(Westminster Shorter Catechism) 제1조는 "사람의 제일 되는 목적은 하나님을 영화롭게 하는 것과 그를 영원토록 즐거워하는 것"이라고 규정하고 있다. 에덴동산에서 인간은 그렇게 영생을 누렸을 것이다. 이것이 에덴동산에서 해야 했던 일이다.

에덴동산에서 인간이 해야 하는 생명의 사명은 자녀의 출산을 포함하는 것이었다. 또한 에덴동산의 모든 피조물을 돌보고 보호하는 일이 포함된다. 생명을 수여하고 다른 존재들로 하여금 생명을 누리게 하는 일이 인간에게 맡겨진 왕업이었다. 그리고 이 일은 예수님의 일이었다. 예수님이 오신 것은 "양으로 생명을 얻게 하고 더 풍성히 얻게 하려는 것"(요 10:10)이라고 하셨으니 말이다.

이 일은 곧 선교 사명이다. 생명의 사명은 "생육(파라)하고 번성(라브)하여 땅에 충만(마레)하라"(창 1:28)라는 명령으로 확장되는데, 여기서 선교의 방향성을 볼 수 있다. 이 명령에서 "생육, 번성, 충만"으로 번역된 히브리어 '파라, 라브, 마레'가 점층적으로 사용된 것에 주목해야 한다. 생명 사명의 궁극은 온 땅에 생명이 충만케 하는 것이다. 이는 일차적으로 출산의 명령을 말하지만, 그 궁극은 마레, 곧 땅에 충만하라는 선교 명령을 의미한다.

이 명령은 성경 전체를 관통하며 반복된다. 하나님은 노아에게 "생육하고 번성하여 땅에 충만하라"(창 9:1)라고 하셨고, 아브라함에게는 "내가 네게 큰 복을 주고 네 씨가 크게 번성하여 하늘의 별과 같고 바닷가의 모래와 같게"(창 22:17) 하시겠다고 말씀하셨으며 야곱에게는 "생육하며 번성하라 한 백성과 백성들의 총회가 네게서 나오고 왕들이 네 허리에서 나오리라"(창 35:11)라고 하셨다. 다윗은 "땅의 모든 끝이 여호와를 기억하고 돌아오며 모든 나라의 모든 족속이 주의 앞에 예배하리니"(시 22:27)라고 했고, 하박국은 "이는 물이 바다를 덮음 같이 여호와의 영광을 인정하는 것이 세상에 가득함이니라"(합 2:14)라고 했다. 이때 "가득함"으로 번역된 히브리어 단어가 창세기 1장 28절에서 사용된 '마레'다.

"땅에 충만하라"라는 이미지는 하나님 나라와 연결된다. 예수님은 천국은 "공중의 새들이 와서 그 가지에"(마 13:32) 깃들이는 겨자 나무, "가루 서 말 속에 갖다 넣어 전부 부풀게 한 누룩"(마 13:33)과도 같다고 비유하신다. 결국, 온 열방이 땅끝에서부터 "여호와의 산"(사 2:3)에 올라 하나님의 계명을 듣고 순종하며 천하 만물이 하나님을 향해 "그의 영광이 온 땅에 충만하도다"(사 6:3) 하고 경배와 찬송을 올리게 하는 것이 하나님의 뜻이다. 하나님은 그 뜻을 실현하도록 에덴동산의 왕들에게 특명을 내리셨다. 온 땅을 그들의 통치하에 둠으로써 궁극적으로 하나님의 통치하에 들어오도록 하는 것이 왕업이다.

땅을 정복하라, 모든 생물을 다스리라(창 1:28)

에덴동산에서 인간에게 맡겨진 두 번째 일은 땅을 '정복'하고, 모든 생명을 '다스리는' 것이었다. 그런데 "정복하라"로 번역된 히브리어 카바쉬와 "다스리라"로 번역된 라다는 당황스러울 정도로 권위주의적이고 폭력적이며 군사적인 분위기가 가득하다. 카바쉬는 '발로 밟아 짓누르다, 약탈하다, 유린하다, 적을 포박하다'라는 뜻이고, 라다는 '짓밟다, 부서뜨리다, 파괴하다'라는 뜻이다. 이는 여호수아가 군 지휘관들로 하여금 가나안 왕들의 목을 발로 밟게 한 장면을 떠올리게 한다(수 10:24). 즉 하나님이 아담과 이브를 군사령관으로 임명하여 에덴동산의 동식물을 발로 밟아 정복하라고 말씀하시는 것처럼 보인다. 이 때문에 혹자는 이 명령을 땅을 개발하라는 토건 명령으로 이해하고, 또 어떤 환경론자는 오늘날 일어나는 환경 오염과 자원 고갈을 이 말씀 탓으로 돌리기도 한다.[2] 그러나 이 말씀이 과연 그러한 뜻일까?

우선, 하나님은 카바쉬와 라다를 통해서 인간의 권위와 지위를 분명히 하셨다. 인간은 땅과 생물들 위에 확고한 통치자로 굳게 서야 한다. 누구도 감히 인간의 지위를 넘볼 수 없게 해야 한다. 이러한 인간 지위의 확고한 우위는 성경의 일관된 주제다. 성경은 말한다. 오직 인간만이 하나님의 형상이라고 말이다. 땅과 그 가운데 충만한 생물들 중 그 어느 것도 하나님의 형상이 될 수 없다. 이에 대해서 다윗은 "만물을 그의 발아래 두셨으니"(시 8:6)라고 노래한다. 그는 아담과 이브가 땅과 모든 생물 앞에서 마치 신(엘로힘)과 같은 존재였다고 노래한다. "그를 하나님보다 조금 못하게 하시고 영화와 존귀로 관을 씌우셨나이다"(시 8:5). 그러므로 카바쉬와 라다라는 군사적 용어는 인간의 우월한 지위와 권위를 강하게 표현하신 것으로 봐야 한다.

이것은 십계명의 제2계명과의 관계에서 더욱 깊은 의미를 발견하게 된다. "새긴 우상을 만들지 말고"(출 20:4), "그것들에게 절하지 말며 그것들을 섬기지 말라"(출 20:5)라는 내용의 제2계명은 이중적이다. 한편으로는 하나님 외에 다른 신의 형상을 만들어 숭배하지 말라는 형상 숭배 금령이자 다른 한편으로는 오직 인간만이 하나님의 형상이므로, 다른 어떤 생물이나 무생물도 하나님의 형상이 될 수 없다는 계명이기 때문이다. 즉 이 계명은 하나님의 영광을 손상하지 말아야 할 뿐만 아니라 인간 자신의 영예와 존귀함도 손상하지 말라는 이중 명령이다. 그러니까 정복하고 다스리라는 카바쉬와 라다의 명령은 인간이 자신의 존엄과 권위를 피조물에게 절대로 넘겨주어서는 안 된다는 뜻이다. 이는 오늘날 인간이 자기 손으로 만든 것들, 곧 돈, 국가, 테크놀로지, 인공지능, 로봇, 이데올로기, 지도자 등에 다스림을 받는 '인간 소외' 현상을 경계하는 것이다.

만일 아담과 이브가 하나님이 명하신 '정복'과 '다스림'의 왕업을 충실히 이행했다면, 그들은 그들의 발아래 있던 뱀이 자신들을 유혹하도록 내버려 두지 않았을 것이다. 그런데 이 명령을 소홀히 하다 보니 자신들이 다스려야 할 뱀의 유혹에 굴복하여 끝내 에덴동산의 통치자 자리에서 쫓겨나 뱀의 지배를 받게 되고 말았다. 그리하여 성경은 사탄을 "옛 뱀이요 마귀요 사탄"(계 20:2)이며 "공중의 권세 잡은 자"(엡 2:2)요 "세상 임금"(요 16:11)이라고 규정하게 되었고, 인간이 자신의 발아래 있는 뱀을 제대로 정복(카바쉬)하고 다스리지(라다) 않아서 뱀, 곧 마귀와 사탄의 종이 되었다고 가르치고 있다.

하나님은 욥에게 (네가 할 수 있다면 어디 한 번) "모든 교만한 자를 발견하여 낮아지게 하며 악인을 그들의 처소에서"(욥 40:12) 짓밟아 보라고 도전하시고, "베헤못"(욥 40:15)과 "리워야단"(욥 41:1)을 휘어잡을 수 있겠느냐고 물으셨다. 그것들은 "모든 높은 자를 내려다보며 모든 교만한 자들에게 군림하는 왕"(욥 41:34)이다. 원래 인간은 베헤못과 리워야단 같은 짐승을 정복(카바쉬)하고 다스릴(라다) 수 있는 존재였다. 그러나 정복과 통치의 왕업에 실패하자 인간은 그것들 앞에서 쩔쩔매며 도리어 그것들의 통치를 받는 존재가 되었다. 그러나 "여자의 후손", 곧 메시아가 오시면 밟아 "그 머리를 상하게 할 것"이며(창 3:15) 다시 그것을 정복(카바쉬)하고 다스릴(라다) 것이다.

그것을 경작하며 지키게 하시고(창 2:15)

세 번째 왕업은 경작하며 지키는 일이다. 여기서는 '경작하다'와 '지키
다'라는 단어에 주목할 필요가 있다. 왜냐하면 두 단어는 세속적인 차
원(일)과 영적인 차원(신앙)을 모두 나타내고 있기 때문이다.

세속적 차원, 일

'경작하다'와 '지키다'로 번역된 히브리어 단어는 아바드와 샤마르는 모
두 세속적인 차원에서 육체노동을 강력히 암시한다. 우선 아바드를 살
펴보자. 아바드는 '일하다, 노동하다'라는 뜻으로 창세기 2장 5절, "여
호와 하나님이 땅에 비를 내리지 아니하셨고 땅을 갈(아바드) 사람도
없었으므로…"에서 밭을 일구고, 경작하는 고된 육체노동을 암시하고
있다. 이 단어에서 노예를 뜻하는 히브리어 에베드가 나왔다. 아바드
는 주인을 위한 노예의 노동이라는 의미도 포함한다.

샤마르는 '울타리를 치다, 지키다, 보호하다' 등의 뜻으로 야곱이 라
반에게 "내가 다시 외삼촌의 양 떼를 먹이고 지키리이다"(창 30:31) 하
고 언약을 맺을 때, "지키리이다"에 이 단어가 쓰였다. 돈, 물품, 가축
등을 이웃에게 맡겨서 지켜 달라고 할 때도 샤마르가 쓰인다(출 22:7,
10). 다윗이 형들을 방문하기 위해서 양과 짐을 다른 이들에게 맡겨서
지켜 달라고 부탁했을 때도 샤마르가 쓰였다(삼상 17:20, 22).

사실 밭을 갈고 땅을 지키는 일이 왕에게는 어울리지 않다. 그러나

하나님은 인간을 에덴동산의 왕으로 세우시고, 그들에게 왕에게는 어울리지 않는 일을 맡기셨다. 우리는 여기서 일에 관한 이스라엘 특유의 관점과 만나게 된다. 고대 이교 세계에서 왕은 힘겨운 일을 하지 않았다. 사무엘은 이방의 왕 제도에 대해서 "그(왕)가 또 너희의 아들들을 … 자기 밭을 갈게 하고 자기 추수를 하게 할 것이며…"(삼상 8:12)라고 말하며 왕은 자신의 노동을 다른 사람에게 전가하는 존재라고 했다. 그러나 히브리 성경에서 왕과 노예의 일은 구분되지 않는다. 우리는 여기서 성경의 노동의 민주화 사상과 만나게 된다. 이스라엘에서는 모든 사람이 일해야 한다. 고대 이교 세계에서처럼 노동 계급과 유한계급이 구분되지 않는다. 에덴동산의 왕들은 다 일하는 존재들이었다.

이러한 노동은 선교적 차원을 갖는다. 창세기 2장 5절을 살펴보자. "여호와 하나님이 땅에 비를 내리지 아니하셨고 땅을 갈 사람도 없었으므로 들에는 초목이 아직 없었고 밭에는 채소가 나지 아니하였으며." 여기서 "땅"은 미개척지로 에덴동산의 밖을 암시한다. 이는 에덴동산의 '동산'에 쓰인 히브리어 간이 '울타리'를 뜻하는 것을 보면 알 수 있다. 하나님은 에덴동산이라는 모델하우스에 인간을 두신 후, 그들에게 동산을 확장하여 온 땅을 에덴동산으로 변화시키라는 명을 내리셨던 것이다.[3] 그리고 이러한 해석을 뒷받침하는 것이 "땅에 충만하라"(창 1:28)라는 명령이다. 즉 동산 밖의 공간을 개간하고 개척하여 에덴동산을 확장하고 나서 그곳을 하나님을 경외하는 인간들로 충만히 채우라고 하셨다. 경작 명령은 에덴동산의 확장 명령이고, 이는 곧 선교 명령으로 해석할 수 있다.

이 부분은 하나님이 당신의 창조를 완벽하게 끝마치시는 대신에 당신의 형상대로 지으신 인간이 나머지를 완성하도록 2%의 여백을 남겨 두셨다고 해석할 수 있다. 인간은 그 여백을 일로써 채움으로써 하나님의 창조 사역을 이어 나가게 한 것이다. 여기서 우리는 개신교의 문화 명령 사상과 유대교의 티쿤 올람 사상의 단초를 발견한다.

그런데 이런 질문이 생긴다. 이렇게 힘든 노동을 하는 에덴동산은 과연 낙원인가? 이 질문에 답하기 위해서는 먼저 다른 질문을 던져야 한다. 아담과 이브가 해야 했던 아바드와 샤마르는 먹고살기 위한 생업이었을까? 그렇지 않다. 먹거리는 일의 결과로 얻는 것이 아니라 하나님의 선물로 주어졌기 때문이다(창 1:29). 특히 창세기 2장 16절을 보면, 에덴동산은 "나무의 열매"를 '마음껏' 먹을 수 있는 곳이었음을 알 수 있다. 그러니까 아바드와 샤마르는 생계와 무관한 일이었다. 에덴동산에서 인간들은 먹고살기 위해서 일한 것이 아니었다. 이런 점에서 에덴동산에서의 왕업은 필연적인 일이 아니라 자유롭게 하는 일이었음을 알 수 있다.

아바드와 샤마르가 비록 자유롭게 하는 일이었을지라도 그것은 몸을 써서 하는 육체노동을 포함한다. 이것은 성경의 사상이 희랍의 영육 이원론과 구별되는 지점이다. 육체노동은 타락 이후에 생겨난 것이 아니라 처음부터 존재했다. 그리고 그 일은 하나님으로부터 비롯되었다. 하나님이 일(창조)하셨으며, 당신의 일(왕업)을 인간에게 맡기셨다. 인간은 하나님의 일을 계승하고 유지하는 존재로 창조되었다.

인간은 에덴동산에서 작명가로서, 혹은 정원 관리사로서, 혹은 과수원 농부로서의 정신적이고 육체적인 일을 감당했다.

영적 차원, 신앙

아바드와 샤마르는 육체노동뿐 아니라 영적 차원의 의미도 포함하고 있다. 우선 아바드를 먼저 살펴보자. 앞에서 살펴봤듯이 아바드는 노예(에베드)가 주인을 위해서 일한다는 의미를 내포한다. 그러므로 하나님과 인간의 관계에서 이 단어를 쓸 수 있다. 그럴 경우, 하나님은 주인이 되시고, 인간은 종이 된다. 따라서 인간이 하나님을 위해서 하는 일은 아바드가 되며, 인간은 하나님의 에베드가 되는 것이다.

이 때문에 아바드는 인간이 하나님을 섬기는 모든 일을 가리키게 된다. 특히 이 단어는 출애굽에서 중요하게 사용되었다. 가령 하나님이 떨기나무에서 모세를 부르시면서 "너희가 이 산에서 하나님을 '섬기리니'"(출 3:12)라고 하시거나 시내산 언약을 맺으실 때 "네 하나님 여호와를 '섬기라'"(출 23:25)라고 하신 것이 그 예다. 이때 '섬기다'로 번역된 아바드는 하나님을 '예배하다'라는 뜻이 된다.

이러한 맥락에서 보면 아바드의 명사형 아보다가 제의적인 의미로 자주 사용되는 이유를 알 수 있다. 가령 제사장의 제사 일이나 레위인들의 성막 봉사 일을 가리켜 아보다(일)라고 한다. "너는 이스라엘 자손에게서 속전을 취하여 회막 봉사(아보다)에 쓰라"(출 30:16)와 "삼십 세 이상으로 오십 세까지 회막에서 복무하고 봉사(아보다)할 모든 자를 계수하라"(민 4:23).

그런데 하나님을 예배한다(아바드)는 것은 구체적으로 무엇일까? 에덴동산에는 성전도 제사도 사제도 없었다. 그렇다면 하나님을 어떻게 예배했을까? 먼저, '선악과 금령'에 순종함으로써 하나님을 예배했다. 순종이 곧 예배인 것이다. 둘째, 동산을 거니시는 하나님과 동행함으로써 예배했다. 이브는 태어나자마자 하나님의 손에 이끌려서 하나님과 동행하며 아담에게로 인도함을 받았으며, 아담은 동산을 거니시는 하나님과 함께 동물의 이름 짓는 일을 했다. 셋째, 아담은 이브를 보고 "이는 내 뼈 중의 뼈요 살 중의 살이라"(창 2:23) 하며 가장 완전한 사랑의 고백을 했는데, 에덴동산에서는 사람들이 서로 사랑함으로써 예배드렸다. 넷째, 동물들의 이름을 지어 줌으로써 동산을 돌보고 다스리는 것으로 예배했다. 이것이 에덴동산에서 하나님을 예배하고 섬기는(아바드) 방식이었다.

여기에 한 가지를 추가하자면, 사람을 섬길 때도 아바드가 쓰였다. 즉 노예(에베드)가 자기 주인을 위해 일하는 것이 아바드다. 굳이 노예가 아니더라도 서로가 서로를 사랑으로 섬긴다고 할 때도 아바드가 쓰인다. 여기서 우리는 사랑의 이중 계명의 언어학적 뿌리를 찾아볼수 있다. 하나님을 사랑하는 것(예배)과 사람을 사랑하는 것(섬김)을 모두 아바드 한 단어로 표현할 수 있다.

샤마르의 경우도 비슷하다. 하나님이 인간에게 에덴동산을 지키라고 하실 때, 사용되었던 이 단어는 언약을 '지키다'(창 17:9), 무교절을 '지키다'(출 12:17), 모든 규례를 '지키다'(출 15:26), 안식일을 '지키다'(출 31:13), 여호와께서 지키라고 하신 것을 '지키다'(레 8:35), 장막의 모든 직무를

'지키다'(민 18:3), 인애와 정의를 '지키다'(호 12:6), 율법에 기록된 대로 다 '지켜' 행하라(수 1:8) 등에서 사용되었다. 샤마르는 하나님이 인간을 지켜 주신다거나 당신의 약속을 지키신다고 할 때도 사용되었다. 가령 "내가 가는 이 길에서 나를 '지키시고'"(창 28:20), "그 하신 말씀을 '지키시옵소서'"(왕상 8:25), "주의 종들에게 언약을 '지키시고'"(대하 6:14) 등이 있다. 즉 하나님도 샤마르하시고, 인간도 샤마르한다.

하나님이 아담과 이브에게 에덴동산을 지키라고 (샤마르) 하신 것은 레위인이 성전을 수호하듯이 에덴동산을 굳게 지키고 수호하며 선악과를 먹지 말라는 하나님의 말씀을 지키라는 뜻으로 이해할 수 있다. 구약의 제사장이나 레위인들이 이 말씀을 읽을 때, 그들은 아담과 이브를 제사장이나 혹은 레위인과 같은 역할로 생각했을 것이 분명하다.[4] 즉 그들의 눈에 아담과 이브는 에덴동산이라는 성전에 부정한 것이 범접하지 못하도록 지키며, 성전의 여러 직무를 위해서 봉사하는 사제나 레위인으로 보였으리라는 말이다. 인간은 하나님을 대적하는 것들, 가령 간교한 뱀의 반역에 맞서 에덴동산을 지켜야 한다는 뜻이다. 동시에 이것은 '선악과를 따 먹지 말라'라는 하나님의 명령을 삼가 지킨다는 뜻이기도 하다. 이것이 바로 에덴동산의 인간이 수행했던 일, 샤마르다.

이처럼 아바드와 샤마르는 세속적 의미와 영적인 의미를 모두 담고 있는 단어다. 그러니까 이 단어가 선택됨으로써 에덴동산에서의 왕업은 세속적인 차원에서의 일을 의미하면서 동시에 영적인 차원에서의 예배라는 의미를 모두 나타낼 수 있었다. 이것은 에덴동산에서의 왕업은 일상적인 차원과 영적인 차원을 동시에 포함하며 에덴동산에서는 일과 예배가 통합되었음을 뜻한다. 이러한 일은 일의 원초적인 형태로서 본래의 일(original work)이라고 할 수 있을 것이다.

한 가지 더 지적할 것은 본래의 일은 일과 안식이 통합된 개념이라는 것이다. 하나님은 여섯째 날 인간을 창조하시고, 일곱째 날에 안식하셨다. 인간의 일은 하나님의 안식과 함께 시작되었다. 이것이 의미하는 바가 무엇인가? 인간의 일은 하나님의 안식 안에서 이루어진다는 사실이다. 그런 점에서 에덴동산에서는 일과 안식이 분리되지 않았었다. 토라에 따르면, 안식일에 하나님께 예배드리고(아바드), 하나님의 토라를 연구하며 지켜야 했다(샤마르). 에덴동산에서 인간이 해야 했던 일은 정확히 안식일에 하는 일이었다. 이것이 에덴동산에 안식일 계명이 없는 이유다. 에덴동산에서는 일과 안식이 하나였던 것이다.

요약해 보자. 에덴동산에서의 왕업은 예배의 원형(prototype)이자 일의 원형(archetype)이었다. 그리고 이것은 하나님이 인간에게 원하시는 삶, 바로 그 자체였다. "사람아 주께서 선한 것이 무엇임을 네게 보이셨나니 여호와께서 네게 구하시는 것은 오직 정의를 행하며 인자를 사랑하며 겸손하게 네 하나님과 함께 행하는 것이 아니냐"(미 6:8). 하나님과 함께 행하는 것은 에녹(창 5:24), 노아(창 6:9), 아브라함(창 26:24), 요셉(창 39:2), 모세(신 34:10), 다윗(시 23:6) 등의 삶의 특징이었으며, 예수 그리스도의 삶과 사역의 특징이기도 하다. 하나님과 함께 행하는 것이야말로 '일'이며 '예배'다. 그리고 그것이 바로 에덴동산에서 아담과 이브가 했던 일, 곧 왕업이었다.

생업(living work)의 탄생

아담과 이브가 선악과를 따 먹는 순간 모든 것이 달라져 버렸다. 아담과 이브는 에덴동산에서 왕의 지위를 더 이상 유지할 수 없게 되었다. 창세기 3장 7절, "이에 그들의 눈이 밝아져 자기들이 벗은 줄을 알고 무화과나무 잎을 엮어 치마로 삼았더라"라는 말씀은 왕의 지위에서 끌어내려진 이의 수치와 비참함을 잘 보여 주고 있다. 아담과 이브에게는 왕업을 수행할 자격이 더는 남아 있지 않게 되었다. 에덴동산에서의 통치 명령과 땅의 경작(아바드) 및 수호(샤마르)의 일도 박탈되었다. 그들은 추방되었다(창 3:24). 하나님은 아담과 이브에게 저주를 내리셨는데, 그 저주와 함께 새로운 일, 곧 생업이 탄생하게 되었다.

이브의 일

타락 후, 이브에게는 이런 저주가 내려졌다. "내가 네게 임신하는 고통을 크게 더하리니 네가 수고하고 자식을 낳을 것이며"(창 3:16). 이브에게 내려진 새로운 과업은 '임신'과 '출산,' 그리고 '육아'다. 그런데 이 명령은 창세기 1장 28절의 "생육하고 번성하여 땅에 충만하라"라는 왕업과 연결되어 있다. 언뜻 보면, 임신과 출산 명령으로 '생육, 번성, 충만'이라는 왕업이 유지되는 것처럼 보이지만, 사실 이 일은 왕업이 변질된 것이다.

어떻게 변질되었는가? 첫째, 임신과 출산의 '고통'이 있다는 것이다. 타락 전에는 이브에게 주어진 '생육, 번성, 충만'이라는 왕업에서는 고통에 대한 언급이 보이지 않는다. 그러나 이제 고통과 수고가 더해졌다. 그래서 임신과 출산은 축복이지만, 동시에 저주가 된다. 둘째, 출산 명령은 이브, 곧 여자에게만 주어졌다는 것이다. 창세기 1장 28절의 '생육, 번성, 충만'은 남자와 여자 모두에게 주어진 사명이었다. 그러나 3장 16절에서는 하나님이 여자의 임신과 출산에 대해서만 말씀하신다. 이는 생물학적 출산에만 집중된 명령임을 뜻한다. 하나님이 이브에게 임신과 출산의 명령을 내리신 것은 창세기 1장 28절의 생명의 사명 중 영적 차원을 제거한 채 생물학적 차원만 남기신 것으로 이해할 수 있다.

창세기 1장 28절은 처음에는 하나님의 백성이 온 땅에 충만하게 하라는 선교 명령의 맥락에서 이해할 수 있었다. 그러나 이브가 받은 임신과 출산의 명령은 하나님의 백성과 이방인 모두에게 주어지는 일반 명령으로 더는 선교 명령이 아니게 되었다. 여자의 임신과 출산으로 이 땅에는 하나님의 백성과 함께 하나님을 모르는 이방인도 태어났다. 하지만 그럼에도 불구하고 하나님은 이방인의 삶도 지속되고, 그들이 생명을 누릴 수 있기를 원하신다. 이런 점에서 출산을 통한 자손의 번성은 이 세상을 유지하고자 하시는 하나님의 보존 은총 아래 놓인다. 그리고 임신, 출산, 육아 등의 일은 (넓은 의미의) 생업이 된다.

아담의 일

한편 아담에게는 다음과 같은 저주가 내려졌다. "땅은 너로 말미암아 저주를 받고 너는 네 평생에 수고하여야 그 소산을 먹으리라 … 네가 먹을 것은 밭의 채소인즉 네가 흙으로 돌아갈 때까지 얼굴에 땀을 흘려야 먹을 것을 먹으리니"(창 3:17-19). 타락하기 전에 하나님은 아담과 이브에게 땅을 경작하고(아바드), 지키는(샤마르) 일을 맡기셨다. 나는 이 일을 일의 원형이라고 말한 바 있다. 그런데 타락 후 하나님은 아담에게 땅을 파고, 밭을 일구어 먹거리를 해결하라고 하셨다. 이 일은 에덴동산에서 인간이 해야 했던 왕업(창 2:5)과 비슷하다. 타락 후에도 아담은 땅과 밭과 흙에서 일해야 했다. 생업에 왕업이 남은 것이다.

생업에는 통치의 일이 남아 있는데, 많든 적든 '다스림'의 요소가 있다. 주부가 살림살이를 가지런히 정돈하는 것도 일종의 통치 일이다. 각각의 물건과 도구들, 그리고 식구들의 위치와 역할을 정해 주는 일이기 때문이다. 또 어떤 직업에서 전문가가 된다는 것은 사람과 일을 장악하고 다스린다는 뜻을 포함한다. 가령 중세 길드(guild)에서 장인은 여러 도제를 다스리는 역할을 했다. 수술실에서 집도의가 마취 전문의, 인턴, 레지던트, 간호사들을 거느리며 조명, 인공호흡기, 심박수 측정 모니터, 혈압계, 산소포화도 측정기 등과 각종 도구를 자유자재로 활용하는 모습은 영락없는 통치자의 모습이다. 이처럼 생업에 다스림의 흔적이 남아 있음을 볼 수 있다. 이처럼 왕업은 생업으로 이어져 내려온다.

그러나 타락 전과 타락 후에는 중요한 차이가 있다. 타락 전의 왕업은 생계와 무관했다. 먹거리는 하나님이 선물로 주시는 것이었지 노동의 산물이 아니었다. 이것은 첫 번째 창조 이야기(창 1:29)와 두 번째 창조 이야기(창 2:16) 모두에서 나타난다. 특히 창세기 2장 16절, "동산 각종 나무의 열매는 네가 임의로 먹되"에서 "임의로"로 번역된 히브리어 아칼은 인간에게 먹거리가 '얼마든지, 무제한적으로' 주어졌음을 보여 준다.

그러나 타락 후는 그렇지 않다. "얼굴에 땀을 흘려야 먹을 것을 먹으리니"(창 3:19)에서 볼 수 있듯이 먹거리가 타락 전에는 하나님의 은총이었다면, 타락 후에는 일한 대가가 되었다. 은총의 질서가 교환의 질서로 바뀌었다. 일하지 않으면, 먹을 수 없다. 일해야만 그 대가로 먹을 수 있다. 바울 사도가 데살로니가교회 성도들에게 "누구든지 일하기 싫어하거든 먹지도 말게 하라"(살후 3:10)라고 한 권면은 이러한 생업의 원칙을 천명한 것이다.

하지만 엄밀한 의미에서 생업도 하나님의 은총이다. 타락 전에는 하나님이 먹거리를 선물로 주셨으나 타락 후에는 "재물 얻을 능력을"(신 8:18) 주시어 생업을 통해 먹거리를 얻게 하신다. 따라서 생업도 하나님의 선물이다. 그러나 생업에서 은총은 은폐되어 잘 보이지 않는다. 그러므로 이방인은 물론이고 이스라엘 백성까지도 제힘으로 먹거리를 얻은 줄로 안다(신 8:17).

둘째로, 일의 '자유'라는 차원이 심각하게 훼손되었다. 에덴동산에서 인간은 생계에 대한 걱정 없이 왕업을 자유롭게 수행했다. 그러나 반역한 후에 인간은 더 이상 자유로울 수 없는 존재가 되었다. 인간은 먹고사는 문제로 조건 지어진 존재이며, 필연의 질서의 지배를 받는 존재가 되었다. 한마디로 '목구멍이 포도청'인 신세가 되었다. 이제 일은 더 이상 자유가 아니다. 먹고살려면 '반드시' 일해야만 한다. 일은 인간의 조건으로서 하나의 굴레가 되었으며, 인간은 일의 종이 되었다. 타락 이후 인간에게 일은 필연적인 일로서 부과된 짐이 되었다. 하여 일은 저주가 된다.

세 번째, "너는 네 평생에 수고하여야 그 소산을 먹으리라"(창 3:17)라는 말씀에서 "수고하여야"로 번역된 히브리어 이짜본은 '고통'과 '수고'를 강력하게 암시한다. 아바드가 이짜본이 되었다. 물론, 타락 후의 생업도 여전히 아바드로 표현되지만, 타락 이후 생업은 아바드를 넘어 '저주', '수고', '땀', '가시덤불과 엉겅퀴' 등의 단어와 함께 고통스러운 일이 되었다.

넷째, 왕업이 고통스러운 일이 되면서 일과 안식이 분리되었다. 우리는 타락 전의 왕업이 하나님의 안식과 함께 시작되었음을 살펴보았다. 에덴동산에서 일은 안식과 분리되지 않은 하나였다. 그래서 에덴동산에는 안식 계명이 따로 존재하지 않았다. 이것은 에덴동산에서의 왕업은 따로 안식해야 할 정도로 고통스럽거나 수고롭지 않았음을 뜻한다. 그러나 타락 후, 일은 이제 고통스럽고 수고로운 일이 되었다. 아리스토텔레스의 말대로 쉬지 않으면 생업을 지속할 수 없다.[5] 안식과 일이 분리된 것이다. 일하는 인간에게 안식은 필수적인 것이 되었으며 더불어서 계명으로서의 안식도 필요하게 되었다.

다섯째, 일과 예배가 분리되었다. 타락 전의 왕업은 이중적 특징이 있었다고 말한 바 있다. 곧 아바드와 샤마르는 한편에서는 세속적인 노동을, 다른 한편으로는 영적 차원의 일(예배)을 가리켰다. 이는 일과 예배가 분리되지 않았음을 의미한다. 그러나 타락 후, 인간은 에덴동산에서처럼 더는 하나님과 동행하며, 하나님과 함께 일할 수 없게 되었다. 일에서 영적인 차원이 사라지고, 세속적인 노동만이 남게 되었다. 일과 예비는 분리되었고, 예배는 종교의 형태로 따로 존재하게 되었다. 이제 일은 순수하게 인간적이고 세속적인 활동이 되었다. 이것이 타락 이후의 생업이다.

왕업과 생업

본래의 일로서의 왕업은 타락 후에는 생업으로 축소되었다. 하지만 그렇다고 생업이 곧 죄악 된 일(죄업)인 것은 아니다. 왕업과 마찬가지로 생업도 하나님이 주신 일이다. 그런 점에서 생업도 소명으로 보는 것이 마땅하다. 소명이란 하나님의 주권적 의도다. 하나님이 타락한 인간에게 생업을 명하셨으니, 생업을 소명이라고 해야 할 것이다.

하나님은 죄지은 인간이라도 이 땅에서 죽지 않고 살기를 원하셨다. 그래서 아담과 이브가 반역 죄인이기는 하지만, 그들을 위해서 살길을 마련해 주셨다. 가죽옷이 대표적인 증거다. 또한 그들에게 땅을 갈아 먹고살 수 있는 길을 마련해 주셨다. 이렇게 해서 생긴 일이 바로 생업이다. 이런 점에서 생업은 저주이지만, 다른 한편으로는 은총이다. 나는 이 은총을 가리켜 보존 은총이라 한다.

생업은 하나님의 백성뿐 아니라 이 땅의 모든 인간에게 주어졌다는 점에서 일반 은총에 속한다. 하나님은 "그 해를 악인과 선인에게 비추시며 비를 의로운 자와 불의한 자에게 내려주심"(마 5:45)으로써 악하거나 선하거나 의롭거나 불의하거나 소출을 거두어 먹고살 수 있게 하신다. 하나님의 백성뿐 아니라 이방인에게도 생업을 주셨으나 그들이 그 사실을 모를 뿐이다. 그래서 알지 못하는 신들에게 제사를 드리는 아테네인들을 향하여 사도 바울이 "우리가 (잘 모르더라도) 그를 힘입어 살며 기동하며 존재하느니라"(행 17:28)라고 말한 것이다.

진 에드워드 비스(Gene Edward Veith)는 루터의 소명론을 빌려서 이에 관해 설명한 적이 있다. 모든 종류의 생업은 각자 먹고살기 위해서 하는 일이지만, 사실은 모두를 먹여 살리는 하나님의 대행자로서 그 일을 행한다는 것이다. 그런 점에서 모든 종류의 생업은 '하나님의 가면'이다.[6] 타락 전에 하나님은 인간에게 친히 먹거리를 주셨으나 타락 후에는 일을 통해서 먹거리를 서로 주고받게 하셨다. 이런 점에서 생업은 하나님의 일이다.

에덴동산에서의 왕업은 세속적인 일인 생업으로 축소되었다. 하지만 인간은 떡으로만 살 수 없는 존재다. 영적 생명을 위한 일이 여전히 필요하다. 그래서 하나님은 타락한 이후의 인간을 위해서 따로 왕업을 내려주셨다. 그러나 에덴동산에서의 왕업과는 형태가 다르다. 타락 이전의 왕업은 예배와 일에서 하나였으나 타락 후에는 분리되었다. 새로운 왕업은 종교의 옷을 입게 되었고, 이로써 에덴동산에서의 왕업은 생업과 종교로 나뉘었다. 하나님께 제사를 드리고, 찬양하고, 예배를 드리고, 토라를 연구하고, 실천하는 일이 변화된 왕업이다.

종교는 본래 하나님의 취향과 거리가 멀었다. 그러나 인간이 종교를 통해서 하나님을 더듬어 알 수 있다. 그래서 종교는 필요악이다. 초등 교사로서 율법이 필요했듯이(갈 3:24) 보조 교재로서 종교가 필요하게 되었다. 성막(성전), 제사, 사제, 안식일과 기념일, 3대 명절 등이 하나님이 허락하신 종교다. 종교 계급도 출현하게 되었다. 레위인, 사제, 나실인, 예언자 등 하나님의 일을 전담하는 종교 전문가 그룹이 등장했다. 이들은 하나님께 제사를 드리고, 경배와 찬양을 바치며, 성전 관리 업무를 수행하고, 토라를 교육하고, 하나님의 말씀을 대언하는 종교적인 일, 곧 왕업을 하게 되었다. 이것은 에덴동산에서는 찾아볼 수 없었던 일들이다. 이런 일들은 종교의 형태를 취한 왕업이었다.

그러나 기억할 것이 있다. 이스라엘에서는 종교와 생업이 여전히 완전히 분리될 수 없었다는 점이다. 이방 종교는 제사 중심이므로 종교가 생업과 분리된 채로 존재할 수 있었다. 그러나 이스라엘은 종교와 생업이 긴밀하게 연결되어 있었다. 이는 상인이 "거짓 저울"(암 8:5)로 속이지 않는 것이 참 예배라는 가르침에서도 나타난다. 또한 성도의 몸, 곧 전 존재를 "거룩한 산 제사로 드리라"(롬 12:1)는 바울의 가르침에서도 찾아볼 수 있다. 이것은 타락으로 말미암아 부득이 종교와 일상, 예배와 생업, 안식과 노동이 분리되었을지라도 궁극적으로 두 범주가 하나로 통합되는 것이 하나님의 뜻임을 드러낸다.

이스라엘의 토라가 통합적 삶이 구원의 길임을 지속적으로 상기시

컸다. 토라는 하나님을 경외하고(왕업), 부지런히 일(생업)해서 영육 간에 풍성한 삶을 사는 것이 이상적인 삶이라고 가르친다. 왕업과 생업의 통합이야말로 에덴동산에서의 본래의 일(原業)로 다가가는 구원의 길이다. 하나님은 사람으로 하여금 일상과 일터에서 하나님의 뜻대로 살고 일하게 하려고 이스라엘을 세우셨다. 하나님의 말씀대로 일하며 살 때, 하나님은 "성읍에서도 복을 받고 들에서도 복을 받을 것이며 네 몸의 소생과 네 토지의 소산과 네 짐승의 새끼와 우양의 새끼가 복을 받을 것이며 네 광주리와 떡반죽 그릇이 복을 받을 것"(신 28:3-5)이라고 약속하셨다.

죄업(Sinful Work)의 탄생

왕업과 생업에 이어 세 번째 일이 생겨났다. 바로 죄악된 일이다. 이것을 뭐라고 불러야 할까 고심했는데, 아무래도 죄업(罪業)이 나을 것 같다. 원래 죄업이란 용어는 통상 언젠가 보응을 받게 될 죄의 업보(카르마)라는 의미로 쓰이는 말이다. 그래서 '죄악된 일'이란 의미를 담는 말로는 적절하지 않은 듯했다. 그래서 죄업 대신 악업, 악행, 죄행 등을 쓸까도 생각해 봤지만, 그다지 마음에 들지 않았다. 아무래도 죄업이라고 하는 게 나을 듯하여 죄업이라고 하겠다. 이 책에서 죄업이라고 할 때, 그 말은 '죄악된 일'(sinful work)이라는 뜻으로 사용할 것이다.

왕업이 하나님의 명을 받아 창조 세계를 다스리는 일이라면, 생업은 생계유지를 목적으로 하는 일이고, 죄업은 하나님을 거슬러 행하는 죄악된 일이다.

뱀의 유혹

죄업의 기원은 인간이 선악과를 따 먹은 사건에서 비롯된다. 이에 대하여 창세기 3장 6절은 다음과 같이 기록하고 있다. "여자가 그 나무를 본즉 먹음직도 하고 보암직도 하고 지혜롭게 할 만큼 탐스럽기도 한 나무인지라 여자가 그 열매를 따먹고 자기와 함께 있는 남편에게도 주매 그도 먹은지라." 아담과 이브는 선악과를 따 먹기 전에 다른 과일나무의 열매를 따 먹는 일을 많이 했을 것이다. 그 일은 아무런 문제가 되지 않았다. 그런데 그들은 금단의 열매인 선악과나무의 열매를 따 먹는 일을 했다. 이것이 인류 최초의 죄업이다.

창세기 1장 28절과 2장 15절에는 왕업 소명이 등장한다. 여기서 중요한 것은 인간의 지위와 인간의 일이 모두 하나님께 의존한다는 사실이다. 인간의 존귀와 영광은 그가 "하나님의 형상"(창 1:27)인 데서 오며, 그의 왕업은 하나님의 위임으로부터 온다. 따라서 그가 에덴동산에서 하는 일은 자기 마음대로 하는 일이 아니라 하나님의 일을 반영하는 것이어야 한다. 이런 점에서 에덴동산에서의 왕업은 왕세자의 대리청정(代理聽政)과 닮았다. 인간은 왕세자로서 에덴동산에 왕의 통치가 임하도록 하여 하나님 나라를 실현하는 사명을 부여받았다. 그러므로 이때의 일은 하나님을 대신하는 대리청정으로서의 왕업이었다.

뱀은 바로 이 지점을 공략했다. 뱀은 인간에게 다가와 "너희 눈이 밝아져 하나님과 같이"(창 3:5) 되리라고 유혹했다. 그런데 사실 인간은 "하나님보다 조금 못하게 하시고 영화와 존귀로 관을"(시 8:5) 씌우신 존재였다. 이미 신에 버금가는 존재였던 것이다. 그런데 인간이 '네가 하나님처럼 되리라'라는 뱀의 유혹에 그토록 쉽게 넘어간 이유가 무엇일까? 뱀의 유혹에서 치명적인 지점은 자율성의 약속에 있다. 하나님이 금하신 열매는 "선악을 알게 하는 나무"(창 2:9)의 열매였다. 본래 선과 악은 하나님의 말씀을 통해서만 알 수 있었다. 그런데 뱀은 인간이 선악과를 따 먹기만 하면 선악을 스스로 판단할 수 있는 지혜와 권위를 저절로 얻게 되리라고 약속했다. 뱀의 약속은 하나님 없이 선악을 판단할 수 있는 자율성의 약속이었던 것이다.

'선악을 안다'는 것은 '재판'을 의미한다. 재판은 왕의 핵심 직무 중 하나다. 이는 "지혜로운 마음을 종에게 주사 주의 백성을 재판하여 선악을 분별하게 하옵소서"(왕상 3:9, 개역한글)라고 한 솔로몬의 기도를 통해 알 수 있다. 에덴동산에서 아담과 이브는 하나님의 뜻에 따라 왕으로서 재판(다스림)하는 위엄을 가지고 있었다. 그런데 뱀은 인간에게 '스스로' 재판할 수 있는 자율적 존재로서의 왕이 되는 길을 알려주었다. 그것은 인간이 하나님의 통치를 대리청정하는 것이 아니라 자신의 주관에 따라 스스로 판단하고 통치하는 길이었다. 인간은 하나님으로부터 독립하여 스스로 왕의 자리에 올랐다. 여기서부터 죄업이 시작되었다.

뱀이 유혹해 왔을 때, 아담과 이브는 뱀을 정복하고(카바쉬), 다스려야(라다) 했다. 그러나 아담과 이브는 그렇게 하지 않았다. 결국, 그들이 왕업에 실패하자 하나님의 말씀이 아닌 자신의 발아래 있던 뱀의 말을 따르게 되었다. 그리고 뱀이 그들을 정복하고(카바쉬) 다스리게(라다) 되었다. 죄업은 왕업 수행의 실패로 얻게 된 일이다. 인간은 하나님의 명령을 따르는 대신 제멋대로 자신의 영광과 탐욕을 위해서 일하기 시작했다. 이것이 죄업의 기원이다.

타락과 가죽옷

타락한 인간은 하나님을 피했다. 조금 전까지 그들은 하나님과 함께 동산을 거닐었고, 하나님의 얼굴을 보며 왕업을 수행했다. 그런데 이제 아담과 이브는 하나님의 얼굴을 피한다. "아담아, 아담아" 하고 간절히 부르시는 하나님의 목소리를 듣고 동산 나무 사이로 몸을 숨겼다. 하나님과 인간의 관계는 깨졌고, 인간과 인간, 인간과 자연의 관계도 연달아 깨졌다. 죄업의 결과는 파괴적이며 연쇄적이었다. 하나님의 통치로서의 왕업은 조화와 화목의 열매를 맺었지만, 죄업의 열매는 소외와 분열이었다.

하나님이 이브에게 내리신 저주의 말씀은 죄업의 파괴적인 결과를 잘 보여 준다. "네가 남편을 지배하려고 해도 남편이 너를 다스릴 것이다"(창 3:16, 새번역). 본래 남자나 여자나 모두 "하나님의 형상대로"(창 1:27) 지어졌다. 그러나 이제 이들은 서로를 지배하려고 투쟁한다. 또 본래 왕업은 모두가 왕으로서 땅과 만물을 다스리는 일이었다. 이에 달리 죄업은 땅과 만물이 아니라 인간이 인간을 지배하는 일이다. 즉 죄업은 왕업의 뒤집기다. 모두가 왕인 시대는 끝났다. 왕은 오직 한 명, 곧 가장 힘센 자만이 왕이 된다. 인간이 인간을 지배하는 시대가 열렸다.

그런데 선악과를 따 먹은 뒤, 인간이 옷을 만들어 입은 일을 어떻게 볼 것인가? 옷을 만들어 입었다는 것은 무슨 뜻일까? 왕의 지위를 더이상 유지할 수 없음을 깨달은 것이다. 마르둑이나 바알은 신들의 최고신 자리에 오를 때 왕관, 왕복, 왕의 홀, 운명의 토판, 보좌, 신전 등을 수여받았다. 그러나 인간은 에덴동산의 왕으로서 임명되었을 때 아무 옷도 입지 않았다. 그들은 벌거벗었지만, 부끄럽지 않았다. 하나님이 부여해 주신 왕적 존엄과 위엄을 입었기에 굳이 손으로 만든 옷을 입을 필요가 없었던 것이다. 하지만 타락 이후 수치심에 사로잡힌 아담과 이브는 "무화과나무 잎을 엮어 치마로"(창 3:7) 삼아야 했다. 치마는 하나님이 입혀 주셨던 왕적 권위와 존엄의 대체물이었다. 이런 점에서 옷은 타락 질서에 속한다.

그럼에도 불구하고 하나님은 타락 후 옷 없이 살 수 없게 된 인간이 살아갈 수 있도록 타락 질서에 속하는 옷이라도 허용하셨다. 이로써 옷은 보존 은총에 속한다. 보존 은총에 속한다는 점에서 옷은 생업과 비슷한 성격을 갖는다. 그런데 하나님은 친히 동물을 죽여서 그 가죽으로 만든 옷을 입혀 주셨다. 이때 가죽옷은 보존 은총의 차원을 넘어서 구원 은총에 속하게 된다. 하나님은 가죽옷을 지어 주심으로써 타락한 인간과 세상을 끝내 구원하리라는 약속을 내려 주셨다.

가인의 죄업

창세기 4장부터는 죄업과 그것의 파괴적인 결과들이 급속도로 퍼져 가는 모습을 보여 준다. 가인부터 살펴보자.

가인의 농사

일단 그가 "농사하는 자"(창 4:2)였다는 구절이 눈에 띈다. 한마디로 그는 밭을 갈아(아바드) 먹고사는 자였다. 그런데 가인의 농사일을 죄업이라고 할 수 있을까? 그럴 수 없다. 에덴동산에서 아담과 이브도 농사꾼이었기 때문이다. 또한 인간이 받은 저주에도 불구하고, 농사일은 하나님이 허락하신 생업이다.

그런데 왜 하나님은 가인이 바친 제물은 받지 않으셨을까(창 4:5)? 이에 대한 무수한 해석이 존재한다. 그중 히브리서 기자의 해석은 "믿음으로 아벨은 가인보다 더 나은 제사를 하나님께 드림으로 의로운 자라 하시는 증거를"(히 11:4) 얻었다는 것이다. 이 말씀을 근거로 똑같은 생업일지라도 그 일을 '믿음'으로 하느냐 안 하느냐에 따라서 하나님께 열납되느냐 안 되느냐가 결정된다는 사실을 알 수 있다.

생업을 믿음으로 할 수도 있고, 믿음 없이 할 수도 있다. 믿음으로 생업을 하면 왕업이 회복되지만, 믿음 없이 생업을 하면, 그냥 생업으로 남는다. 그러나 잘못된 믿음으로 일하면 생업은 죄업이 된다. 따라서 일하는 동기와 목적이 중요하다. 가령 가나안 원주민들이 바알 신앙을 근거로 가나안 땅에서 농사를 지을 때, 그들의 생업은 죄업으로 물들었다. 반면에 이스라엘 백성이 가나안 땅에 들어가 하나님을 의지하며 농사를 지으면 그들의 생업은 왕업으로 승화될 수 있다.

아벨은 믿음으로 그의 일을 함으로써 자기 일을 왕업이 되게 했을 것이다. 하지만 아마도 가인은 믿음과 무관하게 자기 생업을 했거나 아니면 죄악 된 동기로 일했을 것이다. 이는 하나님이 그의 제물을 받지 않으시자 그가 "몹시 분하여 안색이"(창 4:5) 변한 것을 통해 짐작할 수 있다. 그가 하나님이 형인 자신의 제물을 당연히 열납하실 것으로 굳게 확신하고 있었음을 암시한다. 그는 오만에 사로잡혀 있었다. 분명 이것이 하나님이 그의 제물을 열납하지 않으신 이유였으리라. 그리고 결국, 그 오만과 시기심이 살인이라는 죄업을 저지르게 했다.

도시 건설

가인은 동생을 죽인 후 "에덴 동쪽 놋 땅"(창 4:16)으로 쫓겨났다. 그곳에서 그는 성을 쌓았다. 목축업을 하는 셋과 그의 후예는 성을 쌓지 않지만, 농업을 하는 가인과 그의 후예는 성을 쌓는다. 이후 가인과 그의 후손들을 통해서 문화와 문명의 빠른 발전이 이루어졌다.

그런데 성경의 이 본문이 독자를 당황스럽게 한다. 가인과 그의 후손들이 이룬 눈부신 문명과 문화의 발전을 어떻게 평가해야 할까? 적지 않은 이들은 이 본문을 가인과 그의 자손들이 창세기 1장 28절의 창조 명령을 수행한 것으로 긍정적으로 평가한다.[7] 하지만 그러한 문명 발전이 유독 가인의 자손을 통해서만 이루어진다는 점, 그리고 가인의 에녹성이 니므롯의 레센성으로, 종국에는 바벨탑으로 이어진다는 점,[8] 그러한 발전이 교만을 암시한다는 점에서 그러한 해석에 의문을 제기할 수 있다.

나는 자끄 엘륄의 해석이 좀 더 개연적이라고 본다. 그는 가인의 도시 건설을 불신앙의 행위로 해석한다. 우리 삶에 대한 보호는 하나님께부터 온다. "여호와께서 성을 지키지 아니하시면 파수꾼의 깨어 있음이 헛되도다"(시 127:1). 하나님은 살인한 가인을 지켜 주겠다는 약속의 징표를 주셨다(창 4:15). 그러나 가인은 하나님의 약속을 믿기보다는 자신과 가족을 보호해 줄 성을 스스로 쌓기로 한 것이다. 그는 보호가 하나님이 아닌 성으로부터 온다고 믿었다.[9] 《삼국지》에서 동탁이 쌓은 만세오(萬歲塢)라는 성채는 높이와 두께가 21m였다. 성안에는 30년간 먹을 수 있는 식량을 저장해 두었다고 한다. 이처럼 도시는 자기충족적 공간으로서 하나님에 대한 독립을 선언하는 성격을 갖는다. 도시는 인간 스스로 영속적 삶을 가능하게 하려는 의지의 구현으로서 죄업이라 하지 않을 수 없다.

가인이 그 성의 이름을 "에녹"(창 4:17)으로 명명한 것이 더욱 의미심장하다. 가인은 자신이 쌓은 성이 '자기 형상'을 닮은 '자기 아들'과 닮았다고 본 것이다. 즉 자신이 쌓은 성에서 '자신의 형상'을 본 셈이다. 여기서 우리는 가인의 나르시시즘(narcissism)을 볼 수 있다. 이로써 그가 도시 건설을 통해서 불후의 명성을 추구했음을 짐작할 수 있다. 불후의 명성을 추구하는 것은 죄업의 중요한 동기다.

아브라함 요수아 헤셸의 '공간'과 '시간'의 도식으로 해석해 볼 수도 있다. 공간은 사물을 만들고, 변형하고, 조작하는 영역이다. 반면에 시간은 오로지 하나님께 속한 영역으로서 인간이 조작할 수 없다.[10]

가인의 자손은 공간의 영역에서만 머물고, 셋의 자손은 주로 시간의 영역에서 머문다고 해석해 볼 수 있다. 실제로 셋의 족보는 문화와 문명의 발명(공간) 대신 그들의 연대(시간)를 기록하고 있다.

그러나 축성, 곧 도시 건설이 생명의 유지와 보전을 위해서 필요한 일이라는 점에서 이 일은 생업이라 할 수 있다. 여기서 우리는 도시 건설이 옷과 비슷한 속성을 갖는다는 사실을 알 수 있다. 옷은 타락의 결과물이다. 그런데 하나님은 옷을 인간의 삶의 유지를 위한 생업의 수단으로 인정해 주셨다. 도시 건설도 마찬가지다. 그것은 하나님에 대한 독립 추구의 산물이요, 인간의 자기 고취의 수단이다. 그러나 하나님은 도시가 인간 삶에서 필요하다는 사실을 인정해 주신다. 그리하여 도시 건설은 하나님의 보존 은총 아래, 곧 하나님의 인내와 허용 아래에서 생업이 된다.

가인의 후예들의 죄업

가인의 자손들은 모두 위대한 문명의 건설자들이었다. 가인은 최초의 도시 건설자였고(창 4:17), 야발은 목축업의 조상이 되었으며(창 4:20), 유발은 음악의 조상이 되었고(창 4:21), 두발가인은 기술자의 조상이 되었다(창 4:22). 그런데 가인의 족보를 따라가다 보면 라멕으로 이어진다. 이 족보는 나중에 니므롯의 도시 건설과 바벨탑 건설에 이르기까지 이어지는데, 이러한 흐름에서 가인의 후손들은 가인처럼 자신들의 업적을 통해서 불후의 명성을 추구한 것을 짐작할 수 있다.

특히 가인의 족보가 라멕에게서 끝난다는 사실에서 그것을 알 수 있다. 라멕은 가인 이상으로 명성을 추구했던 사람이다. "가인을 위하여는 벌이 칠 배일진대 라멕을 위하여는 벌이 칠십칠 배이리로다"(창 4:24)라는 가인의 말은 조상의 명성을 추월하고자 하는 강력한 의지의 표현이다. 이러한 가인의 족보 콘텍스트(context)에서 우리는 가인과 라멕 사이의 인물들, 곧 야발, 유발, 두발가인도 명성을 추구한 자들로 볼 수 있다. 불후의 명성과 인간적 영광을 추구하고자 하는 죄악 된 동기로 인해 문화와 문명이 개발되었던 것이다. 이것은 죄업의 주요 동기다.

그러나 여기서 다시 한번 하나님의 보존 은총을 기억해야 한다. 옷의 허용은 인간의 삶을 지키고 보호해 주시고자 하는 하나님의 보존 은총의 산물이다. 하나님은 옷을 승인해 주셨듯이 도시를 비롯한 문화적, 문명적 성취물들도 용납해 주셨다. 하나님은 인간에게 그러한 것들이 필요하다는 사실을 인정해 주심으로써 그러한 일들이 하나님의 보존 은총 아래 생업에 포함될 수 있었다. 비록 죄악 된 동기로 만들어진 문화적, 문명적 성취라 할지라도 인간 삶을 풍요롭게 하고, 윤택하게 하는 데 봉사할 수 있다는 점에서 유익한 것이 된다. 그러므로 옷이나 도시 같은 문화적, 문명적 성취는 이중성을 갖는다. 그것들은 근원적으로 타락 질서에 속하지만, 하나님의 보존 은총으로 생업의 범주에 포함된다.

바벨탑 건설

땅에는 죄업의 결과물들이 넘쳐났다. 홍수 심판은 이 땅에 생산된 죄업의 결과물을 쓸어 버렸다. 하지만 홍수는 그것들을 잠시 쓸어 버릴 수는 있어도 인간 마음속의 악까지는 청소할 수 없었다. 하나님은 후회하셨다. 그리고 지상에서의 인간 삶을 보존해 주기로 약속하셨다. "땅이 있을 동안에는 심음과 거둠과 추위와 더위와 여름과 겨울과 낮과 밤이 쉬지 아니하리라"(창 8:22). 이에 대해 베드로는 이렇게 말한다. "하늘과 땅은 그 동일한 말씀으로 불사르기 위하여 보호하신 바 되어 경건하지 아니한 사람들의 심판과 멸망의 날까지 보존하여 두신 것이니라"(벧후 3:7). 하나님의 보존 은총 아래 땅은 지속되고, 삶은 유지된다.

그런데 인간은 하나님의 보존 은총을 범죄의 기회로 삼는다. 정복과 제국의 건설 기획이 함의 자손을 통해 이어진다. 그중 니므롯은 첫 번째 영웅으로서 정복과 제국 건설에 열중한 인물이었다. 그가 건설한 도시는 "레센"(창 10:12)이라는 대도시였다. 니므롯의 후예는 마침내 바벨탑 건설을 기획하기에 이르게 된다. 에녹성이 레센성으로, 레센성이 마침내 비벨탑으로 진화했다.

창세기 11장의 바벨탑 이야기는 죄업의 종말론적 특성을 잘 보여준다. 이 이야기 속에서 죄업의 모든 잠재적 가능성은 완성태로 드러나게 된다. 우리는 바벨탑에서 가인의 에녹성, 가인의 후예들의 온갖 문화적, 문명적 성취와 니므롯의 레센성이 응축되어 있는 것을 보게된다. 바벨탑 건설은 죄업의 끝판왕이다.

바벨탑 건설 기획에서 하나의 강력한 죄악 된 의지의 출현을 보게된다. "자, 성읍과 탑을 건설하여 그 탑 꼭대기를 하늘에 닿게 하여 우리 이름을 내고 온 지면에 흩어짐을 면하자"(창 11:4). 이야기는 특히 탑에 집중한다. 왜 탑인가? 첫째, "그 탑 꼭대기를 하늘에 닿게 하여"에서 탑 건설의 이유를 알 수 있다. 탑은 하늘에 닿게 하는 수단이다. 인간은 탑을 쌓아 하늘에 오르고자 한다. 아마도 그 탑을 쌓고 나서는 바벨론 왕처럼 "내가 하늘에 올라 하나님의 뭇별 위에 내 자리를 높이리라 내가 북극 집회의 산 위에 앉으리라"(사 14:13) 하고 생각했을 것이다. "북극 집회의 산"은 신들의 회합 장소로 그리스인들에게는 올림푸스산(Mount Olympus)이요 가나안인들에게는 북방의 자폰산(Mount Zaphon)이었다. 바벨탑 건설자들은 탑을 하늘에 닿게 하여 북극 집회의 산 위에 올라 신들 중 하나가 되고자 했다.

두 번째로 탑을 건설한 이유를 "우리 이름을 내고"라는 말에서 찾아볼 수 있다. 우리는 이 말을 통해서 탑이 불후의 명성을 쌓는 수단임을 알 수 있다. 가장 높은 탑, 가장 높은 건물을 건설하고자 하는 열망은 모든 제왕의 꿈이자 건축가들의 꿈이다. 왜냐하면 가장 높은 탑이나 건축을 세운다는 것은 곧 불후의 명성을 드러낼 수 있는 수단이기 때문이다.

세 번째 죄악 된 동기는 "온 지면에 흩어짐을 면하자"라는 말에서 찾을 수 있다. 이것은 하나님이 아담에게 하셨던 명령, "땅에 충만하라"(창 1:28)를 정확히 뒤집는 것이다. 땅에 충만해지는 대신에 흩어지지 않고, 모여 있고자 했다. 왜 그랬을까? 바벨탑 건설 재료가 벽돌인 것이 의미심장하다. 이는 규격화된 재료로서 설계부터 시공에 이르기까지 모든 작업의 연결과 협력이 가능함을 뜻한다. 당시 언어는 하나였다(창 11:5). 즉 바벨탑 건설의 핵심은 전 지구적인 협력이었던 것이다. 지금 시날 땅에 모인 인간 집단은 전 세계를 하나의 체계로 포섭하는 인간적이고 관료적 거대한 제국의 건설을 기획하고 있는 것이다. 이는 하나님 나라에 대한 일종의 모방품을 만들고자 하는 시도였다.

넷째, 탑은 우상 숭배의 진원지가 될 것이 뻔했다. 만일 탑이 세워졌다면, 사람들은 탑이 우주의 중심(axis mundi)이라고 믿었을 것이다. 스톤헨지(Stonehenge) 유적이 보여 주듯이 언제나 인간은 하나님이 창조하신 모든 세계 중에서 아무 곳에나 점을 찍은 뒤, 그 점을 우주의 배꼽(omphalos)이라고 주장하며, 신들의 세계로 들어갈 수 있는 현관이라고 믿곤 했다. 바벨탑이 건설되었다면, 분명 사람들은 느부갓네살이 두라 평지에 세운 높이 육십 규빗, 너비 여섯 규빗짜리 금신상처럼 그 탑을 신의 형상으로 숭배했을 것이다(단 3:1).

결국 바벨탑 건설은 인간적 성취를 통해서 인간에게 영광을 돌리는 죄악 된 일임을 잘 보여 준다. 이것은 하나님을 향한 반역의 의지요 반(anti) 하나님 나라의 건설에 대한 추구다. 그런 점에서 바벨탑 건설은 죄업의 종말적 특징을 잘 보여 준다. 그리고 이것은 옷, 도시 건설 등 문화적, 문명적 성취가 비록 하나님의 보존 은총 아래 인간 삶을 유지시켜 주는 수단으로 인정되지만, 그 본성적 속성이 반역적임을 잘 보여 준다. 나아가 이집트의 비돔성과 라암셋성의 건축(출 1:11), 느부갓네살이 세운 금신상(단 3:1-2), 로마 제국의 강력한 시장 통제(계 13:17), 사람들의 영혼까지 사고파는 음녀 바벨론의 거래 목록들(계 18:12-13), 역사 속에 출현했던 수많은 제국, 현대 자본주의 시스템 등도 그 본성은 동일하다.

이것들은 하나님의 보존 은총 아래에서 인간 삶의 유지를 위해서 필요한 것으로 인정되고, 생업을 가능하게 하는 수단으로 기능할 수 있다. 그러나 그것들의 본질은 하나님을 배제하고, 인간들의 독립을 선언하는 반역의 의지, 스스로 하나님의 자리에 오를 수 있다고 주장하는 오만과 만용, 사람의 이름을 드러내고 인간적 영광을 취하고자 하는 허영심, 서로기 서로를 지배하고자 하는 지배욕, 인간들을 부속품 취급하는 비인간적 관료제 등을 특징짓는 죄업인 것이다. 하나님의 보존 은총 아래에서 허용되었던 그 모든 문화적, 문명적 성취는 하나님의 인내가 끝나는 날 결국 무너지고 말 것이다.

◆ 정리 ◆

• 인간이 타락하기 전 본래 일이란 왕업, 즉 하나님의 일이었다.

• 그러나 아담과 이브의 선악과 사건으로 인해 부지런히 일해야 하는 생업이 생겨났다.

• 생업은 타락의 결과로 생겨났으나 그 자체로 죄악된 일은 아니다. 하나님이 타락한 인생이라도 삶을 보존할 수 있도록(보존은총) 인간에게 제공하신 일이 바로 생업이다.

• 그러나 인간의 죄성과 욕망은 죄업, 즉 죄악된 일을 만들어 냈다.

6

일의 운명:
죄업, 생업, 왕업

◆ 　　　　　　　　　나는 어렸을 때 천국에 가면 일을 안 하고, 매일 맛있는 것이나 먹으며, 하프를 켜거나 찬양만 하게 될 것이라고 배웠다. 그런데 정말로 천국에 가면 일이 없어지는 것일까?

이번 장에서는 일의 운명에 관해 살펴보도록 하겠다.

죄업의 운명

우선 세 번째 일의 운명부터 살펴보자. 세 번째 일, 곧 죄업은 어떤 운명을 맞을까? 복음의 놀라운 약속 중 하나는 바로 이 땅에서 모든 죄업이 사라지게 된다는 것이며, 아울러서 죄업이 초래한 결과들도 치유되고, 회복된다는 것이다.

죄업의 종말

　　　　　　　　베드로후서 2장 7절에서 베드로는 롯에 대

해서 묘사하기를, "무법한 자들의 음란한 행실로 말미암아 고통 당하는 의로운 롯"이라고 했다. 이것은 롯의 이야기이면서 동시에 이 땅을 살아가는 크리스천의 실존이기도 하다. 무법한 자들의 음란한 행실이 크리스천의 양심을 끊임없이 고통스럽게 한다. 성령이 이 세상의 악에 대해서 날카롭게 책망하시기 때문에(요 16:8) 크리스천은 매일 같이 눈앞에서 펼쳐지는 부정의와 불공평에 분노하지 않을 수 없다. 그뿐만 아니라 크리스천 자신도 세상 속에서 그러한 악에 직간접적으로 연루되는 것을 피할 수 없다. 이것이 크리스천의 양심을 더욱 괴롭게 한다.

복음은 역사의 끝에서 그리스도의 강림과 더불어서 하나님이 만물을 새롭게 하신다고 약속한다. 요한계시록에서 하나님은 이렇게 선포하신다. "보라 내가 만물을 새롭게 하노라"(계 21:5). 베드로는 이때를 "하나님이 … 만물을 회복하실 때"(행 3:21)라고 말했다. 또 예수님께서는 이때에 대해 말씀하시기를 "세상이 새롭게 되어 인자가 자기 영광의 보좌에 앉을 때"(마 19:28)라고 하셨다. 세상은 새롭게 될 것이다. 그때가 오면 인간의 죄와 악은 심판받고, 이 땅에서 제거될 것이다. 마치 외과 의사가 날카로운 메스로 암세포를 도려내듯이 말이다.

요한은 새로워진 세상을 "새 예루살렘"(계 3:12)으로 부르면서 "무엇이든지 속된 것이나 가증한 일 또는 거짓말하는 자는 결코 그리로 들어가지 못하되 오직 어린 양의 생명책에 기록된 자들만 들어가리라"(계 21:27)라고 말했다. 또 "개들과 점술가들과 음행하는 자들과 살인자들과 우상 숭배자들과 및 거짓말을 좋아하며 지어내는 자는 다 성 밖에 있으리라"(계 22:15)라고 했다. 모든 악과 악행, 죄와 죄업은 완성된 하나님 나라에서 완전히 제거될 것이다.

세상이 새로워질 때, 통상 지옥으로 번역되는 히브리어 게헨나(Ge-henna)는 중요한 역할을 한다. 게헨나는 바로 그렇게 제거된 악과 죄업을 처넣을 쓰레기통이기 때문이다.[1] 이와 관련하여 요한은 죄악을 행하는 자들에 대해서 "누구든지 생명책에 기록되지 못한 자는 불못에 던져지더라"(계 20:15)라고 했다. 또 예수님은 마지막 심판 때 왼편 염소에 대해서 "마귀와 그 사자들을 위하여 예비된 영원한 불에 들어가라"(마 25:41)라고 말씀하셨다. 마귀와 그의 종들을 위하여 예비된 영영한 불이 바로 게헨나다. 언젠가 공중 권세 잡은 자와 그 추종자들은 이 세상에서 게헨나로 쫓겨날 것이다. 그때 이 땅에서 죄업에 참여한 사람들도 그들의 수장과 함께 분리수거될 것이다. 악과 죄가 심판을 받고, 마귀, 귀신들, 그 추종자들이 게헨나로 쓸려나갈 때, 이 땅은 새롭게 될 것이다. 그리하여 장차 이 땅은 죄업이 사라진 하나님 나라가 될 것이다.

음녀 바벨론의 종말

우리는 가인이 도시를 건설하고, 그의 후예들이 다양한 종류의 문화적, 문명적 업적을 이룩한 것을 보았다. 그리고 그러한 시도들이 바벨탑 건설로 응축되어 나타나는 것도 살펴보았다. 나는 이를 죄업의 탄생으로 설명한 바 있다. 또 이러한 죄업이라도 하나님의 주권과 은총으로 그것들이 인간 삶을 유지하고, 풍요롭게 하는 데 사용될 여지가 있음에 대해서도 살펴본 바 있다. 그러나 완성된 하나님 나라에서는 그 모든 죄업이 남김없이 제거될 것이다.

이는 요한계시록 18장 음녀 바벨론의 붕괴에 대한 약속을 통해서 알 수 있다. 음녀 바벨론은 니므롯의 제국의 상징이었던 바벨탑을 강력하게 연상시킨다. 음녀 바벨론은 자주빛과 붉은 색 옷을 입었다. 이는 그녀가 고귀한 왕적 지위를 가졌음을 뜻한다. 요한은 그 여자가 땅의 왕들을 다스리는 큰 성이라고 보고한다(계 17:18). 이 점에서 바벨론은 왕적 권세를 가진 존재다. 그러나 음녀 바벨론은 국가라기보다는 국가 권세 및 정치권력과 결탁한 경제적, 문화적 존재인 듯하다.

음녀 바벨론은 금잔을 들었다고 하는데, 이는 로마 시대를 배경으로 생각할 때 그녀가 질펀한 연회를 수시로 즐기는 것으로 이해할 수 있다. 그녀가 든 금잔에는 가증한 물건과 음행의 더러운 것이 가득하다고 한다(계 17:4-5). 이는 바벨론 도성에서 벌어지는 연회가 얼마나 음란하고, 우상 숭배적이며, 반역적인지를 보여 준다. 이러한 음녀가 그리스도의 정결한 신부와 대조되는 것은 곧 세상과 교회의 대조성을 암시한다. 즉 그리스도의 신부로서의 교회를 늘 유혹에 빠뜨리고, 음행과 우상 숭배로 미혹하는 세속적이고 쾌락주의적 문화가 바로 음녀 바벨론이다.

또한 큰 성 바벨론은 귀신의 처소요, 각종 더러운 영과 더럽고 가증한 새들이 모이는 곳이라고 했다(계 18:1). 이는 바벨론이라는 도시가 매우 종교적인 장소임을 드러낸다. 이 도시는 부와 권력뿐 아니라 주술사들과 무당들이 굿하고, 점치고, 온갖 종류의 우상 숭배가 이루어지는 곳임을 뜻하는 듯하다. 그중에는 분명 맘몬(Mammon) 숭배도 있었을 것이다.

또한 "상인들도 (음녀 바벨론을 상대로) 그 사치의 세력으로 치부"(계 18:3)했다고 한다. 그러니까 음녀 바벨론은 정치권력뿐 아니라 경제권력과도 결탁한 존재다. 또한 그녀 자신이 각종 금, 은, 보석, 진주 등으로 장식했는데, 이는 화려한 장신구로 자기 부를 과시한다는 뜻이다. 곧 바벨론은 무역의 중심지로서, 글로벌 경제를 이끌며 수많은 상품을 온 세상에 유통하는 주체다. 글로벌 무역센터인 바벨론을 중심으로 세계 경제가 바쁘게 돌아간다.

온갖 종류의 상품들이 바벨론을 거점으로 교역되고 있는데, 그 상품들의 목록은 금, 은, 보석, 진주, 세마포, 자주 옷감, 비단, 붉은 옷감, 각종 향목, 각종 상아 그릇, 값진 나무, 구리, 철, 대리석으로 만든 각종 그릇, 계피, 향료, 향, 향유, 유향, 포도주, 감람유, 고운 밀가루, 밀, 소, 양, 말, 수레, 종들, 사람의 영혼 등이다(계 18:12-13). 이들 목록은 첫째, 각종 귀금속, 둘째, 사치스러운 다양한 옷감, 셋째. 화려한 그릇들, 넷째. 향신료들, 다섯째. 음료와 음식들, 여섯째. 동물들을 온 세계에 유통했다. 대부분의 상품은 의식주와 관련된 상품들이다. 그리고 이러한 상품들은 인간의 삶을 위해서 필요한 것들이다. 그렇게 본다면 음녀 바벨론을 중심으로 이루어졌던 거대한 무역 시스템은 죄업인 동시에 생업의 성격도 지닌다는 사실을 알 수 있다.

앞에서 이 세상에서 일이 생업의 차원과 죄업의 차원이 뒤섞여 있다는 사실에 대해서 살펴본 바 있다. 위의 상품 목록은 이 세상에서의 일이 갖는 그러한 이중성을 잘 보여 준다. 세상에서 이루어지는 많은 일들은 죄업과 생업이 뒤섞여 있다.

바벨론성의 상품의 교역을 죄업이라고 하는 이유는 무엇인가? 우선 그것은 사치와 향락을 조장한다. 이것은 생의 유지를 목적으로 하기보다는 "자기를 영화롭게"(계 18:7) 하려는 목적으로 수행한 교역이었다. 즉 음녀 바벨론은 그러한 나르시시즘적 문화였으며, 인간 중심적인 문명이며, 인간의 영광과 명성을 추구하는 교만의 문명이었다. 둘째, 그러한 교역은 사람이 오직 떡으로만 살 수 있는 것처럼 물질주의적 가치관을 전제로 하고 있다. 셋째, 그러한 교역은 하나님이 허락하신 부를 나누지 않고, 무한정 치부하는 데만 급급했다. 그리하여 극단적 부의 양극화를 초래했다. 넷째, 그러한 교역은 복술 등 우상 숭배와 관련이 있다(계 18:23). 다섯째, 무엇보다도 이러한 교역은 극소수의 부자들을 위한 잔인하고 비인간적인 교역이었음이 분명하다. 우리는 이것을 교역품 목록의 마지막에 종들과 사람의 영혼들이 포함되어 있는 것을 보고 알 수 있다. '사람의 영혼들'은 앞의 '종들'이라는 목록 뒤에 나온다는 점을 고려할 때, 자유인의 영혼을 가리킨다고 봐야 할 것이다. 노예는 물론이고 자유인의 영혼까지 무역에 포함된다는 것은 이러한 교역 행위의 광범위한 소외 및 비인간성을 보여 준다(계 18:13).[2] 바로 이 때문에 음녀 바벨론의 교역 행위는 죄업이 되는 것이다.

그런데 이 음녀 바벨론성에 하나님의 심판이 임하게 될 것이다. 요한은 역사의 끝에 일곱 번째 대접을 가진 천사가 대접을 공중에 쏟음으로써 음녀 바벨론이 무너질 것이라고 예고한다. 음녀 바벨론은 불에 타서 재가 될 것이다. 그리하여 "무너졌도다 무너졌도다 큰 성 바벨론이여"(계 18:2)라는 통곡 소리가 천지를 뒤흔들 것이다. 하나님이 바벨론성이 행한 불의한 일(아디케나), 곧 죄업에 대해서 심판하실 것이다(계 18:5).

요한계시록 18장 22~23절을 보면, 음녀 바벨론의 몰락과 함께 거문고 타는 일, 풍류하는 일, 퉁소 부는 일, 나팔 부는 일도 종식될 것이며, 각종 금은보석 세공업도 사라지게 될 것이고, 곡식을 맷돌로 갈아 밥을 지어 먹는 일도 그치게 될 것이다. 모든 건물마다 더는 불빛이 새어 나오지 못하게 될 것이고, 시집 장가가는 일도 그치게 될 것이다. 그런데 사실 이 모든 일들은 생업의 표현들이다. 하나님의 인내심이 다 하시자 음녀 바벨론은 심판을 받게 되고, 그 성안에서 더는 생업조차 이루어질 수 없게 될 것이다. 하나님이 보존 은총을 거두시면, 생업도 불가능해진다. 이것은 슬픈 재앙의 소식이다. 그러나 동시에 이 소식은 죄업이 사라지고 온 세상이 회복되리라는 복된 약속이기도 하다.

국가의 종말

우리는 창세기의 원역사를 통해서 가인이 에녹성을 쌓은 이후, 니므롯이 레센성을 건설하고, 마침내 시날땅에 바벨탑이 세워지는 모습을 본 바 있다. 이 일련의 죄업으로 말미암아 도시의 건설과 국가 및 제국의 건설이 이루어졌다. 우리는 앞에서 왕정과 국가 제도가 창조 질서가 아니라 타락 질서에 속한다고 말한 바 있다. 비록 하나님이 세상 나라들을 당신의 종으로 삼으셔서 무질서의 범람을 막고, 이 땅의 사람들의 삶을 보호하는 사명을 부여하셨으나 제도로서의 왕정과 국가는 본래 창조 질서가 아니라 타락 질서에 속한다. 따라서 역사의 끝에서 세상이 회복되고, 하나님 나라가 완성되기 위해서는 이러한 왕정과 국가 제도가 심판받는 것은 마땅하다.

이러한 세상 나라의 종말은 다니엘서 2장에 나오는 느부갓네살의 꿈을 통해 볼 수 있다. 그의 꿈에는 금으로 된 머리, 은으로 된 가슴과 두 팔, 동으로 된 넓적다리, 철로 된 종아리, 철과 진흙으로 된 발을 한 거대한 신상이 등장한다. 금, 은, 동, 철은 각각 국가와 왕들을 상징한다. 각 국가는 바벨론, 페르시아, 마케도니아, 그리고 아마도 로마에 대응하는 것으로 보이는데, 사실 이들 네 국가는 역사상 존재하는 모든 국가의 연대기를 상징한다. 모든 국가는 다른 국가를 무너뜨림으로써 세워진다. 이는 국가의 수명이 유한하며, 신생 국가는 기존 국가에 반역함으로 수립되며, 하여 국가의 본질은 폭력임을 보여 준다. 금, 은, 동, 철의 나라들은 서로 대립한다. 하지만 환상 속에서 개별 국가들이 하나의 신상을 형성한다는 점에서 모든 국가는 본질상 하나임을 알 수 있다.

그런데 이 꿈의 마지막에는 어디선가 손대지 아니한 뜨인 돌(단 2:34)이 날아와 그 신상을 박살 내는 장면이 나온다. "그때에 쇠와 진흙과 놋과 은과 금이 다 부서져 여름 타작마당의 겨 같이 되어 바람에 불려 간 곳이 없었고"(단 2:35). 이 말씀은 결국 지상의 왕정과 국가 제도가 끝내 완전히 사라질 것임을 예고한다. 여기서 "손대지 아니한 돌"은 하나님의 나라를 상징한다. "우상을 친 돌은 태산을 이루어 온 세계에 가득하였나이다"(단 2:35). 결국, 하나님 나라만 서고 다른 모든 나라는 다 망할 것이다. 그러나 하나님 나라는 영원히 망하지 않고, 영영히 설 것이다(단 2:44).

예수 그리스도께서는 세상 나라와 하나님 나라의 통치 질서를 대조하여 보여 주셨다. 세상 나라의 왕들은 자기 백성을 임의로 주관하고, 고관들은 아랫사람들에게 제멋대로 권세를 부린다(마 20:25). 그러나 하나님 나라에서는 왕이 백성을 섬기고, 고관들이 아랫사람의 종이 된다(마 20:26-27). 다니엘서의 환상은 백성들을 억압하고 지배하는 옛 나라들은 다 같이 망하고 하나님 나라의 통치 방식으로 다스려지는 새 나라만 서게 될 것을 보여 준다.

다니엘서와 마찬가지로 요한계시록도 세상 나라의 종식을 보여 준다. 요한은 자신의 묵시록에서 세상 나라를 열 뿔 달린 짐승으로 묘사했다(계 13:1). 역사의 끝에 열 뿔 달린 짐승, 곧 국가 권세는 그리스도와 한판 결전을 벌일 것이다. 그 전쟁에서 그리스도께서는 끝내 승리하실 것이다. "그들이 어린 양과 더불어 싸우려니와 어린 양은 만주의 주시요 만왕의 왕이시므로 그들을 이기실 터이요"(계 17:14). 이 전투에서 세상 나라는 패하여 망할 것이다. "그 짐승과 땅의 임금들과 그들의 군대들이 모여 그 말 탄 자와 그의 군대와 더불어 전쟁을 일으키다가 짐승이 잡히고 그 앞에서 표적을 행하던 거짓 선지자도 함께 잡혔으니"(계 19:19-20). 세상 나라 왕들의 최후는 다음과 같다. "왕들의 살과

장군들의 살과 장사들의 살과 말들과 그것을 탄 자들의 살과 자유인들이나 종들이나 작은 자나 큰 자나 모든 자의 살을 먹으라"(계 19:18).

죄업의 구속

지금까지의 관점에서만 보면, 완성될 하나님 나라는 죄업의 종말과 함께 일체의 문화적, 문명적 성취가 존재하지 않을 것 같은 인상을 받는다. 그러나 요한의 계시는 그렇게 가르치지 않는다. 역사 속에서 인간이 이룬 문화적, 문명적 성취는 하나님 나라 안으로 들어오게 된다. 즉 죄업의 결과 중 일부는 구속된다.

우리는 이것을 먼저 '예루살렘성'이라는 표현을 통해서 알 수 있다. 자끄 엘륄의 말대로 완성된 하나님 나라는 동산으로 회귀하는 것이 아니라 새 예루살렘이라는 도시의 모습으로 나아갈 것이다.[3] 본래 하나님의 창조 세계에 도시는 없었다. 도시는 가인이 제멋대로 건설한 것이다. 도시는 하나님의 보호를 거부하는 인간 자율성의 선언이며 반역적 공간이다. 그러나 마지막 날, 하나님 나라는 새 예루살렘성, 곧 도시의 모습으로 이 땅에 임할 것이다.[4] 즉 도시라는 죄업은 구속되어 하나님 나라의 일부분이 된다.

"또 내가 보매 거룩한 성 새 예루살렘이 하나님께로부터 하늘에서 내려오니 그 준비한 것이 신부가 남편을 위하여 단장한 것 같더라"(계 21:2). 여기 새 예루살렘은 실제 도시라기보다는 그리스도의 신부, 곧 교회 공동체를 말하는 것으로 보아야 한다. 그럼에도 불구하고, 도시, 그것도 역사상 유례가 없는, 요한계시록에서는 완성된 하나님 나라를 동산이 아닌 거대한 메갈로폴리스(megalopolis)로 묘사한다는 사실에 주목할 필요가 있다. 이는 하나님의 구속의 역사에서 자주 볼 수 있는 패턴이다. 하나님은 요셉 형들이 요셉을 팔아 버린 악을 선으로 바꾸시는 분이다(창 50:20). 그래서 하나님은 살인자 가인이 불신앙으로 건설한 도시를 선으로 바꾸셔서 완성된 하나님 나라의 모델로 삼으신 것이다. 이로써 우리는 하나님께서 역사 속의 문명적, 문화적 성취를 구속하시리라는 비전을 보게 된다.

특히 다음 구절들은 매우 중요하다. "만국이 그 빛 가운데로 다니고 땅의 왕들이 자기 영광을 가지고 그리로 들어가리라"(계 21:24). "사람들이 만국의 영광과 존귀를 가지고 그리로 들어가겠고"(계 21:26). 우리는 앞에서 음녀 바벨론의 파괴를 보고 땅의 왕들이 슬피 울며 애통해하는 모습을 본 적이 있다. 그러나 음녀 바벨론과 음행하거나 우상 숭배에 참여하지 않은 경건한 왕들도 존재한다. 그들은 죄와 악이 들어올 수 없는 새 예루살렘성으로 자신들의 영광, 곧 그들이 성취한 업적들을 가지고 그곳으로 들어갈 것이고, 사람들은 만국의 영광과 존귀를 가지고 하나님 나라로 들어가게 될 것이다. 이들은 하나님의 영광이나 그리스도의 존귀가 아니라 자기들의 영광과 만국의 존귀를 들고 하나님 나라로 들어간다.

이 말씀은 이사야 60장의 예언의 성취다. 이스라엘에 하나님의 영광이 임하고, 구원이 도래할 때 일어날 일 중 하나는 "나라들은 네 빛으로, 왕들은 비치는 네 광명으로 나아오리라"(사 60:3)라는 것이다. 이때 나라들이 이스라엘의 빛으로 나아올 때 가지고 올 것들이 있다. '바다의 풍부'와 '열방의 재물,' '허다한 낙타,' '미디안과 에바의 젊은 낙타,' '스바 사람들의 금과 유향,' '게달의 양 무리,' '느바욧의 숫양' 등을 들고 회복된 이스라엘로 몰려올 것이다(사 60:5-7). 또한 다시스의 배들이 이스라엘의 남은 자들과 그들의 은금을 싣고 올 것이며, 이방인들이 예루살렘의 성벽을 수축하고, 열방의 왕들도 포로로 끌려올 것이다. 더불어서 레바논의 영광 곧 레바논의 잣나무, 소나무, 황양목이 들어와서 이스라엘의 각종 건축을 아름답게 할 것이다. 이러한 이사야의 예언이 요한계시록의 말씀을 통해서 반복되고 있다고 볼 수 있다.

이러한 맥락에서 이해한다면. 요한계시록에서 열왕과 사람들이 가지고 올 영광과 존귀는 수많은 재물과 문화적, 문명적 성취물이 될 수 있음을 짐작할 수 있다. 이런 관점에서 상상해 본다면, 완성될 하나님 나라에는 수많은 위대한 문학작품들, 각종 회화와 건축물, 조각상 등 미술 작품들, 거장들의 위대하고 아름다운 교향곡, 수많은 민족들의 삶의 애환이 담긴 민속 예술도 구속될 수 있지 않을까 상상해 본다. 인류의 삶을 풍요롭게 하는 데 도움을 주었던 각종 발명품도 어쩌면 하나님 나라에서 구속될 품목 중 하나가 될지 모르겠다. 죄업은 제거되겠지만 인간이 이룩했던 업적 중 일부는 구속될 것이다.

이러한 상상이 가능하다면 우리는 이 땅에서 하는 일들이 새로운 차원의 의미를 갖는다는 사실을 이해할 수 있다. 우리가 이 땅에서 하는 일들은 단지 먹고 살기 위해서 하는 생업의 차원을 넘어서 종말론적 차원을 갖는다. 즉 이 땅에서 하는 일 중 어떤 것들은 그 성과물을 가지고 하나님 나라로 들어갈 수 있을 것이다. 그리고 그곳에서 형제자매들의 삶을 더욱 풍요롭게 하고 이롭게 하는 데 요긴하게 사용될 수 있을지도 모른다. 그리고 만일 이러한 상상이 불경건한 상상이 아니라면, 미로슬라프 볼프가 《일과 성령》에서 이 땅에서의 일이 하나님 나라의 건설을 위해서 하는 예비적인 일이라고 한 주장도 이해할 수 있을 것이다.[5]

그런데 이때 유의할 것이 있다. 그것은 이 땅에서 어떤 업적을 성취한다고 해서 그것을 하나님 나라를 건설하는 것으로 주장하거나 정당화하려고 해서는 안 된다는 것이다. 하나님이 인간 문명의 어떤 부분을 구속하실지는 인간의 위대함이나 업적이 아닌 하나님의 주권에 달려 있다. 따라서 우리는 어떤 일을 할 때, "우리는 무익한 종이라 우리가 하여야 할 일을 한 것뿐이라"(눅 17:10)라는 겸손한 태도를 유지할 필요가 있다. 다만 하나님이 우리가 한 일을 선하게 평가해 주시고, 상 주실 것을 바라는 믿음과 소망으로 그 일을 할 뿐이다.[6]

마지막으로, 하나님의 구속 역사로 말미암아 세상 나라들도 구속될 것이다. 이사야 예언자는 마지막 날 세상 나라의 구속을 이렇게 예언했다.

"그날에 이스라엘이 애굽 및 앗수르와 더불어 셋이 세계 중에 복이 되리니 이는 만군의 여호와께서 복 주시며 이르시되 내 백성 애굽이여, 내 손으로 지은 앗수르여, 나의 기업 이스라엘이여, 복이 있을지어다 하실 것임이라"(사 19:24-25).

세상 나라가 비록 반역적인 일에 몰두하고, 스스로 높아져서 하나님께 대적할지라도 하나님께서는 끝내 세상 나라를 당신의 것으로 만드실 것이다. 그리하여 하나님이 아브라함에게 약속하신 대로 아브라함을 통해 세상 열방이 복을 받게 될 것이다(창 12:3). 그때가 되면 세상 나라들은 하나님 나라 안에서 작은 지방 정부 역할을 감당하게 되지 않을까? 이상이 죄업의 운명이다.

생업의 운명

완성된 하나님 나라에서 생업의 운명은 어떻게 될까?

생업의 종식

　　　　　　포괄적인 의미에서 생업은 생명과 관계된 일이다. 하나님 나라는 생명의 나라이기 때문에 생명과 관계된 일들을 계속하게 될 것이다. 하지만 왕업은 육적, 영적 생명을 포괄하는 영생의 일이라면 생업은 주로 육체적 생명의 유지와 연장을 위한다는 점에서 왕업과 구별된다. 하나님 나라의 생명은 육체적 생명을 넘어선 참 생명, 곧 영생이다. 예수 그리스도께서 스스로를 "내가 곧 길이요 진리요 생명"(요 14:6)이라고 하신 그 생명이 바로 영생이다. 그런데 영생에는 육체적 생명도 포함한다. 그런 점에서 생업은 하나님 나라에서 하게 될 왕업과 연결된다.

하나님 나라와 관련된 가르침에 유달리 먹는 것과 관련된 비유가 많이 나오는 것도 이 때문일 것이다. 가령 하나님 나라를 혼인 잔치(마

22:2; 25:20; 계 19:9)나 잔치(눅 13:29)로 비유하거나, 예수님이 하나님 나라가 임한 뒤에 마시겠다고 하신 "새 포도주"(마 26:29), "생명수 샘물"(계 21:6; 22:1, 17), 생명나무가 맺는 "열두 가지 열매"(계 2:7, 22:2) 등이 그 예다. 물론 부활의 몸은 음식을 먹지 않아도 굶어 죽지 않을 것이다. 즉 천국에서 먹고 마시는 것은 생존하기 위해서가 아니라 기쁨을 즐기고 누리기 위해서다. 천국이 연회로 비유되는 것은 천국이 육체적 생명과 영적 생명으로 충만한 곳이라는 뜻이다. 천국에서 우리는 그 충만한 생명과 관계된 일을 하게 될 것이다.

천국에서의 일은 생존을 위한 생업이 아니라 영원한 생명과 관계된 일, 곧 왕업이 될 것이다. 일해야 먹을 수 있는 시대는 지나가게 될 것이다. 에덴동산에서처럼 먹거리는 일과 상관없이 선물로 주어질 것이다. 구약 시대 이스라엘의 이상 사회는 생업이 사라질 종말론적 나라를 희미하게 표상했다. "자기 포도나무 아래와 자기 무화과나무 아래에 앉을 것"(미 4:4)이라거나 "너희가 음식을 배불리 먹고 너희의 땅에 안전하게 거주하리라"(레 26:5), "네 하나님 여호와께서 네게 기업으로 주신 땅에서 네가 반드시 복을 받으리니 너희 중에 가난한 자가 없으리라"(신 15:4) 등이 그러한 이미지들이다. 우리는 이러한 이상향의 이미지로 종말론적 하나님 나라를 상상해 볼 수 있다.

천국에는 아마 돈도 사라지지 않을까 싶다. 돈이란 본성상 희소성을 본성으로 갖는 매개물이다. 인간의 욕망에 비해 자원과 재화는 유한한데, 그 유한한 자원과 재화의 가치를 계산하고, 저장하고, 분할하고, 전송하기 위해서 돈이 필요하다. 그런데 하월라 온 땅에 금이 충만

했기에(창 2:11) 에덴동산에는 돈이 필요 없었다. 천국은 더할 것이다. 요한은 새 예루살렘의 성과 길이 정금이라고 말한다(계 21:18, 21). 솔로몬 시절에 금과 은이 너무 흔해서 은을 전혀 귀하게 여기지 않았던 것처럼(왕상 10:21) 금이 지천인 천국에서 돈은 그 힘을 상실할 것이다.

풍성하다는 말을 꼭 물질의 양으로 해석할 필요는 없다. 예수님은 말씀하시기를, 우리로 하여금 생명을 '풍성히, 더욱 풍성히' 얻게 하고자 이 땅에 오셨다고 했다(요 10:10). 하나님은 성령을 우리에게 풍성히 부어 주신다(딛 3:6). 예수님이 나눠 주시는 생수는 우리 배에서 흘러넘친다(요 7:38). 배를 욕구의 근원이라고 한다면, 예수님이 주시는 생수는 우리의 욕구를 채우고도 남는다는 말이다. 하나님이 우리에게 부어 주시는 온갖 좋은 은사와 선물이 위로부터 우리에게 부어진다(약 1:17). 모든 것이 풍성한 천국에서 돈은 사라질 것이다. 그러므로 돈 버는 일도 존재할 수 없을 것이다.

안식의 나라

생업이 사라지게 되리라는 점에서 완성된 하나님 나라는 안식의 나라다. 우리는 성경이 안식이라는 말을 단지 아무것도 하지 않고 쉬는 상태로 규정하지 않는다는 사실을 기억해야 한다. 하나님은 엿새 동안 창조 사역을 하시고, 칠 일째 안식하셨다. 그런데 바로 그때부터 인간의 일이 시작된다. 인간이 일을 시작한 것은 하나님의 안식에 참여하는 방식이었다.

7일째부터 인간이 시작한 일이 내가 왕업이라고 부르는 일이다. 그래서 왕업은 생업이 아니었기에 안식이 필요 없다. 따라서 에덴동산에는 안식 계명이 따로 주어지지 않았다. 에덴동산에서는 일(왕업)과 안식이 하나였다. 인간은 에덴동산에서 일하면서 하나님의 안식에도 참여했다. 예수님이 이 땅에서 안식일에 일하신 것은 에덴동산에서의 그 왕업을 되살리신 것이다. 안식은 생업의 중지이지 일의 전면 중단이 아니다. 예수님은 안식일에 일할 수 있으며 일해야 한다고 말씀히셨다. "안식일에 선을 행하는 것과 악을 행하는 것, 생명을 구하는 것과 죽이는 것, 어느 것이 옳으냐"(막 3:4). 선을 행하고 생명을 구하는 일, 곧 왕업은 안식일에도 쉴 수 없다. 하나님께서도 이런 의미의 왕업은 한 번도 쉬신 적이 없으시다. "내 아버지께서 이제까지 일하시니 나도 일한다"(요 5:17).

생업을 해야만 먹고 사는 세상에서 생업의 중지로서의 안식이 필요하게 되었기에 안식 계명이 주어졌다. 구약의 안식 계명은 생업의 일시 중지를 규정한다. 그런데 안식 계명은 단지 워라밸(work-life balance), 즉 일과 삶의 균형을 잡기 위한 계명만이 아니다. 안식 계명은 궁극적으로 에덴동산으로의 회복에 대한 약속으로 주어진 것이었다. 안식일은 각종 절기, 안식년, 희년으로 확장된다. 안식은 곧 모든 일의 완전한 성취이다. 안식은 그리하여 진정한 의미에서 창조의 완성을 뜻한다. 안식 계명은 이 안식이 인간 삶 전체를 포괄하는 때가 올 것에 대한 약속이었다. 즉 안식 계명은 에덴동산의 창이요, 천국의 망원경이다.

그리고 이것이 히브리서가 하나님 나라를 '안식'으로 표현한 이유이기도 하다. 히브리서가 말하는 안식은 하나님 나라가 아무 일도 하지 않고 놀고먹는 나라라는 뜻이 아니다. 완성된 천국에서 우리는 그리스도의 부활에 참여함으로 먹고 살기 위해서 수고의 땀을 흘릴 필요가 없을 것이다. 그리고 창조와 구속의 완전한 성취를 경축하고 누리게 될 것이다. 그 모든 일을 행하신 삼위일체 하나님을 예배하면서 말이다. 이것이 히브리서의 안식이다.

히브리서에서 천국을 안식으로 말한 것은 전쟁이 그치고 평화가 온다는 뜻도 포함한다(신 12:10). 또한 안식의 나라라는 말은 이 땅에서의 유리하고 방황하는 나그네의 삶을 끝내고, 정착한다는 뜻을 포함한다(신 12:9). 그리고 모든 고통, 슬픔, 눈물이 그친다는 뜻, 저주로부터 풀려난다는 뜻, 죄의 용서를 받았다는 뜻, 원한을 신원 받는다는 뜻, 그리고 하나님과의 관계의 회복이라는 뜻을 모두 포함된다. 이런 의미에서도 천국은 안식의 나라다.

생업의 구속

우리는 앞에서 죄업의 결과물 중에서도 일부는 구속되어 하나님 나라로 들어가게 될 것에 대해서 보았다. 그렇다면 생업은 어떠한가? 생업도 구속되어 하나님 나라에 들어갈 수 있을 것이다. 그러나 모든 생업이 구속되지는 않을 것이다. 그럼, 구속되는 생업과 구속되지 않은 생업은 무엇일까?

성경에서 하나님은 이 땅에 태어난 모든 인간이 하나님의 창조 세계를 누리고 즐기기를 원하신다. "또한 어떤 사람에게든지(any man)

하나님이 재물과 부요를 그에게 주사 능히 누리게 하시며 제 몫(헬레크)을 받아 수고함으로 즐거워하게 하신 것은 하나님의 선물이라"(전 5:19). 하나님은 모든 인간에게 재물(wealth)과 부요(possession)를 주셔서 그것으로 각자의 분깃을 누리게 하신다. 즉 모든 사람이 일해서 자기 생활비를 벌고, 그 생활비로 삶을 기름지게 하는 것은 하나님의 선물이다. 이 땅에서 각자 자신의 분깃을 누리는 것은 죄가 아니다. 하지만 그것을 누렸으니, 그것으로 족하다. 하여 이 땅에서 누린 많은 구속되지 않는다.

그런데 크리스천이 믿음으로 자기 생업을 할 때, 그 생업은 생업과 동시에 왕업의 차원을 가지게 된다. 그리고 그때의 생업은 구속될 것이다. 바울은 이렇게 가르친다. "그러므로 내 사랑하는 형제들아 견실하며 흔들리지 말고 항상 주의 일에 더욱 힘쓰는 자들이 되라 이는 너희 수고가 주 안에서 헛되지 않은 줄 앎이라"(고전 15:58). 우리가 한 일이 헛되이 사라지지 않고 구속되리라고 바울은 말한다. 여기서 주의 일은 무엇일까? 성경 묵상하고, 기도하고, 전도하고, 교회 봉사하는 일들을 말할까? 그럴 수 있다. 하지만 그뿐만 아니다. 주의 일이란 주님 안에서 행하는 모든 일이 다 주의 일이다. 당연히 여기에는 생업도 포함된다.

바울은 1세기 크리스천 노예들에게 "무슨 일을 하든지 마음을 다하여 주께 하듯 하고 사람에게 하듯 하지 말라"(골 3:23)라고 권면했다. 이는 크리스천 노예가 주인의 옷을 세탁하거나, 주방에서 빵을 굽거나, 탄광에서 금을 캐거나, 혹은 다른 무슨 일을 할 때 사람에게 하듯

하지 말고 주님께 하듯 하라는 것이다. 그리고 크리스천 노예가 그렇게 일한다면, 그 일은 사람의 일이 아니라 주의 일이 된다는 말이다. 이때 생업은 왕업의 차원으로 승화되고, 그 일은 헛되이 사라지지 않고 구속된다.

왕업으로 승화된 생업은 천국에서 보상받을 것이다. 골로새서 3장에서 바울은 "이는 기업의 상을 주께 받을 줄 아나니 너희는 주 그리스도를 섬기느니라"(골 3:24)라고 말했다. 크리스천 노예가 생업을 할때 주님 섬기는 마음으로 일했다면, 그 일에 대해서 지상에서는 먹거리로 보상을 받겠지만 천국에서 상급을 또 받게 되리라는 약속이다. 왜냐하면 그 일은 '주 예수를 섬기는 일'이었기 때문이다. 따라서 이러한 생업은 구속받게 될 것이 분명하다.

또한 이 땅에서 행하는 생업 중 어떤 일은 천국에서도 계속하게 될것이다. 천국에서 생업을 계속한다는 말은 무슨 뜻인가? 어떤 교사가돈을 받고 학생을 가르친다고 해보자. 그가 돈을 받고 일하는 교환은일의 형식이고, 학생을 가르치는 것은 일의 내용이다. 그런데 만일 어떤 크리스천 교사가 가난한 학생을 위해서 대가 없이 가르쳤다고 해보자. 그때 일의 내용은 가르치는 것이지만, 그 일의 형식은 교환이아니라 은총으로 바뀐다.

이러한 맥락에서 생각해 보면 천국에서는 어떤 일의 내용은 비슷하게 유지되지만 일의 형식은 교환에서 은총으로 바뀌게 될 것으로 상상할 수 있다. 천국에서 우리는 어떤 일을 하더라도 값없이, 곧 은총의형식으로 하게 될 것이다. 그렇다면 자원봉사는 왕업인가? 어떤 면에서 보면 자원봉사가 돈을 받고 하는 일보다 왕업에 더 가깝다. 그러나 자원봉사라고 하더라도 믿음이 없이 한다면, 그 일은 왕업이 될 수 없다. 우리는 이 땅에서 하던 일 중 어떤 일들은 천국에서 하게 될 것인데 그 일은 분명 값없이, 곧 은총의 형식으로 하게 될 것이다.

거칠게 말하면, 생업은 교환이라는 일의 형식을, 왕업은 은총이라는 일의 형식을 취한다. 이는 은총이라는 일의 형식이 교환의 형식보다 더욱 종말론적이라는 뜻이다. 예수 그리스도께서는 공생애 사역을 하시는 동안 한 번도 일의 대가를 받으신 적이 없다. 예수 그리스도는 전적으로 거저 줌의 방식, 곧 은총의 형식으로 구원의 역사를 이루셨다. 그 구원을 우리는 은혜로 거저 받는다. 바울은 말한다. "일(생업)하는 자에게는 그 삯이 은혜로 여겨지지 아니하고 보수로 여겨지거니와 일을 아니할지라도 경건하지 아니한 자를 의롭다 하시는 이를 믿는 자에게는 그의 믿음을 의로 여기시나니"(롬 4:4-5). 주님이 제자들에게 명하셨다. "거저 받았으니 거저 주라"(마 10:8). 이렇게 행하는 일은 바로 하나님 나라의 일이라고 할 수 있다. 천국에서 우리는 이러한 은총의 일을 계속 하게 될 것이다.

왕업의 운명

이제 왕업의 운명에 대해서 생각해 보자. 이번 장을 시작하면서 내가 어린 시절에 천국에 가면 일하지 않고 영원히 놀고먹으며, 하프를 켜고, 하나님께 예배와 찬양만 드리게 된다고 배웠다고 말했다. 정말로 천국에 가면 일은 하지 않고 찬양만 드리게 될까?

예배와 찬양

천국에 가면 하나님을 예배할까? 당연히 하나님을 예배할 것이다. 그러나 지금 우리가 하나님께 예배를 드리는 방식으로 예배하거나 찬양할 것 같지는 않다.

이 문제에 대해서 생각해 보려면 에덴동산 이야기로 돌아가 볼 필요가 있다. 에덴동산과 천국이 완전히 똑같지는 않더라도 긴밀한 연관이 있을 것이기 때문이다. 에덴동산 이야기에서 흥미로운 지점은 에덴동산에는 '성전'이 보이지 않는다는 것이다. 이것은 고대 근동의 창조 설화들과 비교해 볼 때, 굉장히 흥미로운 지점이다. 왜냐하면 이방의 창조 설화들은 대체로 그 끝이 최고신의 선출과 왕위 등극, 최고신을 위한 신전 건축으로 끝이 나기 때문이다. 가령 가나안의 〈우가리트(Ugarit) 신화〉에서는 바알이 최고신으로 등극한 후, 그를 위한 신전 건축 이야기가 길게 이어진다.[7]

그런데 에덴동산 이야기에서는 신전 건축 이야기가 어디에도 보이지 않는다. 신전뿐 아니라 제사도 사제도 보이지 않는다. 예배도 없고, 찬양도 없다. 즉 에덴동산에는 종교가 없었으며 종교적인 왕업 또한 없었다.

그런데 요한계시록 21장을 보면, 새 예루살렘성, 곧 이 땅에 임하게 될 완성된 하나님 나라에도 성전이 없다(계 21:22). 그리고 천국에는 하나님과 예수 그리스도 자신이 성전이 되신다. 성전이 없다면 예배와 찬양도 없어지지 않을까? 완전히 없어지지는 않겠지만, 분명 지금과는 크게 달라질 것이다. 아마도 완성된 하나님 나라에서는 에덴동산에서처럼 종교가 사라지거나 크게 축소되지 않을까 상상해 본다. 따라서 가톨릭식이든 개신교회식이든 정교회식이든 완성된 하나님 나라에서는 그러한 형식의 예배를 드릴 것 같지 않다.

고린도전서 13장에서 바울은 "온전한 것이 올 때에는 부분적으로 하던 것이 폐하리라"(고전 13:10)라고 말했다. 부분적인 것에는 예언, 방언, 지식 등이 포함된다. 이것들은 부분적인 것들로서 하나님과 예수 그리스도에 대해서 알게 하는 방편들이다. 그러나 그것들은 구리 거울로 얼굴을 비추어보듯이 하나님에 대해서 희미하게만 보여 줄 수 있을 뿐이다. 하지만 완성된 하나님 나라에서는 하나님과 예수 그리스도를 "얼굴과 얼굴을 대하여 볼 것"이며, "주께서 나를 아신 것 같이 내가 온전히 알리라"(고전 13:12). 멀리 떨어져 있어서 편지로만 연애할 수밖에 없는 연인들이 서로를 만난 뒤에 더는 편지로 연애할 필요가 없어진다. 마찬가지로 우리가 하나님과 그리스도를 직접 대면하여 친교하고, 서로를 알게 될 때, 종교적인 형식으로 예배하고 찬양하던 것도 더 이상 필요하지 않게 될 것이다.

종교적 형식이 아니라면 어떤 형식으로 하나님께 예배드릴까? 구약성경에서는 하나님에 대한 최고의 예배를 '하나님을 아는 것(야다)'이라고 말한다. 가령 호세아는 "우리가 여호와를 알자 힘써 여호와를 알자"(호 6:3)라고 권면했다. 예레미야서에서 하나님은 "자랑하는 자는 이것으로 자랑할지니 곧 명철하여 나를 아는 것과 나 여호와는 사랑과 정의와 공의를 땅에 행하는 자인 줄 깨닫는 것"(렘 9:24)이라고 하셨다. 잠언 9장 10절에서는 "여호와를 경외하는 것이 지혜의 근본이요 거룩하신 자를 아는 것이 명철이니라"라고 한다. 이러한 사상은 신약 성경에도 나타난다. 예수님은 "영생은 곧 유일하신 참 하나님과 그가 보내신 자 예수 그리스도를 아는 것"(요 17:3)이라고 하셨다. 그러니까 우리는 천국에서 하나님과 그리스도의 얼굴을 직접 보며 하나님과 그리스도를 알게 될 것이다. 이것이 하나님을 예배하는 한 형식이 아닐까 하고 생각한다.

하지만 이사야 6장에서 하나님은 높은 보좌에 앉으셨고, 스랍들은 두 날개로는 얼굴을, 두 날개로는 발을 가리고, 두 날개로 날면서 "서로 불러 이르되 거룩하다 거룩하다 거룩하다 만군의 여호와여 그의 영광이 온 땅에 충만하도다"(사 6:3)라고 했다. 요한계시록 4장에서는 보좌 주위의 여섯 날개를 한 네 생물이 밤낮 쉬지 않고 "거룩하다 거룩하다 거룩하다 주 하나님 곧 전능하신 이여 전에도 계셨고 이제도 계시고 장차 오실 이시라"(계 4:8)라며 하나님께 찬양을 드린다. 이에 화답하여 이십사 장로들이 하나님 앞에 엎드려 경배하며 자신들의 관을 보좌 앞에 드리면서 "우리 주 하나님이여 영광과 존귀와 권능을 받으시는 것이 합당하오니 주께서 만물을 지으신지라 만물이 주의 뜻대로 있었고 또 지으심을 받았나이다"(계 4:11)라고 찬양한다. 요한계시록 5장에서는 네 생물과 이십사 장로들은 예수 그리스도께도 새 노래를 지어 경배와 찬양을 돌린다(계 5:9-10).

이러한 장면들은 분명 완성된 하나님 나라에서도 어떤 식으로든 예배와 찬양을 드리게 되리라는 사실을 알려 준다. 등반객이 에베레스트산 정상에 올라서 히말라야산맥을 굽어보며 탄성을 내뱉을 수밖에 없듯이 위대하고 장엄한 하나님과 아름다운 예수 그리스도의 현존을 직접 보고 찬송을 금치 못하리라는 것은 충분히 예상할 수 있다. 하지만 이러한 찬양과 경배라도 종교적 형식과는 분명 거리가 멀 것이다.

아바드

요한계시록 22장 3절은 천국에서 우리가 드릴 예배에 대해서 한 가지 힌트를 제공하고 있다. "다시 저주가 없으며 하나님과 그 어린 양의 보좌가 그 가운데에 있으리니 그의 종들이 그를 섬기며"(계 22:3). 하나님과 그리스도의 보좌 주변의 천국 백성들, 곧 하나님과 그리스도의 종들(둘로이)이 하나님과 그리스도를 '섬길 것'(라트류수신)이다. 여기서 히브리어 에베드(종)는 헬라어 둘로이로, 아바드(일/예배)는 라트류오로 대체되었다. 요한은 천국에서 인간이 하나님을 섬기게(라트류오) 될 것이라고 말한다. 이것은 에덴동산에서 아담과 이브가 하나님을 섬겼던(아바드) 장면을 떠올리게 한다.

라트류오과 아바드는 천국에서의 예배가 비종교적이 될 것이라는 앞에서의 설명과 조화를 이룬다. 우리는 종으로서 천국에서 하나님을 섬길 것이다. 하나님을 섬긴다는 뜻은 하나님의 통치를 받든다는 뜻이며, 그리스도의 명령에 순종한다는 뜻이며, 계명에 따라 산다는 뜻이다. 에스겔 1장 12절을 보면 "영이 어떤 쪽으로 가면 그 생물들도 그대로 가되 돌이키지 아니하고 일제히 앞으로 곧게 행하며"라고 말씀하고 있는데, 이는 하늘에서 천사들은 마치 종이 주인의 명령을 받들듯이 하나님의 뜻을 받들어 온전히 순종한다는 사실을 알 수 있다. 천국에서는 우리도 천사들처럼 아버지 하나님과 그리스도께서 명하시는 것을 받들어 순종할 것이다. 천국에서 우리는 이렇게 하나님을 섬김으로써 예배하게 될 것이다.

동시에 아바드, 혹은 라트류오는 인간과 인간의 관계에서도 해당한다. 예수님은 자신에 대해서 말씀하시기를 "인자가 온 것은 섬김을 받으려 함이 아니라 도리어 섬기려 하고(디아코네사이)"(마 20:28)라고 하셨다. 여기서 사용된 '디아코니아'는 '라트류오'와 거의 동의어다. 디아코니아는 종이 주인의 식탁에서 수발을 드는 행동을 가리킨다. 디아코니아는 예수님이 먼저 본을 보이신 모범인데, 이것은 모든 천국 백성이 따라야 하는 삶의 방식이다. "너희 중에 누구든지 크고자 하는 자는 너희를 섬기는 자(디아코노스)가 되고"(마 20:26). 그렇다면 천국에서는 서로가 서로를 섬기는(디아코니아) 일을 하게 될 것이다.

왕업

천국에서는 생업이 없어질 것이다. 그리고 종교적인 왕업도 비종교적인 왕업으로 바뀔 것이다. 예수님의 달란트 비유 속에서 주인은 신실한 종들을 향해서 "잘 하였도다 착하고 충성된 종아 네가 작은 일에 충성하였으매 내가 많은 것으로 네게 맡기리니"(마 25:21)라고 하셨다. 이 말씀은 천국에서 우리가 이 땅에서보다 훨씬 더 많은 일을 하게 되리라고 가르쳐 준다. 마태복음 24장 47절에서 깨어서 그리스도께서 다시 오실 때를 맞이한 충성된 종들을 향해서 주님은 "주인이 그의 모든 소유를 그에게 맡기리라"라고 말씀하셨다. 천국에서 우리는 더 많은 재산을 맡아 관리하게 될 것이다.

천국에서 하게 될 왕업 중 떠오르는 이미지는 천국 잔치다. 예수님의 비유에서 천국은 자주 연회로 묘사되었다. 누가복음 22장 30절에서 "너희로 내 나라에 있어 내 상에서 먹고 마시며"라고 말씀하신다. 천국에서는 풍성한 음식과 음료를 함께 나누어 먹을 것이다. 그 때문에 초대교회의 예배는 연회의 자리에서 이루어졌다. 예배는 천국 연회를 미리 맛보는 자리였다. 물론, 천국 잔치의 먹거리는 에덴동산에서처럼 선물로 주어질 것이다. 당연히 그곳에서는 먹을 양식과 마실 물이 없어서 고통받는 가난한 자들이 더는 존재하지 않을 것이며, 빈부의 격차는 있을 수 없을 것이다.

천국이 연회의 자리라면 누군가는 앉아 먹고 마시고, 누군가는 서서 섬겨야(디아코니아) 하지 않겠는가. 누가복음 12장에서 예수님은 주인이 깨어 있는 종들에게 줄 보상에 대해서 말씀하셨다. "주인이 띠를 띠고 그 종들을 자리에 앉히고 나아와 수종들리라"(눅 12:37). 종이 앉아서 먹고 주인이 친히 허리에 띠를 동여맨 채로 수발을 든다는 것이다. 그런데 실제로 예수님은 종이 되어 제자들의 발을 씻기셨고(요 13:1-17), 또 부활하신 후에는 제자들을 위해서 친히 아침 식사를 준비해서 제자들을 대접하셨다(요 21:13).

이러한 하나님 아버지와 그리스도의 섬김의 모범을 열두 족장들과 열두 사도들이 뒤따를 것이다. 그리고 착하고 충성된 수많은 종도 섬김의 통치를 뒤따라 행할 것이다. 결국 종국에는 모두가 모두를 위해서 섬기는 한바탕 거대한 섬김의 잔치가 열릴 것이다. 천국은 모두가 모두에게 섬기는 종이 되는 나라다. 그곳에서 우리는 서로를 섬기느라 눈코 뜰 새 없이 바쁜 하루를 보내게 될 것이다.

이때 이 땅에서 식당 종업원으로 고객을 응대하는 생업을 하며 먹고 살았던 성도들은 자신들의 경험을 살려서 식탁 서빙을 능숙하게 할 수 있을 것이며, 호텔리어는 더욱 품격 있게 잔치에 참석한 이들을 응대할 것이다. 또 이 땅에서 요리를 잘하는 쉐프는 천국 잔치에서 좀 더 근사하게 사람들을 섬기지 않을까? 바리스타도 맛있는 커피를 내려 줌으로써 많은 사람을 기쁘게 하지 않을까?

영화 〈바베트의 만찬〉(Babette's Feast, 1996)에서 필리파는 요리로 귀한 섬김을 해 준 바베트에게 이렇게 찬사를 보낸다. "천국에서 바베트는 하나님이 의도하신 대로 위대한 예술가가 될 거야." 어쩌면 필리파의 말대로 우리는 천국에서 파리 최고의 쉐프인 바베트가 '카이 유 엉 사코파쥬'를 대접함으로써 많은 이들을 놀라게 하는 모습을 볼지도 모른다. 그리고 성악가 아킬 파핀이 흥을 돋우기 위해서 모차르트의 오페라 한 자락을 들려줄지도 모른다. 물론 잘 갖춰진 오케스트라의 연주와 함께 말이다. 이러한 상상이 가능하다면 식당 종업원, 호텔리어, 쉐프, 바리스타, 성악가, 연주자들, 온갖 예술가들은 이 땅에서 자신이 하는 일이 단지 먹고살기 위한 생업을 넘어서 천국에서 하나님과 그리스도, 천국 백성을 섬기기 위한 왕업이 될 수 있음을 염두에 둘 것이다. 이 땅에서 생업을 잘 감당해야 하는 이유 중 하나는 천국에서의 왕업을 잘 수행하기 위해서다.

혹자는 이러한 천국의 이미지를 이슬람의 낙원, 알 잔나(Al Jannah)와 비슷하다고 말할지도 모르겠다. 이슬람교의 낙원도 연회의 이미지로 묘사되곤 한다. 그런데 이슬람교에서는 낙원에 이른 모든 이슬람 신자에게는 일곱 명씩 부인이나 혹은 하인이 주어진다고 한다. 남자에게는 여종이, 여자에게는 남종이 주어지고 이슬람 신자들은 그 종들의 수종을 받는다고 믿는다. 그러나 천국은 수종 받는 곳이 아니라 수종 드는 곳이다. 이러한 알 잔나의 이미지와 신약 성경의 천국 이미지는 얼마나 다른가!

또한 천국에서 우리는 에덴동산의 아담이 했던 일, 곧 땅을 정복하고 다스리는 일, 경작(아바드)하고 지키는 일을 계속 수행하게 될 것이다. 물론 이 일은 먹고 살기 위해서 수고의 땀을 흘려야 하는 생업은 아닐 것이다. 또한 이는 자연을 파괴하는 일이 아니라 청지기로서 새 창조의 세계를 하나님의 뜻대로 돌보고, 가꾸고, 경작하고, 관리하는 일이 될 것이다. 어쩌면 그곳에서 원예업과 화훼업, 꽃집에서 일하던 성도들은 제각기 자신이 맡은 동산을 '타샤(Tasha)의 정원'처럼 만들기 위해 분주하게 일하게 될지 모르겠다. 농업과 과수업을 하는 이들도 그곳에서 풍성한 소출을 거두게 될지 모르겠다. 그중에서 어떤 농부는 생명수 강가에서 열두 가지 각종 열매를 맺는 생명나무를 가꾸는 일을 하게 될 것이며, 약사는 생명수 강 좌우편 나무의 잎사귀로 만국을 치료하는 약을 만들게 될지 모른다(계 22:2).

왕 노릇 하리라

완성된 하나님 나라에서는 죄업도 제거되고, 생업도 사라질 것이지만, 왕업은 남게 될 것이다. 그 왕업은 왕 노릇, 곧 다스리는 일이다. 하나님 나라가 이 땅에 완성되면 우리는 에덴동산에서처럼 다시 다스리는 일을 하게 될 것이다. 아담과 이브가 실패했던 그 일을 부활에 참여한 성도들이 수행하게 될 것이다. 이에 대해서 성경은 여러 차례 반복적으로 가르침을 주고 있다. 누가복음의 므나 비유를 보면 이렇게 기록하고 있다. "잘하였다 착한 종이여 네가 지극히 작은 것에 충성하였으니 열 고을 권세를 차지하라"(눅 19:17). 이는 천국에서 성도가 하게 될 일은 고을을 통치하는 것임을 보여 준다.

누가복음에서 예수님은 또 이렇게 말씀하셨다. "너희로 내 나라에 있어 내 상에서 먹고 마시며 또는 보좌에 앉아 이스라엘 열두 지파를 다스리게 하려 하노라"(눅 22:30). 보좌란 왕의 권좌를 뜻한다. 천국에서 성도가 할 일은 권좌에 앉아서 종말론적 통치를 하는 일이다. 마태복음에서도 "너희도 열두 보좌에 앉아 이스라엘 열두 지파를 심판하리라"(마 19:28)라고 말씀하셨다. 여기서 심판이란 재판을 뜻할 것인데, 재판은 왕의 통치 업무 중 핵심이다. 요한계시록에서는 "이기는 자와 끝까지 내 일을 지키는 그에게 만국을 다스리는 권세를 주리니"(계 2:26)라고 말씀하시는데, 천국에서 성도는 만국을 다스리는 권세를 받을 것이다.

성경은 여러 곳에서 천국에서 성도가 '왕 노릇' 하리라고 가르친다. 바울은 디모데에게 보낸 편지에서 "참으면 또한 함께 왕 노릇 할 것이요"(딤후2:12)라고 했으며, 요한계시록에서는 "그들이 땅에서 왕 노릇 하리로다"(계 5:10), "거기에 앉은 자들이 있어 심판하는 권세를 받았더라 ··· 살아서 그리스도와 더불어 천 년 동안 왕 노릇 하니"(계 20:4), "이 첫째 부활에 참여하는 자들은 ··· 하나님과 그리스도의 제사장이 되어 천 년 동안 그리스도와 더불어 왕 노릇 하리라"(계 20:6), "그들이 세세토록 왕 노릇 하리로다"(계 22:5)라고 말하고 있다. '면류관'에 대한 약속(벧전 5:4; 계 4:4), '그리스도의 보좌에 함께 앉게 되리라는 약속'(계 3:21) 등도 모두 왕적 권위와 통치라는 역할을 가리키는 표현들이다.

천국은 하나님이 최고의 통치권자로서 좌정하시고, 그 우편에 예수 그리스도께서 다스리시며, 이십사 장로들과 더불어 모든 성도가 통치하는 곳이다. 천국은 통치권자로 가득한 곳이다. 천국은 에덴동산에서처럼 모두가 왕인 나라일 것이다. 그러나 이때의 통치는 하나님의 통치를 닮았다. 하나님의 통치는 언제나 위임 통치다. 에덴동산에서 아담과 이브를 하나님의 형상으로 창조하신 뒤, 땅과 만물의 통치를 그들에게 위임하셨다. 모세와 여호수아, 사사들, 다윗과 솔로몬 등도 모두 하나님으로부터 위임 통치의 사명을 받은 이들이었다. 예수 그리스도께서는 하나님 아버지로부터 위임 통치를 받으셨다. 부활 승천하신 후 하나님의 우편에 앉으셨는데, 우편이라 함은 곧 위임 통치자의 자리를 말한다. 그리고 천국에서 성도들이 위임 통치를 받는다. 이처럼 하나님 나라는 늘 대리자를 통해서 위임 통치의 방식으로 이루어졌는데, 천국에서는 이 위임 통치가 최고조에 달하게 될 것이다.

하지만 다스린다는 말을 이방의 대인들과 집권자들이 아래 사람을 임의로 주관하고 폭력적으로 다스리는 것이 아님을 기억해야 한다. 마가복음 10장 42~45절에서 예수님은 하나님 나라의 정치는 왕이 백성들의 종이 되어 섬기는 통치 방식이라고 말씀하셨다. 이것은 솔로몬의 관료들이 신임 왕 르호보암에게 해 주었던 조언을 떠올리게 한다. "왕이 만일 오늘 이 백성을 섬기는 자(에베드)가 되어 그들을 섬기고(아바드) 좋은 말로 대답하여 이르시면 그들이 영원히 왕의 종(에베드)이 되리이다"(왕상 12:7). 구약의 왕정도 본래는 섬김의 통치를 이상으로 했던 것이다. 그런데 천국에서는 진짜로 모두가 모두를 섬기고, 서로의 행복과 복지를 위해 애쓰는 나라가 될 것이다. 이것이 바로 천국에서 통치하고, 다스리는 일이다. 그곳에서는 예언, 방언과 함께 선교와 전도도 그칠 것이며, 토라의 가르침, 설교, 성경 공부, 예언 사역도 더는 필요가 없게 될 것이다. 그러나 천국에서는 사랑으로 하는 일, 곧 섬김으로 다스리는 일은 영원히 계속될 것이다. 이것이 바로 천국에서의 왕업이다.

◆ 정리 ◆

- 마침내 완성된 하나님 나라에서 죄업은 사라지고, 생업도 그치며, 오직 왕업만 남게 될 것이다.
- 그러나 죄업이나 생업 중에도 하나님의 주권으로 구속될 것들이 있을 것이다.
- 이는 이 땅에서 이루는 우리의 일들이 헛되지 않을 것을 알려 준다.

7

크리스천의 일의 원칙 1:
생업에 힘쓰라

●   인간은 일을 하도록 창조되고 부르심을 받았다. 우리는 에덴동산에서도 일했고, 지금도 일하고 있으며, 천국에서도 일할 것이다. 물론 천국에서의 일은 지금 우리가 하는 일과는 성격이 조금 다르겠지만 어쨌든 일할 것이다. 인간이 생명을 얻고 누리기 위해서는 반드시 일이 필요하다. 하여 일은 생명의 다른 말이다. 일은 인간의 본질을 형성한다. 일할 때, 우리는 하나님의 부르심에 순종할 수 있고 자기 존재의 본질에 다가갈 수 있다. 크리스천은 일할 때 당연히 죄악 된 일(죄업)에 참여하지 말아야 한다. 그렇다면 크리스천이 견지해야 할 일의 원칙은 무엇인가? 총 세 가지를 꼽을 수 있는데, 그중 첫 번째로 '생업에 힘라'를 살펴보자.

생업과 일반 은총

에덴동산에서 인간이 했던 일(왕업)은 육체적 생명과 영적 생명, 곧 영생을 풍성히 누리는 일이었다. 그런데 타락한 이후 생업은 육신적 생명을 보존하고 유지하는 좁은 의미의 생업으로 변질되었다. 먹고살기 위해서 일하지 않으면, 안 되게 되었다. 이 일은 범죄한 인간이 받아야 할 징벌이다. 하지만 동시에 죄인들의 삶을 유지하시는 하나님의 자비와 은총이기도 하다.

그동안 생업의 범주에 관한 평가가 제대로 이루어지지 않아 온 것 같다. 생업을 지나치게 낮게 평가한 가톨릭적 왜곡이 있었고, 생업을 지나치게 높게 평가하는 개신교적 왜곡도 있었다. 오늘날 생업의 범주에 대한 정확한 이해가 필요하다는 것이 나의 생각이다.

만물을 먹이시는 하나님

생업은 하나님의 백성과 이방인 모두에게 주어졌다는 점에서 일반 은총이다. 그런데 일반 은총이라는 말은 창조 질서에 속한다는 인상을 준다. 가령, 바울이 하나님의 능력과 신성은 창조 질서에 새겨져서 이방인도 핑계할 수 없도록 드러난다고 했을 때(롬 1:20), 이를 흔히 일반 은총으로서의 일반 계시라고 한다.

그런데 생업은 창조 질서가 아니라 타락 질서에 속한다. 생업은 타락 이후의 인간 삶과 세계를 유지하시는 방편으로 주어졌기 때문이다. 이런 점에서 생업은 창조 질서가 아니라 타락 질서에 속하며, 타락 질서를 보호하시는 보존 은총에 속한다고 봐야 할 것이다.

하나님은 인간뿐 아니라 이 땅의 모든 생명체에게 먹거리를 주시는 분이다. 백합화와 들풀에게도 옷을 주시고, 공중의 새도 먹이시고 기르신다(마 6:26-30). 시편 기자는 "산들과 모든 작은 산과 과수와 모든 백향목이며 짐승과 모든 가축과 기는 것과 나는 새"(시 148:9-10)를 향해 만물을 돌보시는 하나님을 찬양하라고 호출하고 있다. 하나님은 바룩에게 이렇게 말씀하셨다. "온 세상을 내가 이렇게 다스리거늘"(렘 45:4, 새번역) 만유의 주, 하나님은 만물을 먹이시고 입히신다. 진실로 하나님은 만물의 하나님이시다.

하나님은 자기 백성뿐 아니라 이방인도 먹이신다. 하나님은 타락한 인간일지라도 그들의 먹거리에 관심을 두신다. 하갈과 이스마엘이 마실 물이 없어 죽어 갈 때, 그들의 부르짖는 소리에 귀를 기울이셨다(창 21:17). 에돔의 고아와 과부도 하나님은 돌볼 책임을 느끼신다(렘 49:11). 하나님은 이 땅의 모든 굶주린 이들의 배곯는 소리에 귀 기울이시는 분이다. 예수님께서 칠병이어의 기적을 베푸셨을 때 초점은 "그중에는 멀리서 온 사람들"(마 8:3), 곧 이방인들도 먹이신다는 사실을 보여 주신 것이었다. 바울은 루스드라 시민들을 향해서 이렇게 말했다. "여러분에게 하늘로부터 비를 내리시며 결실기를 주시는 선한 일을 하사 음식과 기쁨으로 여러분의 마음에 만족하게 하셨느니라"(행 14:17). 바울의 이 말은 하나님이 선인와 악인, 의인과 죄인에게 공평하게 해와 비를 주시는 분이시라고 하신 주님의 말씀을 상기시킨다(마 5:45). 그렇다. 하나님은 "진실로 이방인의 하나님도"(롬 3:29) 되신다.

생업은 복을 얻는 수단이다

하나님은 인간을 어떻게 먹이시는가? 일을 통해서 먹이신다. 하나님은 자기 백성과 이방인 모두에게 생업을 주셔서 먹거리와 의복을 구하게 하신다. 하여 생업은 한편으로는 저주이지만 다른 한편으로는 하나님의 선물이요, 은총이다. 하나님께서는 인간이 일해서 먹고살기를 원하신다. 인간을 향한 하나님의 주권적 의도가 소명이다. 그러므로 생업은 소명이 된다. 생업은 하나님으로부터 부여받은 책임이요 의무다.

생업은 하나님이 주시는 복과 번영을 누리는 수단이다. 그러므로 생업은 성경에서의 복(바라크) 사상과 연결된다. "또한 어떤 사람(any man)에게든지 하나님이 재물과 부요를 그에게 주사 능히 누리게 하시며 제 몫(헬레크)을 받아 수고함으로 즐거워하게 하신 것은 하나님의 선물이라"(전 5:19). 하나님은 하나님의 백성뿐 아니라 모든 사람이 각자 하나님으로부터 몫(헬레크)을 받아 누리길 원하신다. 자기 몫을 누리는 것이 복이다. 하나님은 인간에게 '재물 얻을 능력'을 주셔서(신 8:18) 생업을 통해서 재물을 얻게 하시고, 그 재물과 부요로 자기 몫(헬레크)의 복(바라크)을 누리게 하신다.

하여 생업은 하나님이 주신 복을 받아 누리는 수단이다. 생업은 일차적으로는 필수적인 의식주를 얻으려면 필요한 일이지만, 더 나아가 삶을 기름지게 하고, 번영하는 것을 목적으로 한다. 이러한 명확한 방향성과 목적의식을 잃어버리면 삶이 불행해진다. 돈이나 일 자체가 생업의 목적이 아니다. 생업은 하나님께서 주시는 복을 누리는 수단이다.

생업의 목적에는 생계유지가 가장 큰 비중을 차지하지만, 생업에는 다른 목적과 의미도 들어 있다. 생업은 생계비를 벌 뿐만 아니라 다른 사람과 관계를 맺으며, 일을 통해서 의미와 가치를 찾을 수 있다. 일은 다른 사람과 협력하게 만든다. 또 고객을 기쁘고 행복하게 만들며, 인간을 쓸모 있는 존재로 만든다. 생업에는 이러한 의미들이 담겨 있다. 그래서 지혜자는 이렇게 말한다. "네 손이 일을 얻는 대로 힘을 다하여 할지어다 네가 장차 들어갈 스올에는 일도 없고 계획도 없고 지식도 없고 지혜도 없음이니라"(전 9:10).

생업의 원칙

생업은 하나님으로부터 왔으니, 생업을 향한 하나님의 뜻이 있다. 그것에 대해서 살펴보자.

자기 손으로 일하라

　　　　　　　　생업의 첫 번째 원칙은 '자기 손으로 자기 일하라'다. 하나님은 타락한 인간이 '각자 자기 손으로 일하여 자기 먹거리를 취할 것'을 기대하셨다. 먹고살려면 반드시 자기 손으로 일해야 한다. 이것은 노동의 필연성을 드러낸다. 일해야 먹고산다. 일하지 않으면 죽는다. 이러한 필연성 때문에 생업은 징벌이다. 하지만 동시에 생업에는 수고하면 그에 상응한 먹거리를 주시겠다는 약속도 들어 있다.

　자기 손으로 일하는 것이 생업을 향한 하나님의 뜻이지만 역사 속에서 이 원칙은 제대로 지켜진 적이 없다. 타락한 세상에서 늘 자기 손으로 할 일을 다른 사람의 손에 넘기려는 이들이 생겨났다. 거의 모든 문명에서 노동 계급과 유한계급의 구분이 이루어졌다. 이는 생업을 향한 하나님의 뜻에 맞지 않다. 바울은 이에 대해서 분명하고 단호하게 "도둑질하는 자는 다시 도둑질하지 말고 돌이켜 가난한 자에게 구제할 수 있도록 자기 손으로 수고하여 선한 일을 하라"(엡 4:28)라고 가르쳤다. 다른 사람의 손으로 먹으려는 태도는 도둑질과 마찬가지라는 말이다. 또 바울은 "너희 손으로 일하기를 힘쓰라"(살전 4:11), "자기 양식을 먹으라"(살후 3:12), "누구든지 일하기 싫어하거든 먹지도 말게 하라"(살후 3:10)라고도 했다.

바울의 이러한 가르침은 모두 자기 손으로 일해서 자기 먹거리를 취하라는 것으로 요약된다. 이러한 가르침은 신앙적 원칙이지만, 동시에 일반적인 생업의 원칙을 말한 것이다. 그래서 바울은 자기 생업을 감당하고 각자 자기 손으로 일하기를 힘쓸 때 불신자들 앞에서 흠 잡히지 않을 수 있다고 말한 것이다(살전 4:11-12). 생업을 감당하지 않으면 불신자에게 덕이 되지 않는다.

책임 있게 일하라

자기 손으로 일하라는 생업의 원칙은 책임 있는 존재가 되라는 원칙이며, 이는 성숙한 존재가 되라는 뜻이기도 하다. 미숙한 어린아이에게 생업의 짐을 지우지 않는다. 생업은 성인에게 부과되는 짐이다. 일을 통해서 인간은 성숙하며, 어른이 된다. 그런 점에서 생업은 곧 성인에게 부여되는 권리이다. 생업이 왜 권리인가? 이는 오직 성인만이 생업을 통해 타인에게 생계를 의존하지 않고 자신의 삶을 독립적으로 이끌어 갈 수 있기 때문이다. 생업은 성장과 성숙의 조건이며 수단이다.

뜻있는 기업가가 노숙자나 재소자들에게 일자리를 제공해서 생계에 도움을 주고자 시도해 보지만 실패한 이야기를 종종 듣곤 한다. 전부는 아니겠지만 노숙자나 재소자는 더러 정서적으로 미숙하여 생업을 책임 있게 이어 나가지 못한다. 그들은 출퇴근 시간을 잘 지키지 않고, 예측할 수 없이 행동하며, 성실하지 못하고, 부정직하며, 상급자의 권위를 인정하는 데 어려움을 겪는다. 생업을 잘 수행하기 위해서는 이런 미숙함을 극복해야 한다. 생업은 책임 있는 성숙한 인격을 갖출 것을 요구한다. 그럴 때 비로소 인간은 성인으로서 생업을 통해 독립적으로 삶을 영위할 수 있다. 이러한 일반 원리 역시 하나님의 뜻이라고 할 수 있다.

저울을 속이지 말라

생업의 세 번째 원칙은 교환 정의의 원칙이다. 주고받음은 공정해야 한다. 이는 거래와 매매의 법칙이다. 통상 '깨끗한 돈'은 교환 정의를 말한다. 교환 정의는 보편적 원칙이다. 교환 정의하에서 생업이 가능하다. 교환 정의 없이 생업은 불가능하다. 구약성경은 교환 정의를 저울에 비유했는데(레 19:36), 이방인들도 마찬가지다. 디케(Dike) 여신의 저울이 그 예다. 교환 정의가 하나님의 정의와 일치하지는 않지만, 하나님의 정의는 교환 정의의 형태로 자주 나타난다. 그 때문에 이 땅을 사는 동안 크리스천은 교환 정의를 무시해서는 안 된다.

교환 정의를 인정한다는 뜻은 이윤 추구의 행위를 인정한다는 뜻이기도 하다. 이윤 추구는 하나님 나라의 관점에서 보면 이기심의 추구로 보일 수 있다. 종종 크리스천 사업가나 직장인은 생업을 수행할 때 이윤 추구 행위를 신앙적으로 어떻게 해석해야 할지 몰라 당황스러워한다. 그래서 어떤 크리스천 사업가는 가격을 책정할 때 이윤을 남기는 것에 대해서 죄책감을 느끼기도 한다. 그러나 교환 정의는 상호 간에 이윤을 추구하는 주체들 간의 정의를 뜻한다. 이러한 교환 정의하에서 생업이 비로소 가능하다. 교환 정의가 그렇듯이 이윤 추구 행위도 역시 하나님의 보존 은총 가운데에서 정당성을 갖는다.

교환 정의를 위해서 물건을 파는 자는 정확한 가격대로 상품의 양과 질을 보장해야 한다. 쌀에 겨를 섞어 팔아서도 안 되고, 물건의 양을 부풀려서도 안 된다. 식당에서는 질 낮은 재료로 음식을 조리해서 팔아서도 안 되고, 중고를 새것처럼 팔아서도 안 된다. 마찬가지로 물건을 사는 자도 제값을 내고 물건을 구입해야 한다. 불량 화폐나 위조 화폐, 가짜 상품권을 내고 상품을 구입해서는 안 된다.

정확한 저울로 도량형을 정직하게 지킬 때 교환 정의가 지켜진다. 불공정 거래, 주가 조작, 시세 조종, 사기 판매, 허위 과장 광고 등은 모두 교환 정의에 위배되는 죄업들이다. 그런데 현실에서 교환 정의는 부정직함으로 수시로 위협받는다. 이 때문에 성경에서 교환 정의는 '진실함'(에메트)의 덕을 요구한다. 또한 상호 간의 약속을 신실하게(헤세드) 지킬 것을 요구한다. 이러한 덕과 정의는 하나님의 법정은 물론이고 세속의 법정이 요구하는 바다.

교환 정의의 원칙은 공정한 임금의 원칙으로 이어진다. 라반의 말대로 공으로 일을 시키는 것은 악이다(창 29:15). 바울은 "소의 입에 망을 씌우지 말라 하였고 또 일꾼이 그 삯을 받는 것은 마땅하다"라고(딤전 5:18) 했다. 이때 바울은 약속한 대로 공정하게 품삯을 주어야 하는 교환 정의에 대해서 말한 것이다. 임금의 지불 시기를 늦추어서도 안 된다. 신명기 법전에서는 "그 품삯을 당일에 주고 해 진 후까지 미루지 말라"(신 24:15)라고 규정하고 있다.

어떤 장로는 교회에 헌금은 많이 바치는데, 직원들 월급을 제대로 주지 않는다고 한다. 하나님께 헌금한 일은 잘한 일이다. 그러나 제때 월급을 주지 않는 것은 죄업이다. 하나님께 헌금한 것으로 교환 정의를 어긴 죄업이 상쇄되지 않는다. 그 장로는 세속의 법정뿐 아니라 하나님의 법정에서도 기소될 것이다. 교환 정의를 통해 하나님의 정의가 드러난다.

한편, 노동자도 자신을 고용한 고용주에게 정직한 노동을 제공해야 한다. 노동자의 편에서는 자신이 받는 임금에 맞게 노동해야 한다. 바울은 크리스천 노예들을 향하여 "눈가림만 하여 사람을 기쁘게 하는 자처럼 하지 말고"(엡 6:6)라고 권면했다. 일꾼이 주인의 눈을 피해서 시간을 허비하고도 한 데나리온의 품삯을 요구하는 것은 정의롭지 못하다. 또한 바울은 디도에게 목회서신을 보내면서 "훔치지 말고 오히려 모든 참된 신실성을 나타내게 하라"(딛 2:10)라고 했는데, 이는 노동자들이 품삯 외의 것을 주인 모르게 가져가서는 안 된다는 권면이다. 이처럼 임금과 노동은 공정하게 교환되어야 한다. 크리스천은 이러한 교환 정의에 근거하여 생업을 충실하게 감당해야지 믿지 않는 자들에게 흠 잡히지 않을 수 있으며, 하나님께도 정의롭다고 평가

받을 수 있다.

교환 정의는 공정 경쟁의 원칙을 낳는다. 공정 경쟁은 자본주의 시스템의 근간을 형성한다. 자유롭고 공정한 경쟁을 통해서 시장 질서가 제대로 작동할 수 있으며 효율성을 극대화하고, 다양한 혁신을 가능하게 만든다. 19세기 말 미국의 석유 사업가 록펠러(John D. Rockefeller)가 이끄는 스탠더드 오일 컴퍼니(Standard Oil Company)는 리베이트, 독점거래, 약탈적 가격 책정 등으로 공정 경쟁 질서를 무너뜨린 바 있다. 미 정부는 이를 엄히 규제했는데, 이후 각국 정부는 공정 경쟁을 해치는 유사한 형태의 관행들을 규제하기 시작했다. 독점, 카르텔, 각종 담합, 갑질과 지배력 남용, 허위 광고 등의 기만적 행위, 덤핑, 약탈적 가격 책정, 폭력적이고 강제적인 합병, 불법 로비, 정경 유착 등이 공정 경쟁을 해치는 죄업들이다. 불공정 경쟁은 세속의 법정과 하나님의 법정 모두에서 유죄로 판결을 받을 죄업이다.

최선을 다하라

교환 정의와 공정 경쟁의 원칙은 일하는 사람들로 하여금 최선을 다하도록 밀어붙인다. 젖 먹던 힘까지 다 짜내서 최선을 다할 수밖에 없는 것이 생업의 또 다른 원칙이다. 요식업 사업을 하는 백종원 씨가 식당 주인들에게 컨설팅해 줄 때 자주 하는 말이 "기본이 안 되어 있다!"다. 그가 말하는 기본이란 최선의 노력과 진정성이다.

비즈니스는 장난이 아니다. 전쟁 상황이다. 전쟁에서 생존하려면 최선에 최선을 다해야 한다. 이것이 일하는 사람들을 두렵게 하고, 긴장하게 하며, 숨 막히게 하고, 탈진하게 한다. 그러나 최선을 다하는 것이 생업의 원칙이다.

생업과 세속적인 일

현실적으로, 생업은 순수하게 중립적인 지대에 남아 있지 않다. 생업은 너무나도 자주 죄업으로 변질되어 악한 열매를 수많이 맺는다. 크리스천은 이러한 현실 속에서 롯처럼 고뇌한다. 하나님 나라가 '이미' 임했다는 하나님 나라의 복음은 갈등을 더욱 증폭시킨다. 하나님 나라는 어디에 있는가? 이러한 현실에 대해서 우리는 어떠한 관점을 가져야 할까? 이에 대해 살펴보자.

'이미'와 '아직' 사이의 딜레마

생업의 원칙 중 '제 손으로 일하여 먹으라'라는 노동 원칙과 '저울을 속이지 말라'라는 교환 정의의 원칙은 명료해 보이지만, 현실 세계에서는 자주 딜레마를 낳는다. 과거에도 그렇고 지금도 마찬가지다.

'제 손으로 일하여 먹으라'라는 노동의 원칙에 대해서 생각해 보자. 역사 속에서 자기 손으로 일하지 않고 먹는 이들이 늘 존재했다. 바울 사도가 '제 손으로 일하라'라고 가르쳤을 때, 이 원칙은 당시 보통의 성도들에게는 적용하기 어렵지 않았다. 그런데 크리스천 노예 주인들에게는 어떻게 적용할 수 있었을까? 당시 부유한 신자 중에는 일하지 않고도 먹고사는 경제적 자유를 누렸던 이들이 있었을 것이다. 합법적인 노예 제도하에서 일하지 않고 먹을 수 있었던 로마 시대 크리스천 주인들은 죄를 짓는 것이었을까? 하지만 바울이 그들을 비난하지는 않았던 것 같다.

오늘날 우리 시대에도 유사한 문제가 존재한다. 채권 투자 수익, 주식 배당금, 트레이드를 통한 시세 차익, 부동산 임대료 소득, 은행 이자, 정부의 재난 지원금 등 다양한 소득은 불로소득이며 죄인가? 투자나 투자자문을 업으로 하는 금융업 종사자의 일은 악인가? 플랫폼 기업은 플랫폼을 소유하는 것만으로 엄청난 부를 긁어모으고 있다. 흥행한 가수의 꾸준한 음원 수익, 대박을 터뜨린 유튜버의 소득, 앱이나 게임 하나만으로 경제적 자유를 누리는 이들이 있다. 이런 현상을 어떻게 볼 것인가? 또한 로봇과 인공지능으로 장차 수많은 생업이 사라지게 될 텐데 이러한 상황에서도 '제 손으로 일하라'라는 생업의 원칙은 유지될 수 있을까?

교환 정의의 원칙은 어떠한가? 교환 정의는 사람들을 극단적으로 밀어붙이며 자주 삶을 파괴한다. 마트에 먹거리가 남아돌아도 길거리에서 굶어 죽어 가는 가난한 이들이 돈을 내지 못하면 먹거리를 구할 수 없는 것이 교환 정의이다. 한 사람이 1천 채도 넘는 집을 가지고 있는데 수많은 가난한 사람들이 집 없이 산다. 돈이 없다면 고통스럽게 사는 것이 교환 정의다. 하지만 이것을 정의라고 할 수 있는가?

이처럼 현실 속에서 생업의 원칙들은 자주 죄업과 연관된다는 사실을 보게 된다. 하여 우리는 현실 속에서 수시로 딜레마를 경험한다.

우리는 이러한 딜레마를 '이미' 임한 하나님 나라와 '아직' 완성되지 않은 하나님 나라 사이에서 느끼는 실존적 모순으로 이해할 수 있다. 생업의 원칙은 '아직' 이 땅에 하나님 나라가 완성되지 않은 현실에 적용된다. '이미' 하나님 나라가 이 땅에 임했다는 복음은 우리에게 생업의 원칙을 넘어서는 종말론적 하나님 나라 질서를 기대하게 한다. 우리는 이 둘 사이에 끼어 있다. 생업의 원칙은 이 땅의 질서로서 종말론적 하나님 나라의 질서와는 거리가 멀다. 그러나 하나님이 우리 크리스천을 이 땅에 살게 하신 이상 우리는 이 땅의 질서를 무시해서는 안 된다. 하나님은 이 땅의 질서를 사용하셔서 세상을 유지시키고 사람들을 먹이시며 입히시기 때문이다. 크리스천은 이 땅의 질서를 무시하지 않으면서도 종말론적 하나님 나라 질서를 바라보고 그 질서에 속하고자 더욱 노력해야 한다.

초대교회가 노예 제도에 대해서 가졌던 입장을 생각해 보면 좋을 것 같다. 복음은 노예와 주인이 하나라고 선언한다. 동시에 노예제는 죄악 된 제도이며, 종말론적 하나님 나라에서는 사라질 제도라고 가르친다. 하지만 사도들은 노예제에 대해서 이중적 태도를 취하도록 가르쳤다. 노예제가 땅에 속한 질서로서 장차 없어질 죄악 된 제도이지만 동시에 이 땅의 질서를 유지하여 사람들을 먹이시는 하나님의 도구라는 점에서 크리스천은 이 제도를 인정해야 했다. 그러므로 크리스천 노예는 주인을 형제라고 경홀히 여겨서는 안 되었다. 그러나 교회에서는 주인과 종이 형제자매로 거룩한 입맞춤을 하며 친교하고 예배드렸다. 교회에는 '이미' 임한 하나님 나라가 드러났다.

이처럼 한편으로는 노예제를 거부했으나 다른 한편으로는 노예제를 인정했다. 그러다 보니 크리스천은 마치 두 세계에 속한 야누스 같은 존재로 지낼 우려가 있었다. 그러나 복음은 크리스천으로 하여금 신실함으로 두 정체성을 통합할 것을 요구했다. 이러한 요구 앞에서 크리스천 주인들은 노예를 동등한 인간으로 바라보게 되었고 그러면서 점차 노예제를 유지하기 어렵다고 느끼게 되었다. 그리하여 3~4세기가 넘어가면 많은 크리스천 주인은 자신의 노예를 해방하는 선택을 하게 되었다.[1] 신실함으로 두 정체성을 통합한다는 것은 이런 행동을 낳았다. 이것은 기독교 복음이 만들어 낸 사회 변혁의 한 사례이다. 하나님 나라의 복음과 신앙이 제도적인 변혁과 사회 개혁의 결과물을 만들어 냈던 것이다.

크리스천은 이 세상에서 딜레마를 느끼는 여러 가지 세상 제도들에 관해서는 위 사례를 참조할 수 있을 것이다. 이 세상 제도에는 많은 모순과 악이 존재한다. 크리스천은 한편으로는 하나님께서 그러한 제도를 섭리적으로 사용하셔서 세상 질서를 유지하시며 사람들을 먹이신다는 사실을 받아들일 수 있어야 한다. 그러나 동시에 종말론적 하나님 나라의 비전으로 그러한 제도들의 악마성과 한계를 직시해야 한다. 크리스천은 이 두 현실에 속해서 '이미'와 '아직'의 긴장을 경험하며 산다. 그러나 신실함으로 두 정체성을 통합하고자 힘써야 한다. 그러는 동안 점차 하나님 나라에 대한 신앙이 이 땅에서 제도의 모순과 부조리도 개선하도록 만들 수 있다. 가령 영국의 노예 제도 폐지에 앞장섰던 윌리엄 윌버포스(William Wilberforce)는 하나님 나라의 관점에서 노예제를 유지하는 것을 용납할 수 없었다. 이렇게 하나님 나라 복음과 신앙은 사회 및 개혁을 만들 수 있다. 동시에 그러한 개혁이 곧바로 하나님 나라를 건설한 것은 아님을 또 인정해야 한다. 하나님 나라는 오직 하나님만이 세우신다.

여기서 교회의 역할은 중요하다. 교회에서는 이미 임한 하나님 나라를 가시적으로 드러냄으로써 세상 속에서 하나님 나라를 드러낼 수 있는 실제적인 지침을 제시해 줄 수 있기 때문이다. 크리스천은 교회에 와서 이 땅의 제도의 한계와 문제를 볼 수 있어야 한다. 그러려면 교회는 하나님 나라를 드러낼 수 있어야 한다.

악한 세상에서의 직업 원칙

그런데 크리스천은 이 땅의 제도와 질서를 어디까지 인정해야 하는가? 일터의 관점에서 생각해 보자면 크리스천이 생업을 수행할 때 어떤 직업까지 허용되는 것으로 보아야 하는가? 이것은 앞에서 코르넬리우스가 고민했던 문제이기도 하다. 초대교회는 노예 제도를 용인했으나 이방 신의 사제, 점쟁이, 우상 조각가, 매춘부, 검투사 등을 비롯해서 공무원, 교사, 배우 등도 크리스천이 참여해서는 안 되는 직업으로 간주했다.[2] 노예제와 같이 악함에도 불구하고 하나님의 섭리에 대한 신앙으로 수용 가능한 세상 질서가 있었고, 어떤 질서는 절대로 참여해서는 안 되는 질서가 있었던 것이다.

현대의 크리스천은 초대교회의 이러한 직업관을 어떻게 적용할 수 있을까? 일단 우리는 시대가 바뀌었다는 점과 이 문제는 실천하기 매우 어려운 문제임을 인정해야 할 것이다. 종말론적 관점에서 봤을 때 이 땅에 존재하는 거의 대부분의 직업이 문제가 있다. 죄업으로부터 완벽하게 자유로운 생업은 거의 찾기 힘들다.

은행업의 예를 들어 보자. 현대 상업은행의 수익 모델은 17세기 영국의 금 세공업자들의 범죄 수법으로부터 유래했다. 그들은 고객이 맡긴 금을 담보로 금 교환증(오늘날의 지폐)을 발행하는 방식으로 다른 고객에게 돈을 빌려주고 이자를 받았다. 그런데 그들은 고객이 예치한 금의 액수보다 훨씬 더 많은 액수의 금 교환증을 멋대로 발행하여 사람들에게 돈을 빌려주고 이자 수익을 취했다. 바로 그 금 세공업자의 범죄 수법이 현재 상업은행의 신용 창출과 예금-대출 마진의 수익 모델을 만들었다. 과거의 범죄 수법이 지금은 제도가 된 것이다. 이러한 은행업에 크리스천이 참여해도 되는가?

하나님보다 보험금을 더 신뢰하게 만드는 보험업은 허용되는가? 탐욕적 금융 자본주의의 첨병이라고 할 수 있는 투자 자문회사와 헤지펀드 매니저 등은 어떤가? 주식, 부동산, 코인 투자 수익은 불로소득이 아닌가? 환경을 오염시키는 우려가 있는 회사에서 일하는 것과 그 회사 물건을 사는 것은 올바른가? 소비자의 욕망을 자극하는 광고업에 참여하는 것은 바람직한가? 물과 대기를 오염시키는 축산업, 고깃집 식당, 패스트푸드점은 어떤가? 오늘날 탄소 배출을 줄이기 위한 재생 에너지 산업이 각광받고 있으나 그 산업이 초래하는 또 다른 종류의 환경 파괴는 어떻게 봐야 하는가? 오늘날 문제없는 직업이 존재하기는 하는 것일까?

이처럼 오늘날 직업의 대부분은 생업과 죄업의 차원이 섞여 있다. 만일 조금이라도 문제가 있는 직업에 참여하지 않기로 결심한다면 우리는 바울의 말대로 지구를 떠나야 할 것이다(고전 5:10). 바울은 우리가 음행, 탐욕스러운 자들, 사기꾼, 우상 숭배자들과 함께 이 세상 속(in)에 살아야 한다고 말한다. 하지만 그렇다고 우리는 세상에 속해서는(not of) 안 된다. '세상 속에 거하지만, 세상에 속하지는 말라.' 이것이 대원칙이다.

하지만 말이 쉽지, 실천은 쉽지 않다. 직업 선택과 관련하여 간단한 지침과 산뜻한 매뉴얼을 만들기란 얼마나 어려운가. 다만 우리는 다음과 같이 적용해 볼 수 있다. 마약 밀매업이나 매춘업, 도박업 같은 명백하게 악한 일들에 참여해서는 안 된다는 사실을 어렵지 않게 판단할 수 있다. 이것은 현행법으로도 금하는 직업들이다. 때로는 법이 금하지는 않더라도 도덕적으로 비난받을 만한 직업들이 있는데 크리스천은 이런 직업들도 거부하는 것이 바람직하다.

그러나 초대교회가 노예제를 반대하지 않았듯이 자본주의 체제 전부를 반대하는 것은 지혜롭지 못하다. 물론 그렇게 생각하지 않는 크리스천 형제들도 있다. 예컨대, 아미시(Amish) 공동체는 현대 기술 문명과 자본주의 체제 밖으로 부르심을 받았다고 생각하는 듯하다. 그들의 부르심을 비난할 수는 없지만 그것을 일반화시킬 수 없다. 비록 자본주의 체제가 여러 가지 악과 모순들을 만들어 내고는 있지만, 하나님이 과거에 노예제를 통해 그러하셨듯이 자본주의 체제와 기술 문명을 통해서도 세상 질서를 유지하며 먹거리와 의복을 제공하신다. 그렇다고 자본주의 체제의 악과 부조리가 문제가 없다고 정당화해서는 안 된다.

이에 대해서 자끄 엘륄의 관점이 도움을 줄 수 있을 듯하다. 그는 "돈은 악하지만, 필요하다"라고 말했다. 그 관점에 따라 현대 직업 세계의 많은 부분이 악하지만, 그럼에도 필요하다고 말할 수 있을 것이다. 그리고 이러한 관점을 토대로 현대 직업 중에서 악한 측면이 있지만 크리스천이 그 직업에 종사하는 것이 가능하다고 말할 수 있는 것이다.

그럼에도 불구하고 참여를 거부해야 하는 직업을 결정해야 할 때가 있다. 이때에는 다음 네 가지 원칙을 생각해 보면 좋을 것 같다. 첫째로, 사도들은 크리스천 노예들로 하여금 육신의 상관이 아니라 그리스도께 복종하듯 하라고 가르쳤다.

둘째는 첫째 원칙과도 이어지는데, 크리스천은 항상 복음적 대원칙, 곧 "그런즉 너희가 먹든지 마시든지 무엇을 하든지 다 하나님의 영광을 위하여 하라"(고전 10:31)라는 원칙 아래에서 일해야 한다. 크리스천은 자기 일로써 하나님께 영광을 돌리고 있는지를 지속적으로 평가해야 한다.

셋째, 복음의 대원칙하에서 개별 직업의 선택에 대해서는 율법주의적이 아니라 성령이 이끄시는 대로 자유롭게 판단할 수 있다. 그래서 어떤 크리스천이 허용된다고 생각하는 직업을 다른 크리스천은 허용되지 않는다고 거부할 수도 있다. 각자 판단의 자유의 여지가 존재한다는 말이다.

넷째, 각자의 판단이 복음적이고 성경적인지 지도자와 공동체의 조언을 지속적으로 구할 필요가 있다. 그리고 지속적으로 열매를 점검함으로써 새로운 인도하심을 구할 수 있다. 이러한 원칙으로 각자 자신이 종사할 직업을 조심스럽게 찾아갈 수 있을 것이다.

◆ 정리 ◆

• 크리스천의 일의 원칙 첫 번째는 생업에 힘쓰는 것이다.

• 생업은 먹고 살기 위해서 누구나 해야 하는 일이다.

• 수고하여 애쓰는 생업도 실은 하나님의 선물이다.

• 우리를 향한 하나님의 가장 기초적인 부르심은 생업에 힘쓰는 일임을 깨달아야 한다.

8

크리스천의 일의 원칙 2:
생업이 왕업 되게 하라

♦　　　　　　　　현실의 생업은 죄업과 뒤섞여 있다. 그런데 크리스천에게 있어서 일은 생업과 왕업이 공존한다. 물론 믿지 않는 이들도 돈만 벌기 위해서가 아니라 일을 통해서 동료들과 관계를 맺고, 성취의 기쁨을 느끼며, 가족들의 생계를 책임지며, 고객에게 유익을 끼치고자 노력할 수 있다. 또한 일을 통해서 쓸모 있는 존재가 되기를 힘쓴다.

그러나 크리스천의 일은 '아직' 하나님 나라가 완성되지 않은 현실에 속한 생업으로 '이미' 임한 하나님 나라에 속한 왕업을 수행하는 것이다. 이것이 믿지 않는 사람들과의 차이다. 어떻게 해야 생업이 왕업 되겠는가?

왕업으로의 승화 원칙

크리스천이 수행하는 왕업은 그것이 종말론적 하나님 나라와 연결된다는 점에서, 그리고 왕업을 수행할 때, 그의 일터에 하나님의 나라가 임한다는 점에서 믿지 않는 자들의 일과 근본적으로 다르다. 크리스천은 하나님으로부터 '생업에 힘쓰라'라는 소명과 함께 '생업이 왕업 되게 하라'라는 소명을 함께 받은 존재다. 크리스천은 생업을 왕업이 되게 함으로써 일을 하나님 나라와 연결할 수 있다. 생업을 왕업으로 승화시키기 위해 지켜야 할 7가지 원칙이 있다.

인식하라

생업을 왕업으로 승화시키기 위해 가장 먼저 해야 할 일은 '인식'이다. 예언자들은 끊임없이 외친다. "여호와를 알라!" 하나님을 안다는 것은 하나님이 우리 삶의 근원이요 기초임을 인식한다는 뜻이다. 앎은 다른 말로 믿음이다. 믿음으로 일할 때, 생업은 비로소 왕업이 된다. 그러면 무엇을 알아야 하는가?

거룩한 땅을 알라

첫째, 자신의 일터가 거룩한 곳임을 알아야 한다. 하나님이 모세에게 "네가 선 곳은 거룩한 땅"(출 3:5)이라고 말씀하셨다. 하나님의 임재로 말미암아 이스라엘 땅은 거룩하게 구별된다. 지리적 측면에서 봤을 때, 구약 시대의 이스라엘 땅은 이방 땅과 다르지 않았다. 그러나 이스라엘 땅, 히브리어로 에레츠 이스라엘은 지리적인 장소를 넘어서 '약속의 땅'을 의미한다. 그 땅에 하나님이 임재하시어 거니시고 활동하신다. 그리하여 이스라엘 땅은 "내 땅"(겔 38:16), "여호와의 땅"(호 9:3), "거룩한 땅"(슥 2:12)으로 불린다. 이스라엘은 자신이 거하는 땅이 바로 그 거룩한 땅이라는 사실을 알아야 했다.

이스라엘은 거룩한 땅에서 거룩한 백성답게 살아야 했다. 하나님의 뜻을 따라 살고 일하는 법을 배우고 훈련해야 했다. 그것은 일상과 일터에서 토라의 가르침을 따라 살며 일하는 방식을 개발하라는 명령이었다.[1]

이것이 자신들이 선 땅이 거룩한 땅임을 안다는 의미다.

크리스천은 자신의 일상과 일터를 '약속의 땅'이요, 거룩한 땅으로 알아야 한다! 예배당만 거룩한 곳이 아니다. 일터도 거룩하다. 회사에 십자가 장식이나 예수님 초상화가 없어도, CCM이 울려 퍼지지 않아도 크리스천은 자신이 두 발을 딛고 선 곳이 거룩한 땅임을 알아야 한다.

세속의 일상과 일터가 어떻게 거룩한 땅이 되는가? 첫째, 천지를 창조하신 만유의 주 하나님이 일터를 창조하셨기 때문이며, 둘째, 그리스도께서 지금도 온 땅을 통치하고 계시기 때문이다(엡 4:6; 골 3:11). 셋째, 하나님 나라가 그 일터 한복판으로 임하기 때문이다. 넷째, 일터가 하나님의 나라로 완전하게 변화될 것을 소망하기 때문이다. 크리스천은 성령님을 통해서 믿음으로 자신이 머무는 삶의 자리에 그리스도께서 임재하시는 것을 경험할 수 있으며, 일터가 거룩한 땅임을 알 수 있다.

크리스천이 자신의 일터를 거룩한 땅으로 인식한다면 그는 마땅히 거룩한 자로 살고자 헌신해야 한다. 일터에서 그가 일하는 방식이 하나님을 경외하는 도(道)임을 깨닫고, 거룩하게 일하는 방식을 개발해야 한다. 이것은 하나님께 자기 자신을 산 제사로 드리는 영적 예배다. 이때 생업이 왕업으로 승화한다.

밭에 감추인 보화를 발견하라

예수 그리스도께서는 자신의 성육신과 함께 하나님 나라를 몰고 오셨다. 그리스도께서 성령의 능력으로 병자를 치유하실 때, 하나님 나라는 이 땅에 이미 임하기 시작했다(마 12:28). 그리스도께서 천국 복음을 전파하실 때 하나님 나라는 씨앗으로 이곳저곳에 심기기 시작했다. 그리고 하나님 나라는 여기저기서 보이지 않게 자라기 시작했다. 농부는 어느 날 문득 자기도 모르는 사이에 자신의 밭에 임하여 있는 천국을 발견한다.

크리스천은 농부처럼 자신의 일터에 임하여 있는 하나님 나라를 발견할 수 있어야 한다. 그리고 농부처럼 자신의 모든 소유를 팔아서라도 그 나라에 들어갈 수 있기를 힘써야 한다. 하나님 나라가 이 땅에 이미 들어와 있다는 것이 복음의 장엄한 약속이다. 천국은 '아직' 완성되지 않았지만, 천국은 '이미' 이 땅에 임하여 있다.

하나님 나라는 이 땅에 이미 임하여 있으나 '아직' 완성되지 않았다. 따라서 크리스천은 이 땅에 임한 하나님 나라에 들어가기를 힘쓰면서도 하나님 나라의 완성을 바라보아야 한다. 바울식으로 말하면, "위의 것"(골 3:2)을 찾아야 한다. '위'란 하늘을 의미하며 그곳에서 그리스도께서 만유를 통치하고 계신다. 그리스도의 완전한 통치가 온 열방에 미치게 될 그날을 바라보는 것이 이 땅에서, 특히 자신의 일터에서 크리스천이 할 일이다. 그때 크리스천은 일터에서 자신이 하는 일이 하나님 나라에서의 일이라는 사실을 깨달을 수 있다.

하나님의 선물임을 알라

하나님은 "토지는 다 내 것"(레 25:23)이라고 말씀하셨다. 이스라엘 백성들은 무엇보다 땅이 하나님이 주신 선물임을 알아야 했다. 더불어 땅과 함께 주어진 모든 것이 하나님의 은총임을 알아야 했다. "건축하지 아니한 크고 아름다운 성읍", "채우지 아니한 아름다운 물건이 가득한 집", "파지 아니한 우물", "심지 아니한 포도원과 감람나무"는 하나님이 선물이다(신 6:10-11). "이른 비와 늦은 비"(렘 5:24) 또한 하나님이 주시는 것이다.

그런데 이스라엘 백성은 점차 이 사실을 망각해 갔다. 급기야 "내 능력과 내 손의 힘으로 내가 이 재물을 얻었다"(신 8:17)라고 착각하기에 이르렀다. 그러나 실은 하나님이 "재물 얻을 능력"(신 8:18)을 주셨음을 알아야 한다. 이방인들은 그들의 지혜로 농사법을 고안해 냈다고 생각할지 모른다. 그러나 이스라엘은 소회향, 대회향 소맥, 대맥, 귀리 농사법이 "하나님이 그에게 적당한 방법을 보이사" 가르치신 것임을 알아야 했다(사 28:25-26). 모든 것이 은총이요 선물임을 앎으로써 생업을 왕업 되게 할 수 있다.

모든 것이 하나님의 은총인 줄 안다면, 마땅히 보여 할 첫 번째 반응은 '감사'다. 구약 성경에서 하나님은 번제와 화목제물보다는 감사의 찬양을 원하신다고 말씀하셨다. "감사로 제사를 드리는 자가 나를 영화롭게 하나니"(시 50:23). 감사가 최고의 예배다.

감사한다는 것은 곧 자족한다는 뜻이다. 자족의 반대는 탐욕이다. 감사와 자족은 탐욕에 대한 최고의 백신(vaccine)이다. 탐욕을 제어하고 만족과 감사를 올릴 때, 생명을 누릴 수 있다. 이것이 하나님이 주시는 복, 히브리어로 바라카다.

모든 것이 하나님의 은총인 줄 안다면, 마땅히 보여 할 두 번째 반응은 '의존'이다. 자기 힘이나 능력, 혹은 우상을 의지하지 않고 하나님을 의지할 수 있어야 한다. "이른 비, 늦은 비"(신 11:14)가 하나님의 선물인 것을 안다면, 당연히 바알이 아닌 하나님께 비를 구하게 된다. 이렇게 하나님의 선물을 알 때, 하나님을 의지하며 하나님께 기도하게 된다.

이 모든 원리는 크리스천에게도 적용된다. 믿지 않는 자들은 행운으로, 혹은 자신의 실력과 노력으로 좋은 직장을 얻은 줄 알 것이다. 그러나 크리스천은 하나님이 일자리를 주시고, 일할 능력과 힘과 지혜를 주시는 것을 알아야 한다(신 8:18). 크리스천은 일할 수 있는 전문적인 지식과 경험도 하나님이 주신 것이며, 급여도 하나님의 선물이며, 음식과 옷도 하나님의 은총임을 안다. 모든 것이 하나님의 은총이다. 그리고 은총을 주시는 하나님과 그리스도를 아는 것이 영생이다(요 17:3).

하나님의 은총을 잊어서는 안 된다. 잊어버릴 만하면 다시금 기억해 내야 한다. 하나님의 은총을 알 때, 감사할 수 있으며(살전 5:18) 자족할 수 있게 된다(빌 4:11). 그리고 하나님을 의지하며 모든 것을 구하게 된다. 몰트만이 말한 대로 하나님의 임재와 현존에 대한 감사가 생명의 근원이다.[2] 이것이 하나님이 우리에게 주시는 복(바라카)이다.

이처럼 앎을 통해서 크리스천은 자신의 생업이 하나님이 맡기신 일, 곧 왕업으로 승화시킬 수 있다. 이방인들은 생업이 하나님이 명하신 일임을 모른다. 그러나 크리스천은 생업이 하나님이 맡기신 일인 줄 안다. 그리고 그 일을 통해서 하나님 나라의 일을 수행할 수 있음도 안다. 이 모든 것을 알 뿐만 아니라 잊지 않아야 한다. 신앙은 망각과의 전쟁이다. "네가 눈으로 본 그 일을 잊어버리지 말라 네가 생존하는 날 동안에 그 일들이 네 마음에서 떠나지 않도록 조심하라"(신 4:9). 이스라엘은 망각과 싸우기 위해서 "손목에 매어 기호를 삼고 너희 미간에 붙여 표를 삼으며 … 집 문설주와 바깥 문에 기록"(신 6:8-9)해야 했다. 앎과 기억을 통해 생업은 왕업으로 승화한다.

책임 있게 자기 손으로 일하라

바울은 갈라디아서 6장 2절에서 "너희가 짐을 서로 지라"라고 했고, 5절에서는 "각각 자기의 짐을 질 것이라"라고 권면했다. 서로 짐을 진다는 것은 상호 간의 영적, 도덕적 협력을 의미하는 것이리라. 그러나 가난한 형제들의 생계의 어려움에 대해서도 모르는 척하지 말라는 가르침으로 확장해서 이해할 수 있다. 그런데 동시에 바울은 서로에게 의지할 생각을 하기보다는 각자 자신의 생계 문제를 직접 해결하라고 권면했다. 바울은 생계 문제를 해결하는 데 있어서 여러 차례 비슷한 권면을 했다. "너희 손으로 일하기를 힘쓰라"(살전 4:11). 이것이 바울의 생업에 대한 일반적인 가르침이다.

1세기 교회는 과부 명단을 작성하여 그들에게 음식과 의복을 나눠주었다. 그런데 에베소 교회 성도 중에는 생업에 종사하면서도 친족 과부를 교회의 과부 명단에 올려서 교회에 생계를 의존하게 했다. 이에 대해서 바울은 이렇게 명령했다. "과부 친척이 있거든 자기가 도와주고 교회가 짐 지지 않게 하라"(딤전 5:16). 서로의 짐을 지는 것은 하나님 나라 백성들이 마땅히 행할 바이지만, 이를 빙자하여 자기 손으로 일하지 않는 것은 복음에 합당치 않다는 것이다. 바울이 굳이 자비량 선교를 한 것도 이 때문이었다. "너희 아무에게도 폐를 끼치지 아니하려고 밤낮으로 일하면서 너희에게 하나님의 복음을 전하였노라"(살전 2:9). 바울은 자기 생계에 책임 있게 행동하는 것에 대해서 말하기를 "우리가 너희 가운데서 무질서하게 행하지 아니하며"(살후 3:7)라고 했다. 생업을 감당함으로써 형제와 교회에 폐를 끼치지 않고, 그들에 대한 사랑을 실천할 수 있었으며 나아가 그것이 진정한 의미의 모범, 곧 선교라고 했다(살후 3:9).

바울은 여러 곳에서 복음의 참된 전파를 위해서 외인에 대해서 책망할 것이 없게 행하라고 했다(딤전 3:7; 딛 2:8; 벧전 2:12; 3:16). 믿지 않는 자들은 복음이 아니라 다만 그들의 상식에 기초해서 크리스천을 판단한다. 그런데 그러한 그들의 판단에도 걸릴 것이 없어야 선교가 가능하다. 하여 각자 자신의 생계에 대해서 책임 있게 되는 것은 선교의 중요한 조건이 된다. 만일 성도들이 상호 부조를 빙자하여 자기 생계를 책임지지 않으면 그것은 불신자보다 못한 삶이 될 것이다. "누구든지 자기 친족 특히 자기 가족을 돌보지 아니하면 믿음을 배반한 자요 불신자보다 더 악한 자니라"(딤전 5:8). "이는 외인에 대하여 단정히 행하고 또한 아무 궁핍함이 없게 하려 함이라"(살전 4:12). 이처럼 자기 손으로 일해서 자기 생업을 책임질 때, 그것은 형제 사랑이요 선교의 조건이 된다. 이때 생업은 왕업이 된다.

정의와 공의를 실현하라

자기 생계를 스스로 책임지지 못할 부득이한 상황에 놓인 사람이 있을 수 있다. 그런 처지에 있는 사람들을 구제하는 것이 하나님의 정의다. 하나님은 아브라함을 부르신 목적에 대해서 "여호와의 도를 지켜 의와 공도를 행하게 하려고 그를 택하였나니"(창 18:19)라고 말씀하셨다. 아모스는 "오직 정의를 물 같이, 공의를 마르지 않는 강 같이 흐르게 할지어다"(암 5:24)라고 말했다. '의' 또는 '공의'로 번역되는 히브리어 체다카와 '공도'나 '정의'로 번역되는 미쉬파트는 토라의 핵심이다. 정의와 공의의 통치는 "주의 보좌의 기초"(시 89:14)인데, 이는 하나님이 만물을 다스리시는 방식이다(사 45:21). 이스라엘 왕의 통치 원리도 정의와 공의이며(시 99:4), 세상의 끝에 오실 메시아도 "세상에 정의를"(사 42:4) 세우실 것이다.

이처럼 정의와 공의는 하나님 나라 통치의 특성이다. 따라서 크리스천이 하나님 나라가 임하였다고 믿는 일터에서 정의와 공의를 행할 때, 생업은 왕업이 되고 일터에 하나님 나라가 임한다.

교환 정의냐 하나님의 정의냐

하나님의 정의는 시장의 교환 정의와 어떤 관계가 있을까? 우리는 앞에서 생업의 질서를 교환 정의에 기초한다고 말한 바 있다. 그리고 하나님의 정의는 교환 정의를 통해서도 드러난다고 했다. 그런데 하나님의 정의는 교환 정의보다 더 크다. 하나님의 정의는 교환 정의를 넘어선다.

이는 무엇보다 먼저 하나님의 정의는 하나님의 성품으로부터 나오기 때문이다. 레위기 19장 36절에서 "공평한 저울과 공평한 추와 공평한 에바와 공평한 힌을 사용하라"라는 말씀 뒤에 "나는 너희를 인도하여 애굽 땅에서 나오게 한 너희의 하나님 여호와이니라"라는 말씀이 덧붙여져 있다. 공평한(체데크) 저울을 사용해야 하는 이유는 하나님의 성품 때문이다. 성경은 하나님의 성품을 이렇게 묘사한다. "정의롭고(미쉬파트) 진실하고(에무나) 거짓이 없으신 하나님이시니 공의로우시고(차디크) 바르시도다"(신 32:4). 하나님은 속이는 저울을 미워하시고, 공평한 추를 기뻐하신다(잠 11:1).

하나님의 정의는 무엇인가? 그것은 하나님의 부성애적 사랑의 표현이다. '열 손가락 깨물어 안 아픈 손가락 없다'는 속담처럼 하나님의 정의와 공평은 모든 사람이 다 공평하게 소중하고 사랑스럽다는 의미다. 그래서 오전 9시에 온 품꾼과 오후 5시에 온 품꾼에게 똑같은 품삯을 주는 것은 교환 정의에는 어긋나지만, 하나님의 정의에는 부합한다. 이 비유에서 주인은 "너와 같이 주는 것이 내 뜻"(마 20:14)이라고 말했다. 당연하게도 이러한 하나님의 부성애적 정의는 특별히 아픈 손가락, 즉 약자를 보호하는 방식으로 나타난다. 즉 고아와 과부를 신원하는 것이 공평이고, 나그네와 가난한 자를 보살피는 것이 정의다. 하나님의 정의는 자비와 하나다.

하나님의 정의는 교환 정의를 통해서도 드러나지만, 그것을 넘어선다. 한마디로 교환 정의가 생업과 관계있다면, 하나님의 정의는 왕업과 관계있다. 교환 정의는 세상 질서를 유지하는 데 결정적으로 중요하지만, 형식적이고 맹목적인 매매의 법칙이 되기 쉽다. 하나님의 정의에서 매매의 법칙은 제한적으로만 타당하다. 한쪽에는 먹거리가 넘쳐나는데 한쪽에는 돈이 없다고 굶어 죽는 이가 있는 것은 하나님의 정의가 아니다. 모두가 삶의 필요한 자기 몫을 누리는 것이 하나님의 정의다.

이것은 예수님이 말씀하신 '보다 나은 의'와 통한다. 주님은 "세리도 이같이 아니하느냐 … 이방인들도 이같이 아니하느냐"(마 5:46-47)라고 물으셨다. 이는 크리스천이 이방인과 세리보다 더 나은 정의와 공평의 기준을 지켜야 한다는 말씀이다. 이방인과 세리의 정의는 상식에 기초한 정의로서 교환 정의로 구현된다. 그런데 하나님의 정의는 교환 정의를 넘어서는 정의와 공평이다. 크리스천은 교환 정의를 넘어서 하나님의 정의를 추구해야 한다. 사법적 제재에 대한 두려움 때문이 아니라 하나님에 대한 신앙 때문에, 자유함과 기쁨 가운데 하나님의 정의와 공평을 실천해야 한다.

예를 들어보자. 크리스천 경영자가 노동자에게 임금을 지불할 때, 그는 교환 정의를 넘어서 하나님의 정의를 실천할 수 있을 것이다. 고용주는 노동 쟁의나 노동법 위반으로 고발당할까 두려워서가 아니라 하나님이 "품꾼의 삯에 대하여 억울하게"(말 3:5) 하는 자를 미워하실 것을 두려워하는 마음으로, 혹은 노동자가 하늘 법정의 재판관이신 하나님께 항소할 것을 두려워하는 마음으로 공정하게 임금을 지불할 수 있다(신 24:15). 또한 크리스천 대표는 "종은 저녁 그늘을 몹시 바라고 품꾼은 그의 삯을 기다리나니"(욥 7:2)라는 말씀을 기억하며 동족 형제의 딱한 사정을 외면하지 않으려는 마음으로 공정 임금을 지불할 수 있다.

대전의 유명한 빵집 성심당은 직원들을 위해서 4층짜리 어린이집 건물을 짓는다고 해서 화제가 되었던 적이 있다. 법적으로 상시 여성 근로자 300인 이상 또는 근로자 500인 이상을 고용한 사업장이 의무적으로 직장 어린이집을 두기로 되어 있으나 성심당은 그 기준에 미치지 못하는데도 직원 복지를 위해서 어린이집 건물을 짓는 것이다. 기준을 초과한 사업장 중에도 강제 이행금을 내고 끝내 어린이집을 두지 않는 곳도 있다고 하는데, 성심당 측은 '의무는 아니지만 책임져야 한다'라고 했다고 한다. 여기에는 가톨릭 신자인 사업주의 독실한 신앙이 한몫한 것으로 보인다. 이것이 바로 '보다 나은 의'로서의 '하나님의 정의'이다.

같은 원리가 크리스천 노동자에게도 해당한다. 노동자는 마땅히 자신의 근무 시간을 지켜야 한다. 그런데 노동자가 사장에게서 불이익을 받을까 두려워서가 아니라 마음의 중심을 바라보시는 하나님을 경외함으로 근무 시간을 지킬 수 있을 것이다. "눈가림만 하여 사람을 기쁘게 하는 자처럼 하지 말고 그리스도의 종들처럼 마음으로 하나님의 뜻을"(엡 6:6) 행하라. 하나님의 정의는 교환 정의를 넘어서며, 이때 생업이 왕업이 된다.

분복(헬레크)과 하나님의 정의

하나님의 정의를 성경의 복(바라크) 사상과 연결해서 생각해 볼 수 있다. 하나님은 인간이 반역했음에도 불구하고 그들이 이 땅에서 삶을 누리기를 원하셨다. 삶을 누리는 것이 바로 복(바라카)이다. 복이란 생명(영생)과 동의어라고 할 수 있다. 이스라엘로 하여금 "생명을 얻게"(신 30:6) 하시는 것이 하나님의 복이다. 예수님은 "생명을 얻게 하고 더 풍성히 얻게"(요 10:10) 하기 위해서 이 땅에 오셨다. 즉 하나님의 복(바라카)은 생명을 누리는 것이다.

전도자는 "어떤 사람(any man)에게든지 하나님이 재물과 부요를 그에게 주사 능히 누리게 하시며 제 몫(헬레크)을 받아 수고함으로 즐거워하게 하신 것은 하나님의 선물이라"라고 말한다. (전 5:19) 즉 하나님은 이 땅의 모든 사람으로 하여금 생업을 통해서 필요한 재물을 얻게 하시고, 그 재물로 각자가 생명을 누리는 분복(헬레크)을 누리기를 원하신다. 이것이 바로 하나님의 정의다.

히브리어 헬레크는 '몫, 분깃, 분복'으로 번역된다. 하나님은 이 땅의 모든 인간과 생물들에게 이 땅에서 사는 동안 필요한 먹거리를 넉넉히 주셔서 누리게 하시는데, 이때 하나님께서 각 인간과 생물들에게 주시는 몫이 바로 헬레크다. 하나님의 복(바라카)은 늘 분복(헬레크)으로 주어진다. 그런데 이때 헬레크는 수학적 균등이 아니다. 하나님은 수학적으로 '균등하게'가 아니라 '주권적으로' 각자에게 적합하게 분복을 주신다. 하지만 각자의 분복은 삶을 위해 부족하지 않을 것이다.

이스라엘 토지법이 하나님의 헬레크를 잘 보여 준다. 인구 조사 결과, 광야의 이스라엘 성인 남자의 숫자는 601,730명이었는데, 하나님이 "명수대로 땅을 나눠"(민 26:53) 주라고 하셨다. 이스라엘의 모든 지파, 가문, 가족은 빠짐없이 토지를 분배받아야 했다(수 13:7). 모두가 각자의 몫(헬레크)을 받았다. 이러한 토지 제도를 일종의 균전제(均田制)라고 할 수 있는데, 역사 속에서 발견하기 매우 어려운 혁명적 토지 제도였다. 이때 이스라엘 열두 지파가 분배받은 땅의 면적은 수학적으로 균등하지 않았으며 비옥한 정도도 달랐다. 하지만 각자 생명을 누리는 데 부족하지 않았다.

이때 한 번 분배받은 토지는 영원히 빼앗길 수 없는 것도 하나님의 정의를 드러낸다. 하나님께서 토지의 지계석(경계선)을 영원히 옮기지 못하게 하셨다(잠 22:28). 이스라엘에서 토지 매매는 원천적으로 불가능했다. 아합왕이 나봇의 포도원을 살 수 없었던 것은 이 때문이다. 만일 어쩔 수 없는 긴급한 사정이 생겨서 땅을 팔더라도 희년이 되면 모든 토지는 원주인에게 조건 없이 반환되어야 했다(레 25:10). 이러한 토지 제도는 이방의 라티푼디움(대토지) 제도를 원천 차단했다. 모두가 자기 땅에서 일해서 토시 소산을 먹을 뿐만 아니라 그 후손들까지도 이 복을 누리는 것, 이것이 바로 하나님의 정의와 공평이다.

소유의 평형을 이루라

땅에서 얻는 재물은 하나님의 선물이다. 성경에 따르면, 어떤 가난한 사람이 자신의 헬레크를 제대로 가지지 못했다면 그것은 하나님 책임이 된다. 그리하여 하나님은 그 가난한 사람에게 채무자가 되고 가난한 사람은 하나님께 채권자가 된다. 가난한 사람이 복이 있는 이유는 그가 하나님께 채권을 가졌기 때문이다(눅 6:20). 부자와 나사로의 비유에서 볼 수 있듯이 하나님께서는 내세에서라도 좋은 것을 주심으로써 끝내 빚을 갚으시는 분이다. 이것이 하나님의 정의다.

가난한 사람은 하나님에 대한 채권자이기 때문에 가난한 사람에게 구제하는 것은 하나님께 채권을 갖는 셈이 된다(잠 19:17). 주님이 지극히 작은 자 하나에게 한 것이 곧 '내게 한 것'이라고 하신 것도 이 때문이다(마 25:40). 구제하는 자는 하나님을 대신하여 하나님의 정의를 실현하는 자가 된다. 이를 통해 기울어진 저울을 부분적으로나마 되돌릴 수 있다. 기울어진 저울을 되돌리는 것이 하나님의 정의와 공평이다. 바울이 기근을 당한 예루살렘 교회를 구제하기 위해서 다른 지역에서 연보를 모을 때, "평형을 이루려고 하는 것"(고후 8:13)이라고 했다. 이는 헬레크의 정신을 연보라는 방식으로 실천에 옮긴 것이라고 할 수 있다.

크리스천은 헬레크 사상을 자신의 재산권에 적용해 볼 수 있다. 크리스천은 얼마든지 돈을 벌 수 있다. 그 돈으로 이 땅에서 자신의 분복을 누리는 것이 죄가 아니다. 분복 이상의 돈을 버는 것도 악이 아니다. 그러나 자신의 분복 이상의 돈을 벌었다면 이제 그 여분의 돈은 하나님이 그에게 맡겨 주신 사명이 된다는 사실을 알아야 한다. 이것은 폭력으로 부자의 토지와 재산을 몰수하는 공산주의식 토지개혁과 재산분배를 정당화하는 것이 아니다. 하나님은 폭력으로 타인의 재산을 빼앗는 권리를 누구에게도 인가해 주시지 않았다. 다만 신자와 교회는 자발적으로 여분의 재산을 나누어 줌으로써 이 땅에 임한 하나님 나라를 드러내 보여 줄 수 있다. 종말론적 하나님 나라는 모두가 자신의 분복을 누리는 나라이기 때문이다.

그렇다면 어느 정도를 자신의 분복, 곧 헬레크라고 할 수 있을까? 그것은 기계적으로 규정하거나 수학적으로 균등하게 나눌 수 없다. 누구도 그것을 획일적으로 규정할 권리는 없다. 헬레크는 각자의 처지와 사정에 따라 달라질 수 있다. 크리스천은 자신의 헬레크를 하나님 앞에서 스스로 각자 양심에 따라 정할 수 있다. 일단 자신의 헬레크를 정하면, 남는 것은 하나님이 다른 사람의 헬레크를 맡겨 주신 것으로 생각해야 한다. 그렇게 한다면 이제 그는 자신이 감당해야 할 사명을 깨달을 수 있을 것이다. 그리고 그렇게 할 때 돈을 버는 일은 사명이 될 수 있으며, 생업이 왕업이 될 수 있다.

언젠가 두 개의 투자 계좌를 가지고 있다고 고백하는 투자자의 이야기를 들은 적이 있다. 하나는 자신을 위해서이고, 다른 하나는 다른 사람을 위한 것이라는 것이다. 흥미롭게도 자기 계좌의 투자 수익보다 다른 사람을 위한 투자 수익이 더 많이 나더라고 했다. 왜냐하면 다른 사람의 계좌라고 생각해서인지 훨씬 더 모험적으로 투자할 수 있어서 그렇다는 것이다. 그리고 그렇게 해서 남는 수익은 가난한 자들에게 나누는 데에만 사용하고 있다고 했다. 이것이 크리스천이 헬레크 사상을 실천하는 한 가지 방식이다.

공존과 공생은 하나님의 정의다

하나님의 정의는 교환 정의와 자주 충돌한다. 형식적이고 맹목적인 교환 정의에 따르면 먹을 것이 썩어나도 돈을 내지 않는 사람에게는 먹을 것을 줄 수 없다. 그러나 이것은 하나님의 정의가 아니다. 하나님께서는 모두가 함께 삶을 사는 것을 정의라고 말씀하신다. 토라는 약자들과의 공존과 공생을 많이 강조한다. 추수할 때는 밭모퉁이까지 다 거두어서는 안 되고, 땅에 떨어진 이삭을 주워서는 안 되며, 포도 열매를 따다가 떨어진 열매도 주워서는 안 된다(레 19:8-9; 23:22). 왜냐하면, 가난한 사람과 거류민의 생존권을 위해서다(레 19:10). 또 곡식을 거두다가 잊어버리고 밭에다 곡식단을 두고 왔다면, 그것을 가지러 되돌아가서는 안 되고, 올리브 나무 열매를 딴 뒤 혹시 남은 것이 없는지 다시 살펴봐서는 안 된다. 고아, 과부, 외국인 나그네와 공존하기 위해서다. 공존과 공생은 하나님의 정의다.

그렇다고 토라가 가난한 자들이 무한정 먹거리를 가질 수 있는 권리를 옹호하는 것은 아니다. 가령 길을 지나다가 배가 고픈 사람은 과수원에 들어가 포도를 임의로 따 먹을 수 있으며, 아무 밭에나 들어가 곡식을 배불리 따 갈 수 있다. 마치 에덴동산에서 아담과 이브처럼 말이다(창 2:16). 그러나 가난한 자는 포도 열매를 그릇에 담아서는 안 되고, 곡식에 낫을 대서도 안 된다(신 23:24-25). 즉 포도 열매나 곡식을 집에 가져다가 저장해 두고 먹거나, 장에 내다 파는 것은 허용되지 않는다. 이것은 교환 정의에 어긋나며 하나님의 정의에도 어긋난다. 토라는 가난한 자들이 다만 그들이 생존이 위협받는 상황에서 최소한의 먹거리만을 취할 수 있다고 허용하는 것이다. 이는 하나님의 정의가 교환 정의를 완전히 부정하지 않는다는 뜻이다. 이 가르침의 핵심은 소유권이나 기타 권리보다 생명권이 가장 우선이라는 것이다.

같은 맥락에서 과부가 돈을 빌릴 때, 과부의 옷을 저당 잡아서는 안 된다(신 24:17). 부득이 옷을 저당 잡았을 때라도 해가 지기 전에는 옷을 돌려주어야 한다(출 22:26). 왜냐하면 주님이 "그것이 유일한 옷이라 그것이 그의 알몸을 가릴 옷인즉 그가 무엇을 입고 자겠느냐"(출 22:27) 하고 물으실 것이기 때문이다. 또한 아무리 저당 잡을 것이 없어도 맷돌이나 맷돌의 위짝을 저당 잡아서는 안 된다. 왜냐하면 맷돌이 없이 밥을 해 먹을 수 없기 때문이다. 채권보다 생명권이 우선이다.

구약의 고엘 제도도 공존과 공생의 원칙을 드러낸다. 고엘 제도는 일종의 사회적 안전망으로서 가장 가까운 친족 중에서 궁핍한 처지의 친족을 우선 돕는 제도였다. 가령 친족 중 빚 때문에 종으로 팔려 갈 때 가장 가까운 친족부터 순서대로 그 친족의 빚을 대신 갚아 주어야 할 의무가 있었다(레 24:47:55), 경제적 어려움으로 토지나 재산을 팔아야 했을 때도 고엘은 그 값을 대신 지불함으로써 토지를 돌려받게 해야 했다(레 25:23-28). 또한 친족이 억울하게 죽임을 당할 때 피의 복수를 해야 했으며(민 35:19), 보아스의 경우는 과부 룻과 결혼해서 나오미의 가문과 재산을 보호해 주었다(룻 3:12).

이러한 고엘 제도는 크리스천이 자신의 물질을 나누는 데 있어서 좋은 가이드를 제시해 준다. 크리스천이 일터에서 일할 때, 이러한 하나님의 정의를 실천해 볼 수 있다. 교환 정의는 지켜져야 한다. 그러나 맹목적이어서는 안 된다. 가령 어떤 크리스천은 재래시장에서 채소를 파는 가난한 상인에게 잔돈을 세세히 계산하지 않고 넉넉하게 값을 쳐 줄 수 있다. 반대로 채소를 파는 상인은 사정이 어려운 고객에게 저울 눈금의 1g까지 정확히 계산하지 않고 넉넉하게 덤을 얹어 줄 수도 있을 것이다. 만일 누군가 생존이 위협받는 모습을 봤다면 기꺼이 교환 정의를 포기하고 공생하는 길을 찾을 수 있을 것이다. 이때 생업이 왕업으로 승화된다.

한국의 슈바이처로 불리는 장기려 박사는 여유가 있는 환자에게서는 치료비를 다 받았으나 가난한 환자는 병원문을 몰래 열어 주어서 그냥 가게 하기도 했다고 한다. 한 번은 병원을 찾은 가난한 환자의 처방전에 "이 환자에게 닭 두 마리 값을 내주시오"라고 써 주었다고 한다. 장 박사는 다 같이 함께 사는 것이 교환 정의보다 더 중하다고 믿은 것이 분명하다.

이러한 공생의 원칙은 인간을 넘어 동물에게까지 확대된다. 곡식을 타작할 때, 곡식 떠는 소의 입에 망을 씌워서는 안 된다. 타작하는 동안 소나 나귀는 곡식 이삭을 먹을 수 있게 해주어야 한다. 또한 하나님은 7년에 한 번씩 찾아오는 안식년의 소출은 가난한 자들과 함께 "안식년의 소출은 너희가 먹을 것이니 너와 네 남종과 네 여종과 네 품꾼과 너와 함께 거류하는 자들과 네 가축과 네 땅에 있는 들짐승들이 다 그 소출로 먹을 것을 삼을지니라"(레 25:6-7)라고 말씀하셨다. 하나님의 공평과 자비가 동물들에게까지 확장되는 것은 참 놀랍다. 공생의 원칙은 오늘날 동물 복지에 관한 특별한 관심을 기울이도록 명하고 있다. 이슬람 음식법 할랄(Halal)은 잔인하게 도축한 가축의 고기를 먹지 못하게 하고, 유대교 음식법 코셔(Kosher)는 쇠고기와 우유를 함께 먹지 못하게 한다. 이런 제도를 그대로 도입할 필요는 없겠지만, 기독교도 동물 복지에 관심을 기울이시는 하나님의 정의를 실천하기 위한 노력을 할 필요가 있을 것이다. 이렇게 할 때, 생업은 하나님 나라의 일로 승화한다.

섬김과 봉사의 수단으로 삼으라

일은 왜 하는가? 단지 돈을 벌기 위해서인가? 크리스천에게 생업은 생활비를 버는 일 이상의 의미가 있다. 그것은 크리스천에게 일이 이웃을 섬기는 수단이 될 수 있기 때문이다. 크리스천은 섬기는 자, 곧 봉사자로 부름을 받았다. 크리스천이 세상을 섬기는 방식은 여러 가지가 있는 데 그중 하나는 바로 일, 곧 자신의 생업을 통해서다. 섬김과 봉사의 수단이 될 때, 크리스천의 일은 생업을 넘어서 왕업으로 승화한다.

이와 관련하여 루터는 '하나님의 가면들'(masks of God)이라는 개념을 제안했다. 루터에 의하면 부모의 자녀 양육, 직업, 정부의 통치 행위 등 모든 이 땅의 모든 인간의 일은 하나님이 피조물을 돌보는 수단이다. 그중에서도 하나님은 특별히 이 땅의 모든 직업을 통해서 이 땅의 사람들을 다 먹이신다. 직업인이 그 사실을 알든 모르든 직업은 자신은 물론 다른 사람을 먹이시는 하나님의 섭리적 손길이 된다. 그래서 우리가 식당에서 음식을 사 먹을 때, 하나님께서는 농부, 목장주, 푸주한, 식재료 도매상들과 배달원, 요리사, 셰프 등 모두를 사용하셔서 우리에게 일용할 양식을 제공하고 계시는 것이다.[3] 루터의 말이 옳다면 모든 직업은 하나님의 가면들이고, 보이지 않는 하나님의 손길이 된다. 더불어서 모든 직업은 하나님의 사역에 동참하는 통로요, 세상을 섬기는 수단이다.

우리는 앞에서 섬김이 히브리어로는 아바드라고 할 수 있다고 말한 바 있다. 아바드는 사람을 섬기는 일이면서 동시에 하나님을 예배하는 일이다. 사사기 9장의 요담의 비유에서 나무들이 올리브 나무와 포도나무에게 찾아가서 나무들의 왕이 되어달라고 부탁하자 올리브나무와 포도나무가 이렇게 답한다. "나의 기름은 하나님과 사람을 영화롭게 하나니 내가 어찌 그것을 버리고 가서 나무들 위에 우쭐대리요"(삿 9:9). "하나님과 사람을 기쁘게 하는 내 포도주를 내가 어찌 버리고 가서 나무들 위에 우쭐대리요"(삿 9:13). 올리브 나무가 기름으로 사람을 유익하게 하고, 포도나무가 포도주로 사람을 기쁘게 하는 일은 하나님을 섬기는(아바드) 역할이자 하나님을 예배하는(아바드) 역할이기도 하다.

이 비유는 생업이 단지 먹고 살기 위해서 하는 수단을 넘어서 다른 사람을 기쁘고 행복하게 함으로써 이웃을 섬기고(아바드), 하나님을 예배하는(아바드) 행위가 된다는 사실을 알려 준다. 올리브 나무와 포도나무는 자신을 향한 하나님의 뜻(소명)을 바로 알았다. 그리고 이 두 나무는 크리스천의 모범이 된다.

크리스천도 이러한 소명을 받았다. 모든 크리스천은 일터에 나아가 이웃과 세상을 향한 섬김과 봉사를 하도록 부름받은 존재다.[4] 그리고 이것이 산 제사로서 하나님을 예배하는 방식이 된다. "이는 너희가 드릴 영적 예배니라"(롬 12:1).

주의 일에 더욱 힘쓰라

바울은 고린도전서 15장에서 이렇게 권면했다. "그러므로 내 사랑하는 형제들아 견실하며 흔들리지 말고 항상 주의 일에 더욱 힘쓰는 자들이 되라 이는 너희 수고가 주 안에서 헛되지 않은 줄 앎이라"(고전 15:58). 그런데 바울이 말한 이 "주의 일"이란 어떤 일을 말하는 것일까? 전도와 선교, 예배와 찬송, 혹은 교회에서 하는 여러 사역과 봉사를 말하는 것일까? 물론 그러한 종교적인 활동도 주의 일에 포함될 것이다. 그러나 그리스도께서는 만유의 주시며, 하늘에서 지금도 만유를 다스리신다. 따라서 주의 일은 곧 만유의 주께서 온 세상을 다스리시는 그 모든 통치가 주의 일이 된다. 만일 크리스천이 이 땅에서 그리스도의 통치를 받든다면, 그가 하는 모든 일은 주의 일이 된다.

바울은 크리스천 노예들에게 "무슨 일을 하든지 마음을 다하여 주께 하듯 하고 사람에게 하듯 하지 말라"(골 3:23)라고 권면했다. 이때의 일은 노예들이 주인의 명령을 받아서 하는 여러 가지 일들, 가령 밭농사나 탄광일, 주인의 옷을 빨거나 주방에서 음식을 만드는 일, 주인의 자녀를 양육하거나 공부시키는 일 등을 말한다. 그런데 바울은 그런 일을 할 때 사람에게 하듯 하지 말고 그리스도께 하듯 하라고 한다. 이는 크리스천 노예가 믿음의 눈을 열어서 온 세상을 다스리시는 그리스도를 바라보며 그리스도의 통치를 받들라는 주문이었다. 그렇게 할 때, 그 일은 주의 일이 된다. 빨래와 요리, 농사, 탄광일이 주의 일이라는 것이다.

이를 위해서는 비범한 세계관적 인식 전환이 요구된다. 왜냐하면 크리스천 노예는 주인이 어떤 일을 맡기더라도 실은 그리스도께서 주인을 통해서 그 일을 맡기신 것으로 인식하도록 노력해야 하기 때문이다. 그리고 그는 인간 주인보다 높은 만유의 주 그리스도의 종으로 자신의 정체성을 새롭게 인식하게끔 힘써야 하기 때문이다. 일한 대가로 인간 주인으로부터 먹거리와 의복을 공급받을 때, 그는 그것이 그리스도께서 자신에게 주시는 상급이요, 선물로 보도록 힘써야 한다. 이러한 세계관의 전환은 일의 동기와 목적을 바꾼다. 일은 결국 그리스도의 통치를 받는 일이며, 일은 곧 그리스도와 하나님을 예배하는(아바드) 일이 된다.

그러면서 바울은 크리스천 노예에게 인간 주인을 그리스도의 대리자처럼 여기라고 권면했다. 크리스천 노예는 인간 주인을 그의 주인으로 두신 하나님의 섭리를 겸허히 인정하라는 뜻이다. 나아가 그는 자기 주인을 그리스도의 권위를 가진 자로 인정하라는 말이다. 이것은 당연하게도 일하는 태도를 바꿀 것이다. "눈가림만 하여 사람을 기쁘게 하는 자처럼 하지 말고 그리스도의 종들처럼 마음으로 하나님의 뜻을 행하고"(엡 6:6). 하나님의 뜻을 행하는 것은 무엇인가? 주인이 시킨 일을 행하는 것이다. 비슷한 맥락에서 골로새서 3장 22절에서는 그리스도를 두려워하는 마음으로 인간 주인에게 순종하라고 권면한다(골 3:22). 그러니까 크리스천 노예는 자신이 일하는 곳을 하나님의 뜻을 행하는 곳으로, 그리고 그리스도를 섬기는 장으로 만들라는 것이다.

하지만 인간 주인 중에서 까다롭거나 폭력적인 주인이 있을 수 있다. 베드로는 그러한 경우에 대해서 이렇게 권면한다. "사환들아 범사에 두려워함으로 주인들에게 순종하되 선하고 관용하는 자들에게만 아니라 또한 까다로운 자들에게도 그리하라"(벧전 2:18). 심지어 주인이 부당하게 폭력을 휘두르거나 핍박할 수도 있다. 그때 "부당하게 고난을 받아도 하나님을 생각함으로 슬픔을 참으면 이는 아름다우나"(벧전 2:19)라고 말한다. 이 말씀을 주인의 폭력에 힘없이 굴종하라는 뜻으로 오해해서는 안 된다. 이 권면은 우리의 일이 이미 임한 하나님 나라에 속함으로 그리스도의 통치를 받는다는 세계관 속에서 바르게 이해할 수 있다.

베드로는 그러한 고난의 상황에서 "이를 위하여 너희가 부르심을 받았으니 그리스도도 너희를 위하여 고난을 받으사 너희에게 본을 끼쳐 그 자취를 따라오게 하려 하셨느니라"(벧전 2:21)라고 말했다. 여기서 베드로는 불경하게도 주인을 그리스도를 핍박한 유대 지도자들과 로마 군인에, 그리고 노예를 그리스도에 빗대어 말하고 있다. 그리스도께서 죄인의 죄를 대속하시고자 십자가에서 죽으셨던 것처럼 노예는 폭력적 주인의 악을 그러한 대속의 십자가 관점에서 바라보라는 것이다. 이는 주인을 무서워하여 굴종하는 것이 아니라 그리스도께서 자신을 핍박하는 유대인과 로마 군인을 가엽게 여기고 '저들의 죄를 용서해 주십시오'라고 기도하셨던 것처럼 크리스천 노예는 자기 주인을 가엽게 여기고, 그 주인의 죄를 위해 기도하라는 명령이다.

그러나 직장 내 괴롭힘이 인내의 한계를 넘어설 때 법적 보호를 받아야 하는 때가 있을 수 있다. 법적 보호를 요청하는 것이 잘못인가? 우리는 '이미' 임한 하나님 나라와 '아직' 완성되지 않은 하나님 나라라는 현실에 동시에 속해 있음을 기억해야 한다. 또한 우리는 크리스천의 자유의 영역이 있음을 고려해야 한다. 아직 하나님 나라가 완성되지 않은 현실 속에서 우리는 이 땅으로부터 부여받은 정체성과 함께 세상에서의 의무-권리 관계를 여전히 지니고 있다. 따라서 우리는 법적 보호를 받을 권리를 행사할 수 있다. 바울이 로마 제국 군대로부터 보호를 받고, 황제에게 재판 받을 수 있는 로마 시민권을 사용한 것은 이 때문이다. 미국 크리스천이 미국 시민권을 행사할 수 있는 것도, 대한민국 성도가 대한민국 시민권을 행사할 수 있는 것도 여기에 있다. 당연히 여기에는 법적 보호를 요청할 권리도 포함되어 있다. 그는 그 권리를 행사할 자유가 있다. 그러나 그 권리를 사용하지 않고, 자발적으로 그리스도의 고난에 참여할 수도 있다. 바울이 생계비를 지원받을 수 있는 권리를 자발적으로 포기하고, 생업에 참여하기로 결단했던 것처럼 말이다.

모든 일을 법적으로만 해결하려고 한다면, 그에게서 그리스도인의 새 정체성은 찾아보기 어려울 것이다. 그리스도인은 새 정체성을 부여받았으며 베드로는 크리스천 노예들에게 이를 위해서 '부르심'을 받았다고 말한다. 베드로가 말하는 부르심은 크리스천이 고난을 받아야 하는 상황에서 그리스도의 통치를 받들라는 부르심이다. 즉 크리스천이 직장 내 괴롭힘으로 법적 보호를 받을 수 있는 권리가 있으나 때로는 그 권리를 자발적으로 유예하고 그리스도의 십자가 고난에 참여하기로 결단할 수 있는 것이다.

진짜 정체성을 견지하라

　　　　　　일하는 크리스천은 자신의 정체성을 이 땅
에 그에게 부여한 정체성보다 복음이 그에게 부여한 정체성으로 이
해할 필요가 있다. 1세기 크리스천에게 땅이 부여한 정체성은 남자와
여자, 주인과 노예, 유대인과 이방인, 로마인과 바바리아인 등이었을
것이다. 마찬가지로 오늘날 대한민국에 사는 크리스천은 이 땅으로
부터 남자와 여자, 서울과 지방, 강남과 강북, 영남과 호남, 정규직과
비정규직, 사장과 종업원 등의 정체성을 부여받았을 것이다. 이러한
땅으로부터 받은 정체성은 하나님 나라가 완성될 때까지 사라지지 않
을 것이다.

그러나 그것은 우리의 참 정체성이 아니다. 우리의 참 정체성은 복
음이 부여한 정체성으로서 바로 '그리스도의 종'이요 '그리스도 안에
서 자유인'이다.

우리는 일할 때 부득이 땅의 정체성을 지닌 채로 일하게 된다. 세상
사람들은 우리의 커리어와 명함으로 우리의 정체성을 규정할 것이다.
우리의 정체성은 일터에서 우리가 하는 일과 역할, 직무와 권한 등과
도 긴밀하게 연결되어 있다.

하지만 크리스천은 이것은 다만 잠시 우리에게 부여된 역할 놀이
같은 것이며 우리의 정체성은 그러한 역할 놀이에 의해 규정되지 않
음을 믿어야 한다. 하여 비정규직이라 해서 주눅들 필요가 없으며 대

기업 사장이라고 해서 으스댈 이유도 없다. 다 똑같은 그리스도의 종이요, 그리스도 안에서 자유자다.

천국을 소망하라

부활하신 그리스도께서는 제자들에게 그리스도의 부활을 증언하도록 명하셨다. 그리고 이것이 크리스천의 사명이다. 부활의 증언은 무엇을 뜻하는가? 부활은 새로운 창조를 뜻한다. 우리의 옛 몸이 부활의 몸으로 변화되고, 피조물들도 썩어짐의 종노릇에서 해방되어 그리스도의 부활에 참여하게 될 것이다. 이렇게 만인과 만물이 그리스도의 부활에 참여하게 되어 펼쳐질 새 하늘과 새 땅을 새 창조라고 한다. 그리스도의 부활과 함께 새 창조가 시작되었다. 지금 우리는 새 창조가 진행되는 과정 중에 있다. 제자들은 옛 창조 세계를 두루 다니면서 그리스도의 부활로부터 시작하여 현재의 세상이 새 하늘과 새 땅으로 변화되어 가는 중이며 종국에는 새 하늘과 새 땅이 펼쳐질 미래를 증언해야 한다.

이러한 사명을 완수하려면 크리스천에게는 특별한 역량이 필요하다. 그것은 바로 '소망'이라는 역량이다. "우리가 소망으로 구원을 얻었으매 보이는 소망이 소망이 아니니 보는 것을 누가 바라리요 만일 우리가 보지 못하는 것을 바라면 참음으로 기다릴지니라"(롬 8:24-25). 우리가 소망하는 것은 눈에 보이지 않는 것이다. 그것은 바로 그리스도의 부활이 이미 일어났으며, 그와 함께 새 창조가 진행 중이고, 장차 성도의 몸과 모든 피조물이 다 새롭게 창조되리라는 약속이다. 이 약속을 붙잡고 사는 것이 바로 미래에 튜닝 된 삶이다.

미래에 튜닝된 소망의 크리스천은 믿음과 소망으로 자신이 이미 새 창조 세계에 한 발 들여놓았음을 볼 수 있다. 그는 '아직' 하나님 나라가 완성되지는 않았어도 '이미' 하나님 나라가 임한 현실에 속해 있음을 알 수 있다. 크리스천은 소망으로 자신이 하나님 앞에서 의롭다고 인정받은 존재라고 확신할 수 있으며, 남녀노소, 빈부귀천을 넘어서 온 인류를 하나로 묶는 "한 새 사람"(엡 2:15)이 이미 되었다고 주장할 수 있다.

더불어서 그는 일할 때, 이미 임한 하나님 나라에 한 발을 걸치고서 일하고 있다는 사실을 볼 수 있다. 나아가 소망의 눈으로 그는 지금 자신이 하는 일을 천국과 연결할 수 있을 것이다. 가령 어느 크리스천 청소부는 '주님, 제가 이 땅을 쓸고 닦을 때 새 하늘과 새 땅이 드러나게 하옵소서'라고 기도할 수 있을 것이다. 또한 크리스천은 자기 일이 천국에 들어가서도 계속될 수 있을 것을 소망할 수 있다. 물론 여러 면에서 일의 형태가 바뀌기는 하겠지만 말이다. 그는 소망의 눈으로 천국에서 하게 될 일을 바로 지금 이곳에서 하고 있음을 볼 수 있다. 가령 요리를 하면서 돈을 버는 크리스천 셰프가 있다고 해 보자. 그는 소망의 눈으로 주방에서 요리할 때, 장차 천국에 들어가서 어린 양의 혼인 찬치에서 필요한 음식을 요리하는 장면을 상상할 수 있을 것이다. 그 순간, 그는 자신의 주방이 천국 잔치를 준비하는 준비실로 바뀌는 것을 볼 수 있을 것이다. 그 순간 그는 소망의 눈으로 자신이 이미 새 창조의 세계에 진입한 것과 자신이 이미 천국에서 하게 될 그 일을 하고 있다는 사실을 볼 수 있을 것이다. 빨강 머리앤이 사과꽃 터널을 '기쁨의 하얀 길'로 이름 붙였듯이 그는 자신의 조리실을 '희망의 블루 키친'(the Blue Kitchen of Hope)으로 이름 붙여볼 수도 있을 것이다.

살림하는 주부는 누가복음 12장의 이야기, 즉 혼인 집에서 돌아온 주인은 때마침 깨어서 자신에게 문을 열어 준 종을 축복하며 "띠를 띠고 그 종들을 자리에 앉히고 나아와 수종들리라"(눅 12:37)라는 이야기를 묵상할 수 있다. 이 본문을 통해 천국에 가면 지존하신 그리스도께서 당신의 종들을 위해서 친히 앞치마를 두르시고 살림하시는 모습을 상상할 수 있다. 그 주부는 자신이 하는 일이 천국에서 그리스도께서 하실 그 일이라는 사실을 깨달을 수 있을 것이다. 그 주부는 이미 또 예수 그리스도께서 부활하신 후, 갈릴리호숫가에서 고기 잡는 제자들을 위해 아침 식사를 준비하셨던 이야기를 읽은 적이 있을 것이다(요 21:9). 크리스천 주부는 믿음과 소망의 눈으로 예수 그리스도께서 자신이 했던 일을 하셨으며, 또한 천국에서 그리스도께서 하실 일이라는 사실을 깨달을 수 있다. 이를 통해 생업을 왕업으로 승화시킬 수 있다.

또 크리스천 의사는 환자를 진료할 때, 장차 천국에서는 병든 자가 하나도 없게 될 것을 소망할 수 있을 것이다. 그리하여 그는 이렇게 기도하며 환자를 치료할 수도 있을 것이다. "주님께서 병든 자를 고치고, 귀신들린 사람을 치료하실 때 하나님 나라가 이미 이 땅에 임하였던 것처럼 제가 성령님의 도우심을 힘입어 환자를 고칠 때, 하나님 나라가 저의 진료실에 임하게 하여 주옵소서."

지금까지 크리스천이 자기 생업을 왕업으로 승화시키는 7가지 원칙을 살펴봤다. 생업을 왕업으로 승화시키는 것은 복음 안에서 일의 동기와 목적을 재해석하고, 믿음의 눈으로 새로운 일의 동기와 목적을 발견하는 것을 의미한다. 믿음으로 일할 때, 크리스천의 생업은 왕업으로 승화하며 주의 일이 된다.

일과 안식

이 장을 마치기 전에 일과 안식에 대해서 간단히 살펴보자. 십계명 중 제4계명은 엿새 동안 일하고, 일곱째 날은 안식일로 지켜서 일을 쉬라고 명령한다. 이는 이스라엘 백성의 삶에서 일과 쉼의 리듬을 창조하는 계명으로서 고대 세계에서는 유례를 찾아보기 어려운 매우 독특하고, 파격적인 계명이다. 일과 안식의 리듬을 따라 살 때, 우리의 생업은 왕업으로 승화한다.

엿새 동안 열심히 일하라

십계명 중 제4계명은 '네 일을 하라'로 시작한다. 자기 일을 하는 것은 하나님을 모방하는 일이다. 제4계명의 전반부는 '(나처럼 너희도) 네 모든 일을 하라'로 읽어야 할 것이다. 하나님은 자기 손으로 일하시는 분이다. "궁창이 그의 손으로 하신 일을 나타내는도다"(시 19:1). "주의 손가락으로 만드신 주의 하늘"(시 8:3),

"내가 내 손으로 하늘을 펴고"(사 45:12), "누가 손바닥으로 바닷물을 헤아렸으며 뼘으로 하늘을 쟀으며"(사 40:12) 등은 하나님을 손으로 부지런히 이런저런 일을 하시는 일꾼처럼 묘사하고 있다. 하나님은 마치 조각가처럼 손으로 흙을 빚어 인간을 만드셨다(창 2:7). 이사야는 이러한 하나님을 "토기장이"(사 64:8)에 비유한다. 하나님은 이방 신들과 달리 놀고먹는 신이 아니라 손으로 일하시는 분이다. 크리스천이 일터에서 자기 손으로 일할 때, 자신이 하나님을 모방하는 중이라는 사실을 묵상해 보자.

하나님은 "엿새 동안은 힘써 네 모든 일을"(출 20:9) 행하라고 명하신다. 왜 힘써 일해야 하는가? 이는 안식 계명의 맥락에서 이해할 수 있다. 매주 하루를 쉬려면, 나머지 엿새 동안 힘써 일하지 않을 수 없기 때문이다. 안식 계명은 이스라엘만의 고유한 규범으로 주변 이방인들이 7일 동안 할 일을 이스라엘 백성은 6일 동안 해내야 했다. 농번기의 농민이나 원거리 무역을 하는 상인에게 이 계명은 무척 거추장스러운 족쇄였을 것이다. 이들이 주기적으로 안식하려면 6일 동안은 '힘써' 일하지 않을 수 없다.

성경이 열심히 일하는 사람을 이상적인 인물로 묘사하는 것도 이 때문이다. 아가서의 주인공이 피부색이 검은 "술람미 여자"(아 6:13)라는 점은 의미심장하다. 고대 세계에서 유한계급의 귀부인은 일하지 않았기 때문에 백옥 같이 흰 피부를 자랑할 수 있었다. 하지만 온갖 일을 맡아 하던 술람미 여자는 햇볕에 그을린 구릿빛 피부를 가지고 있었다. 하지만 그녀는 일하느라 피부색이 검어졌으나 아름다운 여인이었다.[5] 또한 잠언 31장에 나오는 "현숙한 여인"(잠 31:10)은 이스라엘의 이상적인 아내상으로 제시되는데, 그녀는 새벽부터 밤늦게까지 쉬지 않고 일하는 초인적 근면함을 덕으로 지녔다. 룻도 "아침부터 와서는 잠시 집에서 쉰 외에"(룻 2:7) 계속 일했던 여인이다. 때문에 크리스천이 열심히 일하는 것은 안식이라는 삶의 리듬 안에서 필연적이다.

안식은 쉼표가 아닌 마침표다

제4계명은 '일하라'와 '안식하라'가 결합된 계명이다. 엿새 동안 열심히 일했으면, 일곱째 날에는 반드시 쉬라는 것이다. 이를 통해 거룩한 삶의 사이클이 만들어진다. 현대인의 워라밸은 안식 계명을 통해 주신 하나님의 선물이다. 고대의 이교도들은 신들에게 제사하는 축제일이나 왕이 특별하게 하사하는 날에 일에서 해방되었다. 그러나 이스라엘에서 안식은 일주일에 한 번씩 '주기적'으로 '모든' 사람이 지켜야 하는 계명이었다.

하나님이 일주일에 하루 생업의 중지를 명하신 이유는 무엇일까? 무엇보다 그것은 삶의 지속 가능성을 위해서였다. 아리스토텔레스가 말한 대로, "우리는 휴식이 필요하다. 왜냐하면 우리는 쉬지 않고 일할 수 있는 존재가 아니기 때문이다."[6] 일은 삶을 가능하게 하지만, 파괴하기도 한다. 택배일 하시는 분들의 과로사는 안식의 중요성을 다시 한 번 상기시킨다. 하여 지속 가능한 삶을 위해서는 반드시 쉼이 필요하다. 하나님은 우리의 날이 장구하게 하는 복을 주신다(신 6:2; 신 32:47). 그러므로 아브라함 요수아 헤셸이 말한 대로, 인간이 안식일을

지키는 것이 아니라 안식일이 인간과 문명을 지키는 것이다.[7]

안식은 무한한 부의 축적과 탐욕에 대한 브레이크 장치다. 바벨론 포로에서 귀환한 유다 백성 중에는 안식일에도 열심히 일해서 돈을 벌려는 사람들이 있었다. "어떤 사람이 안식일에 술틀을 밟고 곡식단을 나귀에 실어 운반하며 포도주와 포도와 무화과와 여러 가지 짐을 지고 안식일에 예루살렘에 들어와서 음식물을 팔기로"(느 13:15). 느헤미야는 그들을 엄히 꾸짖었다(느 13:17).

안식일 계명은 우리에게 소유욕으로부터 해방되는 길을 제시해 준다. 사람이 떡으로만 사는 것이 아니며, 생명이 재물의 소유로부터 오는 것이 아님을 일깨워 주는 계명이다.

오늘날 기후 위기, 환경 오염, 자원 고갈 등 여러 위기의 근본 원인은 지속 가능한 삶의 구조, 곧 안식을 만들어 내는 데 실패한 데서 초래된 것이다. 독일의 실존철학자 마르틴 하이데거(Martin Heidegger)는 현대 기술 문명이 자연환경을 '닦달'하고 있다고 비판한 바 있다.[8] 화학 비료나 비닐하우스의 발전으로 땅은 쉼 없이 곡물과 과일을 생산할 것을 강요당하고 있다. 소, 돼지, 닭 등 가축은 몸도 뒤척일 수 없는 좁은 우리에 갇혀서 자궁이 헐 때까지 알과 새끼를 낳고, 그 후에는 젖과 고기를 제공하도록 사육당하고 있다. 물론 기술 발전과 산업이 가져다준 유익을 함부로 폄훼할 수는 없을 것이다. 그러나 이런 행태는 안식의 질서가 무너지고 문명의 지속 가능성이 위태로워진 현실의 단편이다. 이러한 현대 문명에 저항하는 길은 월터 브루그만(Walter Brueggemann)의 말대로 안식뿐이다.[9]

안식은 단순히 삶의 잠시 멈춤(pause)이 아니다. 아리스토텔레스의 휴식 개념은 성경의 안식 개념의 극히 일부분만을 드러낸다. 아리스토텔레스가 말하는 휴식은 계속 일하기 위해서 필요한 것이다. 일이 목적이고 안식이 수단이다. 그러나 성경에서는 일이 수단이고 안식이 목적이라고 가르친다. 하나님의 일, 곧 천지 창조의 목적도 안식이었다.[10] 안식은 모든 일의 궁극적 성취요 마침이다. 안식은 쉼표가 아닌 마침표다. 에덴동산은 안식으로 충만한 곳이었으며, 완성된 하나님의 나라도 안식으로 충만한 곳일 것이다. 이런 점에서 안식은 에덴동산의 창이요, 천국의 망원경이다. 안식일을 음미할 줄 모르는 사람은 영생을 맛볼 수 없다.[11] 안식은 이 땅에 임한 하나님의 나라에 들어가 사는 길을 보여 준다.

안식이 에덴동산의 창인 것은 안식의 민주화를 통해 짐작할 수 있다. 고대 세계에서 안식은 신들의 특전이었으며 신들과 가까운 왕, 사제, 귀족들만 신들의 안식에 참여할 수 있었다. 반대로 일반 백성이나 노예들은 안식이라고 할 만한 것을 누리기 어려웠다. 출애굽기 5장이 보여주듯 끊임없이 일해야 했다. 하지만 이스라엘에서는 원칙적으로 모든 백성은 다 같이 일하고, 다 같이 쉬어야 했다. 이방인과 나그네와 종들도 안식해야 하며 소와 나귀도 안식해야 한다(출 23:12). 안식년과 희년에는 심지어 땅도 안식해야 한다(레 25:4). 이러한 안식의 민주화는 하나님의 창조 질서(샬롬)가 본래 안식이라는 사실을 알려 준다.

안식년과 희년에 과일나무에서 저절로 난 과일은 이스라엘 백성과 종들, 품꾼들, 외국인 나그네들, 그리고 가축과 들짐승이 임의로 먹을 수 있었다(레 25:6-7). 마치 에덴동산에서처럼 말이다. 안식은 에덴동산의 질서를 제한적으로나마 회복시킨다. 구약 성경에서 안식일은 절기에서 안식년으로, 또 희년으로 점차 확장되는데, 이는 장차 온 땅이 전부 안식의 질서하에 들어가게 되리라는 약속의 표현이다. 그때가 오면 약자들과 외국인 나그네들, 가축들, 들짐승까지 모두 어우러져 지내는 항구적 샬롬이 이루어질 것이다. 어느 크리스천 사장이 일요일에 직원들에게 일을 시키고 자신은 예배를 드리러 갔다는 얘기를 들었다. 이는 안식의 참 의미를 몰각한 행위다.

크리스천은 쉬는 날, 대체로 주일에 이러한 안식을 재발견할 수 있다. 휴일에 가지는 휴식과 레저는 불완전한 안식이다. 참된 안식은 장차 임할 하나님 나라를 미리 맛보는 것이다. 유대인과 달리 크리스천은 주일에 이러한 안식을 누릴 수 있다. 크리스천은 주일에 우리가 하던 '모든 일이 완성되었다는 듯이 안식'해야 한다. 이를 위해 일에 관한 생각을 완전히 멈출 필요가 있다.[12] 목표하던 것이 있더라도 안식의 날에 그 목표가 성취된 듯 여기라. 그리하여 안식이 종말론적 쉼이 되게 하라. 그날에는 논쟁의 불도 지피지 말고, 분노하지도 말라.[13] 가급적 돈 쓰는 일도 자제하라. 왜냐하면 천국에는 돈도 사라질 것이기 때문이다. 삶의 속도를 늦추고 하늘과 땅, 스치는 공기, 햇살, 새소리를 즐기며 가족의 낯빛을 살피라. 이렇게 안식의 날은 하나님이 주신 모든 것을 음미하고, 감사하고, 누리는 날이 되어야 한다.

만일 안식년과 희년을 지키지 않으면 어떻게 될까? 땅은 땅심을 잃을 것이며, 사회적 약자와 가축, 들짐승과의 샬롬의 질서도 이루어지지 않을 것이다. 그곳은 교환 정의를 내세운 약육강식의 약탈이 만연할 것이다. 그렇게 된다면 하나님께서는 강제로 땅의 쉼을 가져다 주실 것이다. "너희의 땅이 황무하며 너희의 성읍이 황폐하리라 … 그때에 땅이 안식을 누리리니"(레 26:33-34). 실제로 유다가 바벨론 포로로 끌려갔을 때, "토지가 황폐하여 땅이 안식년을 누림 같이 안식하여 칠십 년을"(대하 36:21) 지내게 되었다. 안식이 없다면, 삶은 지속 가능하지 않다.

생업이 왕업으로 승화하면, 생업은 생업 이상의 일이 된다. 그 일은 이 땅에 이미 임한 하나님 나라에서의 일이 되고, 아직 완성되지 않았으나 장차 완성될 하나님 나라에서 하게 될 일을 예표로서 이 땅에서 미리 하게 된다. 크리스천 직장인은 열심히 일함으로써 일터에서 하나님 나라를 발견하고, 자기 일을 하나님 나라의 일이 되게 해야 한다.

◆ 정리 ◆

- 크리스천은 생업에 힘쓰도록 부르심을 받았지만, 그 단계에서 멈추지 말아야 한다. 참된 신앙인은 생업이 왕업이 되는 일상을 누린다.
- 단지 먹고사는 일인 생업을 넘어서 하나님을 사랑하고 이웃을 섬겨야 한다.

9

크리스천의 일의 원칙 3:
왕업에 더욱 힘쓰라

◆ 　　　　　　　크리스천의 일에 관한 세 번째 원칙은 '왕업에 더욱 힘쓰라'다. 이때의 왕업은 생업과 무관한 왕업을 말한다. 크리스천은 생업을 수행할 때 이를 왕업으로 승화시키기 위해 힘써야 한다. 하지만 생업과 무관한 왕업에도 힘닿는 대로 힘써야 한다. 생업과 무관한 왕업이란 본성상 종말론적인 일로서 장차 완성된 천국에서 하게 될 일과 직접적으로 관계되는 일들을 말한다.

직분 소명의 신학

생업과 무관한 왕업에 대해서 살펴보기에 앞서 직분에 관한 성경의 가르침을 살펴보자.

종말론적 새 창조

　　　　　　　미로슬라프 볼프가 교회를 '종말론적 새 창조'라고 말한 것에서부터 출발해 보자.[1] 교회가 종말론적 새 창조란 무슨 뜻인가? 교회는 완성될 하나님 나라에 근접한 실체라는 뜻이다.

옛 창조는 창세기 1장에 나와 있는 천지 창조를 말하고, 새 창조는 그리스도의 부활과 함께 시작된 부활의 세계를 말한다. 옛 창조의 첫날, "빛이 있으라"(창 1:3)라는 호령 소리와 함께 빛이 창조되었다. 새 창조의 첫날에는 그리스도의 부활의 몸이 창조되었다. 옛 창조의 둘째 날에는 하늘과 바다가 갈라졌고, 새 창조의 둘째 날에는 교회가 창조되었다. 옛 창조의 셋째 날에는 육지와 바다가 갈라졌는데, 새 창조의 셋째 날에는 "그리스도 안에서 죽은 자들이 먼저"(살전 4:16) 일어날 것이다. 옛 창조의 넷째 날에는 해, 달, 별이 창조되었으나 새 창조의 넷째 날에는 살아있는 이들의 몸이 부활의 몸으로 바뀌게 될 것이다(살전 4:16-17). 옛 창조의 마지막 날에는 인간 창조와 에덴동산의 완성이 있었지만, 새 창조의 마지막 날에는 모든 피조물이 "썩어짐의 종 노릇한 데서 해방되어"(롬 8:21) 새 하늘과 새 땅에 포함될 것이다. 우리는 지금 새 창조의 둘째 날을 지나고 할 수 있다.

	첫날	둘째 날	셋째 날	넷째 날	완성
옛 창조	빛의 창조	하늘과 바다	바다와 육지	해, 달, 별	에덴동산
새 창조	그리스도의 부활	교회의 창조	죽은 자들의 부활	산 자들의 부활	새 하늘 새 땅

온 피조세계가 다 부활의 세계에 참여힐 때, 바로 이것을 새 하늘과 새 땅이라고 할 것인데, 이것은 역사의 끝에 이루어질 것이다. 이때 완성될 새 하늘과 새 땅을 종말론적 새 창조라고 부르는 것이다. 교회는 새 창조의 둘째 날 창조되었으며 장차 있을 종말론적 새 창조의 세계

를 자신의 전 존재로 드러내 보여 주는 존재다. 이것이 교회의 사명을 결정한다. 옛 창조의 한복판에서 종말론적 새 창조의 세계를 눈에 보이도록 드러내 보이라는 것이 교회의 사명이다. 이 때문에 교회를 '종말론적 새 창조'라고 부르는 것이다. 교회는 전 존재를 통해서 하나님의 나라를 드러내 보여야 하며, 선교, 봉사, 사역 등을 통해서 하나님 나라를 예표하는 역할을 해야 한다.

교회가 안식 후 첫날, 곧 제8일(일요일)을 '주의 날'로 부르고 공동 예배의 날로 정한 것은 제1일부터 제7일까지의 첫 번째 창조가 끝나고, 제8일에 새 창조가 개시되었음을 축하하기 위해서다. 종말론적 새 창조인 교회가 새 창조의 첫날인 제8일(일요일)에 모여서 새 창조를 축하하는 것은 마땅하다. [2]

이중 소명

크리스천은 교회 밖에서는 직업을 가지고 생업에 종사하도록 부르심을 받았다고 할 수 있고, 교회 안에서는 직분을 가지고 왕업에 힘쓰도록 부르심을 받았다고 할 수 있다. 크리스천은 생업에 종사할 때도 자기 일이 왕업이 되도록 노력해야 한다. 그러나 생업과 무관한 왕업에 더욱 힘써야 한다. 나는 이를 크리스천의 '이중 소명'으로 부르고자 한다.

이중 소명은 이원론으로 오해될 수 있다. 중세 가톨릭 신학자들이 성직자는 (교회의) 직분으로, 평신도는 (세속의) 직업으로 부름 받았다고 가르치면서 이를 이중 소명이라고 했는데, 이것은 종교적 직분은 거룩하고 세속적 직업은 속되다는 성속 이원론을 전제로 한다. 그러나 여기서 내가 말하는 이중 소명이란 모든 크리스천이 생업(직업)과 왕업(직분)으로 이중적인 부름을 받았다고 말하는 것이다.

모든 크리스천이 교회 안에서 직분 소명을 받았다고 말할 때, 가장 먼저 고려할 사항은 직분을 주교, 사제, 부제, 혹은 목사, 장로, 집사 같은 것으로 제한해서 생각하지 말아야 한다는 것이다. 이렇게 직분을 제한적으로 이해하다 보니 루터의 만인사제설이 제대로 발전하지 못하게 된 것이다. 오늘날 교회에 주어진 가장 시급한 과제 중 하나는 직분 소명이 목회자들뿐 아니라 모든 성도에게 있다는 사실을 재천명하는 것이다.

직분 소명을 목회자들만의 소명으로 이해하는 것은 교회가 종말론적 새 창조로서 사명을 감당하는 데 큰 어려움을 초래해 왔다. 신학자들은 이렇게 된 것이 1세기 말 로마의 주교 클레멘트(Clement of Rome)가 고린도교회의 분열 문제를 두고 보낸 서신, 《클레멘트 1서》로부터 시작되었다고 생각한다.[3] 그때 그는 처음으로 교회 내 성도를 성직자와 평신도로 구분하기 시작했다. 그 후 점차 성직자에게만 직분이 있으며 평신도는 직분이 없다고 생각하게 되었다. 성도를 이렇게 2층 계급으로 구분하는 전통은 일을 명상하는 일, 라틴어로 비타 콘템플라티바(Vita Contemplativa)와 활동적인 일, 비타 악티바(Vita Activa)로 구분하는 전통과도 연결된다. 이때 직분은 주로 명상하는 일이 된다.

하지만 이는 잘못된 관점이다. 첫째, 성경에는 평신도라는 말은 없고 사역자나 비사역자를 포함하는 전체 하나님의 백성을 '라오스'라고 부를 뿐이다.[4] 둘째, 성직자를 능동적이며 우월한 존재로, 비성직자를 수동적이고 열등한 존재로 격하함으로써 "너희 선생은 하나요 너희는 다 형제니라"(마 23:8)라는 말씀에서 벗어났다. 셋째, 주님은 모든 성도에게 "나를 따르라"라고 하셨는데 이 부르심을 극소수 성직자에게만 해당하는 것처럼 제자도의 요청을 왜곡시켰다. 그리하여 하나님의 부르심, 곧 소명을 마치 성직자들에게만 주어지는 것처럼 간주했다. 넷째, 성직자의 역할을 '기도'로만 국한함으로써 신약성경이 가르치는 은사 공동체의 비전을 상실하고 교회를 예배 및 종교 공동체로 바꾸어 버렸다는 것이다.

다행히 마르틴 루터는 이러한 이층 구조를 타파하는 데 큰 공을 세웠다. 그는 전체 성도를 가리켜 "왕 같은 제사장"(벧전 2:9)이라고 한 사도 베드로의 가르침에 주목했다. 그는 모든 성도는 하나님으로부터 소명을 받는다고 말한다. 그런데 문제는 그다음이다. 그는 목회자는 목회직으로 부름 받았고, 일반 성도는 직업으로 부르심을 받았다고 말한 것이다. 내 식으로 표현하면 목회자는 직분 소명을, 평신도는 직업 소명을 받았다고 말한 것이다. 그 바람에 직분은 목회자에게, 직업은 평신도에게 귀속되는 일이 벌어지고 말았다.

비록 그가 직분이나 직업은 똑같이 거룩한 소명이라고 말하기는 했으나 이것은 또 다른 형태의 이층 구조를 만들어 냈다. 일단 설교와 목회 사역이 교회의 사역 중에서 압도적 비중을 차지하는 상황에서 그 사역으로부터 평신도를 배제하는 결과를 낳고 말았다. 더불어서 한편으로는 설교와 목회직은 거룩한 성직으로, 평신도의 직업은 세속적인 일로 간주하는 이원론적 경향이 제대로 해소되지 못하고 말았다. 그러나 다른 한편으로는 직업을 거룩한 일이라고 과도하게 신성화함으로써 오스 기니스가 말하는 개신교적 왜곡에 빠지고 말았다.

이에 대한 문제의식을 가진 일단의 목회자와 신학자들은 20세기 들어서 '평신도 신학'을 개발하기 시작했다. 이들은 기존 목회자들의 독점적 사역으로 간주하는 직분에 평신도도 포함될 수 있다는 사실을 재발견하는 역할을 감당했다. 아이러니하게도 이러한 평신도 신학은 가톨릭 신학자들에 의해서 주도되고 있는데, 이브 콩가르(Yves Congar)와 같은 가톨릭 신학자들이 그 대표적인 예다. 하지만 헨드릭 크래머(Hendrik Kramer)와 같은 개신교 신학자들, 존 하워드 요더(John H. Yoder)와 같은 아나뱁티스트 신학자들도 이 주제에 천착하고 있음을 간과하지 말아야 한다.

나는 이 문제를 해결하기 위한 해법으로 전체 성도가 다 생업(직업) 소명[5]과 직분 소명을 동시에 받았다고 보아야 한다고 제안하고자 한다. 나는 이를 '이중 소명론'으로 부르자고 제안하는 바다. 그러니까 목회자나 선교사들도 직분 소명뿐 아니라 생업 소명을 받은 것이며, 평신도들도 생업 소명뿐 아니라 직분 소명을 받은 것으로 보아야 한다는 말이다.

목회자와 선교사들이 직분 소명과 함께 생업 소명을 받았다는 말은 무슨 뜻인가? 모든 사역자는 이중직을 하라는 뜻인가? 그렇지 않다. 여기서 내가 말하고자 하는 것은 목회자와 선교사의 사역이 직분이기는 하지만 그 직분에 생업의 성격도 들어 있다고 보아야 한다는 것이다. 목회자가 직분을 감당하면서 생계비를 받기 때문에 생업의 성격이 아예 없다고 할 수 없다는 것이다.

하지만 목회자가 사례를 안 받는 경우는 어떻게 할 것인가? 사례를 안 받는다면 그의 직분에 생업의 성격이 있다고 할 수는 없을 것이다. 하지만 그가 경제적 차유를 가진 처지가 아니라면 어떤 식으로든 자신의 생계에 대한 책임을 져야 한다는 사실로부터 자유로울 수는 없다. 그는 어떤 식으로든 생업을 가져야 할 것이다. 이런 점에서 생업으로부터 자유로울 수 없다.

그리스도의 몸

평신도가 생업 소명과 함께 직분 소명을 받았다는 말은 무슨 뜻일까? 먼저 얘기하고 싶은 것은 교회를 예배드리는 제의 공동체로 보는 전통적인 관점을 교정할 필요가 있다는 것이다. 교회의 핵심 활동은 종말론적 새 창조로서 자신의 본질을 드러내는 사역이라야 한다. 누구라도 교회에 와서 '와, 천국이 이렇게 생겼나 보다'라고 생각할 수 있게 하는 것이 교회의 할 일이다. 교회가 이런 종말론적 공동체일 때에만 전체 성도의 직분 소명을 제대로 이해할 수 있다.

이것은 바울 사도가 고린도전서 12장에서 교회를 그리스도의 몸으로 비유한 본문에서 찾아볼 수 있다. 이 비유의 첫째 교훈은 교회의 머리는 그리스도시라는 데에 있다. 이는 교회에 위계 구조가 들어설 여지를 제거하는 것이다. "너희 선생은 하나요 너희는 다 형제니라"(마

23:8). 모든 성도는 그리스도의 몸의 지체들로서 동등하다.

둘째, 모든 성도는 성령으로부터 각 은사를 받았다. "이 모든 일은 같은 한 성령이 행하사 그의 뜻대로 각 사람에게 나눠 주시는 것이 니라"(고전 12:11). 은사를 받지 않은 성도는 아무도 없다.

셋째, 은사와 역할은 다양하다. '능력 행함,' '예언함,' '영 분별,' '방언,' '통역' 등 다양한 은사가 있다. 성령은 은사를 수학적으로 균등하게 나눠 주시지는 않는다. 은사와 역할 중에는 좀 더 요긴한 것도 있고, 좀 덜 요긴한 것도 있다. 생계비를 받느냐에 따라 유급 직분자와 무급 직분자가 있을 수 있다. 그러나 그것이 은사와 직분의 우열 기준이 아니다. "눈이 손더러 내가 너를 쓸데없다 하거나 또한 머리가 발더러 내가 너를 쓸데없다 하거나 하지 못하리라"(고전 12:21). 넷째, 모든 지체는 한 몸을 이룬다. 즉 모든 다양한 은사와 역할은 오직 한 몸(그리스도의 몸)의 안녕과 복지를 위해서 봉사한다는 점에서 일치를 이룬다.

그리스도의 몸의 안녕과 복지란 무엇인가? 그것은 바로 교회가 이 땅에 그리스도의 삶과 사역을 온전히 드러내는 것이다. 교회는 주님이 살아계셨을 때, 가셨을 법한 곳으로 가야 하고, 하셨을 법한 말과 행동을 해야 한다. 이로써 교회는 자신의 존재가 바로 그리스도의 재성육신(reincarnation)임을 드러내야 한다.[6] 바꿔 말하면, 교회는 하나님 나라를 드러내야 한다고 할 수 있다. 요한은 이렇게 찬양했다. "우리를 나라와 제사장으로 삼으신 그에게 영광과 능력이 세세토록 있기를 원하노라"(계 1:6). 그리스도께서 크리스천을 하나님 나라와 제사장이 되게 하셨다. 나라로서, 그리고 나라의 왕이자 제사장으로서 크리스천은 하나님 나라의 통치를 구현해야 한다. 그것이 바로 우리에게 맡겨진 일이다. 이 위임이 바로 직분(왕업) 소명이다.

거저 주라

직분, 곧 생업과 무관한 왕업의 본질은 종교적인 활동이 아니라 종말론적 활동이다. 즉 직분은 완성될 하나님 나라를 드러내 보여 주는 활동을 가리킨다. 완성된 하나님 나라에서 교환 질서는 사라지고 세계는 다시 은총의 질서 아래 속하게 될 것이다. 따라서 직분은 본질상 대가 없이 수행되어야 한다. 이 문제를 살펴보자.

직분이나 은사를 사고팔지 말라

직분은 "너희가 거저 받았으니 거저 주라"(마 10:8)라는 그리스도의 가르침으로 은총의 질서 아래에서 수행하는 일이다. 따라서 직분을 수행할 때 교환 질서에 함몰되지 않도록 주의를 기울여야 한다. 가령 병 고치는 은사자가 돈을 받고 병을 고친다거나 예언의 은사를 가진 자가 돈을 받고 예언을 해 준다면 그는 자신의 직분을 타락시키는 것이다. 예컨대 엘리사가 나아만 장군을 하나님의 능력으로 거저 치유해 주었는데, 그의 사환 게하시가 나아만에게 치료비를 요구했다. 이는 그가 무한한 하나님의 은총을 고작 은 2달란트라는 헐값에 팔아 버린 짓이었다(왕하 5:22). 또 구약의 예언자

중에는 겨우 "두어 움큼 보리와 두어 조각 떡을 위하여"(겔 13:19) 거짓
으로 예언하는 이들이 있었다. 미가는 "이에 물 것이 있으면 평강을
외치나 그 입에 무엇을 채워 주지 아니하는 자에게는 전쟁을"(미 3:5)
준비하는 거짓 예언자를 비난했다. 이들은 모두 하나님의 은총을 매
매의 수단으로 바꾼 죄업을 행한 것이다.

신약 시대에는 마법사 시몬이 있었다. 마법사 시몬은 빌립 집사의
성령 사역을 부러워하여 돈을 주고 성령의 능력을 사고자 했다. 시몬
은 나름대로 회개하고 침례/세례도 받은 신자였다. 그런데 그는 직분
에 돈을 개입시켰다. 베드로는 그런 시몬을 향해 "네가 하나님의 선물
을 돈 주고 살 줄로 생각하였으니 네 은과 네가 함께 망할지어다"(행
8:20)라고 저주했다. 이렇게 생업과 무관한 왕업인 직분을 매매의 질
서하에서 수행하는 것을 시모니즘(Simonism)이라 한다. 바울은 경고한
다. "마음이 부패하여지고 진리를 잃어버려 경건을 이익의 방도로 생
각하는 자들의 다툼이 일어나느니라"(딤전 6:5).

그러므로 직분을 수행할 때는 은총의 질서가 교환의 질서로 타락하
지 않도록 각별히 주의해야 한다. 설교자가 설교하거나 말씀을 가르
치거나, 혹은 성령의 은사를 받아 사역할 때, 가급적 대가를 받지 않
도록 주의해야 한다. 직분은 대가 없이 수행될 때, 종말론적 사역이
될 수 있다. 이것은 교회가 회사와 구별되고, 직분이 직업과 다른 결
정적인 이유다.

왕업과 삯

직분자 중에는 돈을 받는 유급 직분자가 있다. 돈을 받고 왕업을 감당하는 것은 잘못인가? 아니다. 목회자나 선교사가 사역하면서 사례금을 받는 것이 죄가 아니다. 그렇다면 이것은 직분이 대가 없이 수행되어야 한다는 앞의 주장과 어떻게 조화될 수 있는가?

왕업에도 생업의 차원이 있다

병 고치는 은사를 가진 직분자가 풀타임으로 그 사역을 수행하므로 생계비를 받는다고 해 보자. 앞에서 말한 대로 '병을 고치는 일', 곧 왕업은 대가 없이 수행되어야 한다. 예수님은 복음 전파자가 자신이 전하는 '복음'이나 '성경 지식' 혹은 '병 고침'과 '귀신 축출 능력'을 돈을 받고 수행하라고 하지 않으셨다. 예수님은 제자를 파송하시면서 분명히 "거저 주라"(마 10:8)라고 말씀하셨다. 치유의 은사는 성령의 은사(선물)이므로 직분자는 치유의 대가로 돈을 받아서는 안 된다.

다른 직분도 마찬가지다. 가령 예언자도 예언을 대가로 돈을 받아서는 안 된다. 직분(왕업)을 수행할 때, 그 일에 대한 보상을 요구해서는 안 된다. 따라서 목회자도 자신의 설교, 치유, 성경 지식, 외모, 성품 등에 대한 대가로 돈을 받아서는 안 된다. 돈을 받는 순간 직분과 사역은 상품화되고 시모니즘으로 빠진다.

그렇다면 사역의 대가로 돈을 받는다는 것은 정확히 어떤 것을 말하는가? 사역의 가치와 품질에 따라 보상액이 달라진다면, 그것은 사역이 상품화된 것으로 봐도 무방하다. 열두 사도의 가르침을 기록한 《디다케》에서는 이렇게 가르친다. "(필요한) 빵 외에 (다른 것은) 받지 말아야 합니다. 만일 그가 돈을 요구한다면 그는 거짓 예언자입니다."[7]

그렇다면 풀타임으로 치유 사역을 하는 직분자가 생계비를 받아야 하는 이유는 무엇인가? 예수님은 이렇게 말씀하셨다. "일꾼이 그 삯을 받는 것이 마땅하니라"(눅 10:7). 예수님이나 사도의 가르침에 따르면, 사역자들이 복음 전하는 일을 하면 그에 대해서 "삯"을 받는 것은 당연하다. 여기서 예수님이 말씀하신 삯이란 무엇일까? 이것은 복음 전파, 병 고침, 예언의 말씀 등에 대한 대가가 아니라 생계유지를 위한 비용이다.

우리는 여기서 하나님이 모든 인간에게 각자의 몫, 곧 분복(헬레크)을 주셔서 누리게 하신다는 사상을 다시 기억할 필요가 있다. 하나님은 풀타임 사역자에게도 헬레크를 주셨다. 그리고 이 분복은 자신의 생업을 감당함으로써 얻을 수 있다. 그러나 전임 사역자는 생업을 감당할 그 시간과 기회를 직분 수행을 위해서 사용했다. 그들은 자신의 생업 수행의 기회비용을 써버림으로써 생업을 감당해야 할 의무를 감당할 수 없게 되었다. 이때 기회비용은 충당되어야 한다. 그래야 사역자도 먹고살 것이 아니겠는가. 즉 직분자가 받아야 할 삯은 그가 전한 말씀과 치유의 능력에 대한 값이 아니라 그가 사용해 버린 생업의 기회비용에 대한 보상을 말한다. 누가복음 10장 7절의 병행구인 마태복음 10장 10절에서는 "삯"이라는 말 대신 "먹을 것"이라는 말을 쓴 것은 이런 맥락에서 이해할 수 있다. 《디다케》에서 '(필요한) 빵'이란 말을 쓴 것도 마찬가지다.

바로 이 점에서 유급 사역자의 직분(왕업)에도 생업의 차원이 존재한다고 말하는 것이다. 혹자는 목회직은 생업과 무관하게 순수하게 초월적인 일이라고 주장한다. 그러나 평신도가 직장에서 하는 일에도 생업의 차원과 왕업의 차원이 있듯이 목회직에도 왕업의 차원과 생업의 차원이 있다. 목회자가 자기 생업의 기회비용에 대한 비용을 받은 이상 그의 일도 생업의 측면이 있을 수밖에 없다. 그러므로 만일 가난한 교회에서 목회자의 생계비를 온전히 감당할 수 없다면, 목회자는 생업을 감당해야 할 책임을 따라서 이중직을 할 수밖에 없다. 목회자라고 생업의 소명을 피할 수 없기 때문이다.

종종 로마서 15장 27절을 근거로 '영적인 것'과 '육적인 것'이 교환될 수 있는 것처럼 주장하는 사역자들이 있다. 즉 사역자가 영적인 사역을 수행한 대가로 성도로부터 육적인 것(돈)을 받는 것이 마땅하다는 것이다. 그런데 이러한 관점은 자칫 시모니즘으로 퇴락할 수 있는 해석이다. 사실, 본문 말씀은 사역의 보상에 관한 말씀이 아니라 예루살렘 교회가 생계가 위태로운 상황에 빠지자 이를 이방 교회가 채워 주어서 균형을 맞추어야 한다는 말씀이다.

사역자도 마찬가지다. 전임 사역자에게 일차적으로 주어져야 하는 삯은 그들의 생계, 곧 먹거리와 의복에 대해서다. 사역자라고 해서 굶을 수 없다. 가난한 자들도 마찬가지다. 가난한 자들이라고 해서 굶을 수 없다. 토라는 3년에 한 번씩 바치는 십일조를 레위인과 함께 "객과 고아와 과부"(신 26:12)에게 주라고 규정하고 있다. 레위인과 가난한 자에게 십일조를 주어야 하는 이유는 그들이 모두 '분복(헬레크)이 없는 자'이므로 그들을 저버려서는 안 되기 때문이다(신 14:27). 공평하신 하나님은 직분자나 가난한 자나 모든 사람이 각자의 몫(헬레크)을 받는 것에 지대한 관심이 있으시다.

이때 사역자에게 생계비를 지원하는 행위는 하나님께 바치는 참된 제사요, 하나님이 기뻐하시는 감사의 예물이 된다. 그리고 헌금을 통해서 거대한 은총의 사이클을 만들어진다. 먼저 교회와 성도는 하나님께 거저 예물을 바친다. 하나님은 그 예물을 받아 목회자의 생계비로 주신다. 유급 직분자는 자신의 생계비를 하나님으로부터 은혜로 받는다. 유급 직분자는 생계가 해결되었으니 거저 직분을 수행한다. 이렇게 사역자의 생계비는 거저 줌의 사이클 속에서 거룩한 교환을 통해 주어지게 되는 것이다. 이러한 은총의 선순환 속에서 헌금을 바치는 행위는 그 자체로 직분(왕업)이 된다(고후 9:13).

프랑스의 어느 목회자는 평소에 설교가 끝나고 헌금을 걷는 것에 대해서 늘 부담감을 느꼈다고 한다. 왜냐하면 마치 설교의 대가를 돈으로 받는 것 같아서였다. 그러다가 그는 미션디모데 네트워크에 소속하게 되었다. 미션디모데는 목회자가 설교나 사역의 대가로 돈을 받는 것을 방지하기 위해서 본부가 모든 지교회 성도로부터 헌금을 받은 뒤 각 지교회 사역자에게 생계비를 똑같은 기준에 따라 일괄 제공하고 있다.[8]

이 교회는 왕업을 교환 질서에 두지 않기 위해서 세심한 노력을 기울이고 있다.

종말의 보상을 바라다

전임 사역자는 교회로부터 생계비를 지원받을 권리가 있다. 하지만 그가 그 권리를 쓸 것인지 말 것인지는 그의 자유에 속한다. 전임 사역자가 생계비를 받는 것이 잘못은 아니지만, 또 생계비를 받지 않을 수 있는 자유도 있다. 바울은 고린도교회 성도들에게 자신이 "게바(베드로)와 같이 믿음의 자매 된 아내를 데리고 다닐 권리가 없겠느냐"(고전 9:5)라고 물었다. 바울은 자신도 생계비를 지원받을 '권리'가 있음을 분명히 밝힌다. 하지만 그는 이 권리를 자원하여 포기했다. 그는 천막을 만드는 생업을 통해 자신의 생계비를 스스로 벌어서 감당했다.

바울이 생계비를 지원받을 수 있는 권리를 포기한 이유는 사랑 때문이었다. 그는 데살로니가 교회에 보내는 편지에서 이렇게 썼다. "너희 아무에게도 폐를 끼치지 아니하려고 밤낮으로 일하면서 너희에게 하나님의 복음을 전하였노라"(살전 2:9). 바울은 그의 생계비를 제공할 성도들의 부담을 염려하여 자기 권리를 포기했다. 그가 그렇게 한 것은 그가 전하는 복음이 사랑의 복음이었기 때문이다. 바울은 사랑의 복음을 전하기 위해서 자비량이라는 사랑의 방식을 택했다. 생계비조차 받지 않고 복음을 값없이 전함으로써 바울은 철저하게 은총의 질서를 드러냈다. 이때 바울에게 생업은 왕업이 되었다.

바울은 성도들에게 생계비를 받지 않는 대신 다른 형태의 보상을 바란다고 말한다. "그런즉 내 상이 무엇이냐 내가 복음을 전할 때에 값없이 전하고 복음으로 말미암아 내게 있는 권리를 다 쓰지 아니하는 이것이로다"(고전 9:18). 그는 생계비 대신 종말에 하나님께 받을 상을 청했다. 엄밀히 말하면, 왕업에도 교환이 일어나는데, 이는 사람과 사람 사이가 아닌 사람과 하나님 사이에 일어나며, 지금이 아닌 종말에 일어난다. 왕업의 대가는 종말론적 보상이다.

이와 유사하게 잠언 기자는 "가난한 자를 불쌍히 여기는 것은 여호와께 꾸어 드리는 것이니 그의 선행을 그에게 갚아 주시리라"(잠 19:17)라고 했다. 요즘 식으로 말하면, 가난한 자를 구제하는 것은 하나님이 발행하신 채권에 투자하는 것이다. 그 채권의 수익률은 분명 대단히 클 것이다. 아마도 바울은 자신이 생계비 지원을 다 받는다면, 나중에 받을 상이 없어지리라 생각했을 것이다. 직분(왕업)은 종말에 보상받을 일이다.

왕업에 더욱 힘쓰라!

모든 크리스천은 생업으로 부르심을 받았을 뿐만 아니라 생업과 무관한 왕업(직분)으로도 부르심을 받았다. 그에 대해서 조금 더 살펴보겠다.

예수 그리스도의 왕업

예수 그리스도께서도 생업과 왕업의 소명을 모두 감당하셨다. 그리스도께서는 사생애 기간 생업에 종사하시면서 먹거리를 얻으며 가족을 부양하셨다. 하지만 공생애 기간은 생업과 무관한 왕업에 온전히 헌신하셨다. 또한 예수님은 직분(왕업) 소명을 감당하시는 동안 사역의 대가는 받지는 않으셨으나 생계비는 지원받으셨다(눅 8:3). 그러니까 예수님도 직업 소명과 직분 소명이라는 이중 소명을 받으셨고, 이를 온전히 수행하셨던 것이다.

예수 그리스도의 공생애 사역(직분)은 하나님 나라가 이 땅에 '이미' 임한 것을 드러내는 사역이었다. 가령 예수 그리스도의 귀신 축출 사역은 정확히 이런 의미의 사역이었다. "하나님의 성령을 힘입어 귀신을 쫓아내는 것이면 하나님의 나라가 이미 너희에게 임하였느니라"(마 12:28). 우리는 예수 그리스도의 귀신 축출 사역을 통해서 하나님 나라에는 귀신이 하나도 살지 않는 나라가 될 것을 그려 볼 수 있다. 질병의 치유, 죄 용서, 오병이어와 칠병이어 사역 등은 모두 '이미' 이 땅에 임한 하나님 나라를 드러낸 사역이었다. 우리는 예수님의 사역 안에서 종말론적 하나님 나라를 희미하게 들여다볼 수 있다. 바꿔 말하면, 그리스도는 미래에 튜닝되어 계신 모습을 보여 주신 것이다. 그리고 이것은 직분의 성격을 정확히 보여 준다.

직분이란 먹고사는 생업과 관련된 일이 아니다. 직분은 종말론적 하나님의 나라를 지금 이곳에 펼쳐 보여 주는 사역이다. 그런 점에서 직분은 본성상 미래에 튜닝된 일이다. '지금' 하나님 나라가 이 땅에 임하여 있음을 드러내는 사역이 직분, 곧 생업과 무관한 왕업인 것이다. 교회와 성도는 바로 이 일을 수행하도록 부르심(직분 소명)을 받았다.

종말론적 공동체로서 교회의 왕업

기념 식사

교회의 가장 우선하는 역할은 하나님을 예배하는 것이다. 예배는 하나님과 인간이 다시 만나는 자리다. 이는 한편으로는 에덴동산의 회복이며 다른 한편으로는 종말의 실현이다. 완성될 하나님 나라에서 하나님과 인간은 원수 관계를 청산하고, 다시 화해하며 연합하게 될 것이다. 이 일이 예배의 자리에서 일어나게 된다. 이런 점에서 예배는 종말론적이다. 예배는 종교적이기보다는 종말론적이어야 한다.

초대교회의 예배는 두 가지 순서로 구분되었는데, 하나는 연회와 기념 식사의 순서였고, 다른 하나는 말씀 집회의 순서였다. 추정컨대 연회와 기념 식사가 먼저 진행된 것으로 보인다. 이 자리에서 많은 참석자는 하나님 나라가 예배의 자리에 임한 것을 맛볼 수 있었다.

우리는 앞의 '셉티무스의 이야기'에서 셉티무스가 예배의 자리에서 천국을 맛보았던 상황을 살펴본 바 있다. 그는 예배의 자리에서 한가득 쌓여 있는 풍성한 음식을 보고 천국을 상상할 수 있었다. 로마 시대 사람들은 전형적인 신전 건축 양식을 한 신전에서 동물 제사를 바치는 것을 예배라고 생각했다. 그러나 기독교는 널찍한 가정집에서 풍성한 음식을 남녀노소 빈부귀천 할 것 없이 모든 예배자가 배불리 먹는 식사 자리를 예배라고 했다. 끼니를 해결하는 것이 쉽지 않았던 당시 가난한 하층민에게 예배의 자리는 천국의 자리나 다름없었을 것이다.

당시 로마 귀족들은 트리클리니움이라는 연회장에서 자주 저녁 연회를 개최했다. 연회장의 각 좌석은 지위에 따라, 그리고 주인과의 친소 관계에 따라 엄격하게 위계가 정해졌다. 그런데 야고보서 2장을 보면 부자에게 좋은 자리를 내주고 가난한 자는 발치에 가서 앉으라고 하는 태도를 엄히 책망한 모습을 볼 수 있다. 이는 초대교회 예배는 지위고하와 무관하게 좌석 배치를 받았어야 했음을 알 수 있다. 남녀노소 빈부귀천 할 것 없이 모두가 서로를 형제와 자매로 부르며 친교하는 자리, 귀부인이 가난한 이들에게 음식을 서빙하는 자리에서 사람들은 천국을 맛볼 수 있었다. 이러한 질서는 천국의 질서요, 종말론적 질서였다.

초대교회는 이러한 연회의 음식 중에서 좋은 포도주와 빵을 따로 구분해 두었다가 식사(애찬) 말미에 기념 식사를 나누었다. 그 자리에서 "이것은 내 몸이니라"(마 26:26), "나의 피 곧 언약의 피니라"(마 26:28)라고 하신 성찬 제정 말씀을 되새기며 빵과 포도주를 나누었다. 이러한 기념 식사를 나눌 때, 초대교회 성도들은 마치 엠마오의 두 제자 가운데 부활하신 주님이 함께하셔서 그들에게 떡을 떼어 주셨던 장면을 회상했을 것이다(눅 24:30). 성도들은 그 기념식사 자리에서 부활하신 그리스도와 한 상에 둘러앉아 먹고 마시는 천국 잔치를 미리 맛보았다.

이러한 예배의 자리에서 수행했던 모든 일은 다 왕업이라고 할 수 있다. 요리사로 음식을 만드는 일, 자신의 집을 예배의 자리로 개방한 배려, 집에서 가져온 음식이나 옷가지, 생필품 등의 연보, 음식을 서빙하거나 음식과 옷, 생필품을 분배하여 구제하는 일 등이 그것들이다. 이 모든 일들은 다 생업과 무관한 직분이었다. 그 직무와 봉사는 교회 모임에서 수행했던 일들로서 종말론적 천국을 드러내는 일들이었던 것이다.

현대 교회의 예배 모습은 초대교회의 모습과 많이 바뀌었다. 한편으로는 1세기 예배의 모습이 사라진 것이 아쉽기도 하다. 그렇지만 반드시 예배의 모습이 고정되어야 한다고 말할 수는 없을 것이다. 그러나 예배 모습이 바뀐다고 하더라도 예배가 천국 잔치를 미리 맛보는 자리라는 성경의 가르침을 잊어서는 안 될 것이다. 그리고 그 가르침을 실천하기 위해서 성도들이 다양한 모습으로 섬길 수 있어야 할 것인데, 이 모든 일이 직분이다.

말씀 집회

식사가 끝나면 1세기 성도들은 구약 성경, 예수님의 행적과 어록, 사도들의 편지 등을 읽고 가르침을 받았다. 이때 가르침들은 구약의 예언이 드디어 성취되어 하나님 나라가 그 모습을 드러내고 있다는 복음의 내용들이었다. 더불어서 하나님 나라에 합당한 삶을 살기 위해서는 산상설교를 지키며 살아야 한다는 도전의 말씀도 들었다. 종종 어떤 성도는 자기 삶에서 산상설교를 어떻게 지켜야 하는지 질문했을 것이고, 그러면 예배를 인도하는 목회자는 말씀을 읽어주며 답을 해주었을 것이다. 예배의 끝무렵에는 다같이 하나님 나라의 삶을 살자는 다짐했을 것이다. 이상의 예배의 순서들은 모두 이 땅에 임한 천국의 모습을 드러냈다.

한편 이 시간에 기도, 찬양, 각종 은사 집회 등도 이루어졌던 것으로 보인다. 고린도교회의 경우는 이 시간에 성령의 은사가 많이 나타난 것으로 보인다. 성령의 은사는 모든 성도에게 지혜와 능력과 권위를 부여해 주셔서 직분을 감당케 함으로써 왕업을 수행하게 한다. 은사는 직분을 감당할 수 있도록 성령께서 선물로 주시는 능력과 지혜다. 이때 모든 성도는 다 은사를 받았으며, 모든 성도는 자신이 받은 은사대로 봉사해야 한다는 것이 고린도전서 12장의 바울의 가르침이다.

신약 성경에서 다양한 은사에 관한 몇 가지 기록을 찾아볼 수 있다. 에베소서 4장 11~12절에서는 사도, 선지자, 복음 전하는 자, 목사, 교사 등을 열거하고 있다. 우리는 여기서 바울이 은사를 전통적으로 직분이라고 부르는 것과 동일시하고 있음을 알 수 있다. 본문에서 성령께서 은사를 주시는 목적은 세 가지인데, 첫째는 성도를 온전케 하며, 둘째는 섬기는 일을 하며, 셋째는 교회를 세우기 위해서다. 이것이 성령이 직분을 세우시는 목적이다.

로마서 12장 6~8절에서는 예언, 섬김, 가르침, 권위함, 구제, 다스림, 긍휼을 베풂 등의 은사가 소개되고 있다. 이때 섬김, 구제, 긍휼의 은사는 사역자들에게만 해당하는 은사라고 할 수 없다. 모든 성도가 이 은사를 사모할 수 있으며 실행할 수 있다. 가령 도르가는 옷을 잘 만드는 은사가 있었던 모양이다. 그녀는 자신의 은사를 활용하여 가난한 자들, 특히 과부들을 위해서 속옷과 겉옷을 지어 주었다. 사도행전 본문에는 도르가가 교회에서 집사 직분을 받았다는 기록이 없다.

어쩌면 그녀는 집사 안수를 받지 않고도 자신의 은사로 직분을 수행했을 것이다. 그리고 그녀의 사역은 교회 안에만 머물지 않고 교회 밖으로 흘러넘쳤을 것이다.

은사 목록 중 가장 방대한 목록은 고린도전서 12장에서 찾아볼 수 있다(고전 12:7-10). 여기서 열거되는 은사들은 지혜의 말씀, 지식의 말씀, 믿음, 병 고치는 은사, 능력 행함, 예언, 병 고침, 방언, 통역 등이다. 고린도전서 12장의 맥락에서 보면, 이들 은사 간의 우열은 따로 존재하지 않았으며 성직자와 평신도 간의 위계도 찾아보기 어렵다. 참여자들 모두가 어떤 식으로든 성령으로부터 은사를 받아서 예배 시간에 그 은사를 활용했음을 알 수 있다. 이런 점에서 교회는 은사 공동체이며, 동시에 직분 공동체임을 알 수 있다.

바로 아래 고린도전서 12장 27~30절에 다시 한번 은사 목록이 소개되고 있다. 사도, 선지자, 교사, 능력, 병고침, 서로 돕는 것, 다스리는 것, 방언, 그리고 통역의 은사이다. 이 목록은 앞에 나오는 은사들과 대체로 겹치지만, 사도가 이곳 은사 목록에 포함되는 것이 흥미롭다. 동시에 서로 돕는 은사가 사도의 은사와 동급으로 소개되고 있다는 사실이 더욱 흥미롭다. 이것은 "너희는 그리스도의 몸이요 지체의 각 부분이라"(고전 12:27)라고 말한 것과 조화를 이룬다.

고린도전서 12장의 절정은 마지막 절이다. "너희는 더욱 큰 은사를 사모하라 내가 또한 가장 좋은 길을 너희에게 보이리라"(고전 12:31). 바울이 말한 "더욱 큰 은사"는 바로 사랑장이라 불리는 13장에 나오는 사랑의 은사다. 사랑의 은사는 모든 성도가 다 받을 수 있으며, 받기를 사모해야 하는 은사다. 바꿔 말하면, 모든 성도는 다 사랑의 은사를 받기를 사모해야 하며, 받을 수 있고, 또 실천할 수 있다. 내 식으로 말하자면, 모든 교회의 성도는 다 사랑의 은사를 받았으며 사랑하는 직분을 맡은 자다. 그런 점에서 은사를 받지 않는 성도는 한 사람도 없다. 특히 사랑의 은사는 영원히 사라지지 않을 종말론적 은사다. 완성될 하나님 나라에서 우리는 오직 사랑의 은사만을 보게 될 것이다. 이것이 내가 말하는 직분 소명이다. 이 직분이 생업과 무관한 왕업인데, 크리스천은 이 왕업을 수행하는 데 더욱 힘써야 하는 것이다.

세상을 섬김

성령이 은사를 주시는 일차적 목표는 교회 공동체 내에서 서로를 온전케 하고, 교회를 세우는 것이지만, 궁극적인 목표는 그 은사가 흘러넘쳐 온 세상을 섬기게 되는 것이다. 크리스천은 생업과 무관한 왕업을 교회 밖에서도 수행할 수 있으며 수행해야 한다.

선교

하나님은 시내산에서 이스라엘과 계약을 맺으실 때, 이스라엘이 '제국'이 아닌 '제사장 나라'가 되기를 원하셨다 (출 19;6). 그리고 같은 사명을 교회에도 주셨다. 베드로는 시내산 언약의 당사자가 이스라엘에서 교회로 계승되었음을 밝힌다. "너희는 택하신 족속이요 왕 같은 제사장들이요 거룩한 나라요 그의 소유가 된 백성이니"(벧전 2:9). 교회는 제사장 나라로서 세상을 섬기는 사명을 부여받은 공동체다. 예수 그리스도께서 제자 공동체를 '세상의 빛,' '세상의 소금,' '산 위의 도시,' '이리 가운데 보냄 받은 양'이라고 말씀하신 것도 제사장 나라의 사명을 말씀하신 것이다(마 5:13-14; 10:16). 교회는 자기충족적 단체가 아니며, 세상을 정복하는 제국도 아니다. 교회는 세상을 섬기는 봉사자들이다.

교회가 세상을 섬기는 방식은 여러 가지가 있을 것이다. 그중 무엇보다 하나님 나라 복음을 전하는 선교가 가장 중요하다. 예수 그리스도의 최우선 사역은 사람들을 불러서 하나님 나라로 초대하는 선교 사역이었다. 따라서 마땅히 제자 공동체인 교회도 그리스도의 본을 따라서 믿지 않는 이들을 하나님 나라로 초대하는 복음을 전파해야 한다. 베드로는 이러한 교회의 사명을 "그의 기이한 빛에 들어가게 하신 이의 아름다운 덕을 선포하게 하려 하심이라"(벧전 2:9)라고 말했다.

교회는 말로만 선교해서는 안 된다. 먼저, 자신의 존재로 선교할 수 있어야 한다. 예수 그리스도께서 '천국'이 가까이 왔다고 선교하셨을 때, 당신 자신이 '몸소 하나님 나라'이셨다. 마찬가지로 교회는 그 자신이 먼저 몸소 하나님 나라의 표지로 온전히 서야 한다. 그런 연후에라야 비로소 말로도 선교할 수 있을 것이다. 성 프란치스코(Francesco)가 했던 말이 생각난다. "언제나 복음을 전하라. 필요하면 말(言)을 써라." 그의 말대로 교회는 먼저 자신 안에서 종말론적 하나님 나라가 드러나도록 해야 한다. 교회가 자신의 존재와 구조, 사역을 통해서 자신이 미래에서 온 기관임을 드러내 보이는 것이 바로 선교의 핵심이다. 그리고 거기에 더하여 말로도 전도해야 한다. 교회가 천국을 드러내는 것에 실패한다면 교회가 말로 전도하는 것은 호객 행위로 전락할 수 있다.

이와 관련하여, 선교할 때 중요한 조건이 있다는 사실을 기억할 필요가 있다. 교회와 성도는 하나님 나라에 대해서 증거하지만, 믿지 않는 자들은 교회와 성도에 대해서 증거한다는 사실이다. 따라서 교회와 성도는 외인들(믿지 않는 자들)로부터 악한 증거를 듣지 않고 선한 증거를 들을 수 있도록 힘써야 한다.

바울은 감독의 자격에 대해서 논하면서 "외인에게서도 선한 증거를 얻은 자라야 할지니 비방과 마귀의 올무에 빠질까 염려하라"(딤전 3:7)라고 한다. 감독은 믿지 않는 자들에게 '착한 사람'이라는 증거를 들어야 한다는 것이다. 만일 그렇지 못한 사람이 감독이 된다면 비방을 받게 되며 결국 선교에 큰 장애가 되리라는 것이다. 젊은 여성 신도들도 "시집가서 아이를 낳고 집을 다스리고 대적에게 비방할 기회를 조금도 주지"(딤전 5:14) 말아야 한다. 또한 바울은 목회자인 디도에게 편지하기를 "(성도들로 하여금) 책망할 것이 없는 바른 말을 하게 하라 이는 대적하는 자로 하여금 부끄러워 우리를 악하다 할 것이 없게 하려 함이라"(딛 2:8)라고 했다. 그러니까 불신자들이 교회와 성도에 대해서 악한 증거가 아니라 선한 증거를 하도록 만드는 것이 선교의 중요한 조건이다.

앞 장에서 말한 대로 생업을 잘 감당하는 것이 선교의 중요한 조건이 되는 이유는 이 때문이다. 바울이 데살로니가 성도들이 그리스도의 재림을 기다리느라 일도 하지 않고 허송세월할 때, 그들에게 이렇게 말했다. "이는 외인에 대하여 단정히 행하고 또한 아무 궁핍함이 없게 하려 함이라"(살전 4:12) 믿지 않는 자들에 대하여 좋은 증거를 얻기 위해서 생업에 충실하여 궁핍하게 살지 말아야 한다는 것이다. 물론 단정한 모습을 보이는 것은 그 자체로 복음 전파가 아니다. 그러나 상식적이고 건전한 시민적 삶의 모습을 보이는 것은 복음을 전하는 데 중요한 조건이 된다는 말이다. 만일 성도가 신앙을 빌미로 생업에 충실하지 않는다면, 이는 믿지 않는 자들에게 좋지 않은 증거를 듣게 될 것이다. 그리고 믿지 않는 자들의 이런 좋지 않은 증거는 전도의 걸림돌이 된다. 결국, 생업의 수행은 왕업을 수행하기 위한 준비 작업임을 알 수 있다.

착한 일

교회와 성도가 세상을 섬기는 방식은 선교와 아울러서 착한 일이다. 착한 일이란 광범위한 활동을 포괄한다. 여기에는 온갖 것이 다 포함될 수 있다. 길에서 쓰레기를 줍거나, 교통법규를 잘 지키거나, 음식과 의복을 선물하거나, 곤경에 처한 이들을 돕는 등이 다 포함된다. 그러나 이때의 착한 일은 '보다 나은 의'라는 관점에서 이해해야 한다. 예수님께서는 산상설교에서 '너희를 사랑하는 자만 사랑하는 것'과 '너희 형제에게만 문안하는 것' 등을 세리나 이방인의 의로 규정한다(마 5:46-47). 교회와 성도에게 요구되는 착한 일은 이것들보다 '더 나은 의'다. 그것은 대가나 조건 없이 수행하는 선행을 말한다. 우리는 앞에서 교환 정의를 넘어선 하나님의 정의에 대해서 살펴본 바 있다. 크리스천은 교환 정의보다 더 나은 의를 실천하도록 부름 받았다.

이때 착한 일은 우선 교회 내에서 수행되어야 하지만, 궁극적으로는 일반적인 형태로 드러날 수 있어야 한다. "그러므로 우리는 기회 있는 대로 모든 이에게 착한 일을 하되"(갈 6:10). 크리스천은 모든 이에게 착한 일을 하도록 부름받았다. 이는 마치 하나님이 해와 비를 의인과 죄인에게, 선인과 악인에게 공평하게 주시는 것처럼 말이다(마 5:45).

이때 크리스천은 기독교인이라는 종교인으로서가 아니라 한 명의 이웃으로서 다른 이웃에게 착한 일을 행할 수 있어야 한다. 즉 이 착한 일은 성도들 간은 물론이고, 무신론자나, 불교도나, 무슬림이나 무속인들이나 전과자나 누구에게나 행할 수 있는 보편적 선행을 말한다. 복음 전파는 필수적이지만, 보편적이지는 않다. 듣기 싫어하는 이들에게 복음을 전할 수는 없는 노릇이다. 그러나 교회와 성도의 비종교적인 착한 행실은 보편적이다. 이 보편적 선행을 예수님은 황금률의 형태로 가르치셨다. "무엇이든지 남에게 대접을 받고자 하는 대로 너희도 남을 대접하라 이것이 율법이요 선지자니라"(마 7:12). 내가 남에게 대접받고 싶은 대로 먼저 남을 대접을 하는 것은 그 자체로는 복음 전파가 아니다. 하지만 교회와 성도의 착한 행실은 궁극적으로 하나님 나라의 삶의 방식을 드러내므로 효과적인 선교 행위요 복음의 변증이 될 수 있다. 그리고 이것이 세상을 섬기는 왕업이다.

교회와 성도가 착한 일을 하는 것은 중요하다. 왜냐하면 교회와 성도는 "그리스도 예수 안에서 선한 일을 위하여 지으심을 받은 자"(엡 2:10)이기 때문이다. 교회와 성도의 존재 목적이 바로 그것이다. 그래서 베드로는 성도들에게 "너희가 이방인 중에서 행실을 선하게"(벧전

2:12) 가지라고 권면했다. 이 권면은 사실 예수님이 하셨던 말씀을 인용한 것인데, 주님은 제자 공동체에 "이같이 너희 빛이 사람 앞에 비치게 하여 그들로 너희 착한 행실을 보고 하늘에 계신 너희 아버지께 영광을 돌리게 하라"(마 5:16)라고 명하셨다. 여기서 말하는 사람이란 믿지 않는 사람일 것이다. 크리스천이 믿지 않는 사람들에게 행하는 착한 행실은 믿지 않는 자들로 하여금 하나님께 예배드리게 한다.

하지만 착한 행실도 순서가 있다. "우리는 기회 있는 대로 모든 이에게 착한 일을 하되 더욱 믿음의 가정들에게 할지니라"(갈 6:10). 먼저, 성도들 안에서 착한 일을 서로 해야 한다. 이것은 교회와 성도의 선행이 위선이 되지 않게 하기 위함이다. 가까운 곳의 형제자매에게 시큰둥하면서 멀리 있는 이들에게 선행을 한다는 것은 위선이다. 그러니까 순서상 먼저 교회 안에서 성도들끼리 착한 일을 해야 한다. 이로써 교회는 종말론적 공동체를 이룰 수 있다. 그리고 이 착한 일이 믿지 않는 자들에게까지 흘러넘치게 해야 한다. 흘러넘침이 교회와 성도가 행하는 왕업의 순서다. 그리고 이때의 착한 일은 하나님 나라가 이 땅에 완성되면 어떤 일이 벌어지는지를 보여 주는 것이 되어야 한다.

단독주택가에 사는 어떤 성도는 눈이 올 때면 항상 자기 집뿐 아니라 전체 골목의 눈을 치우곤 한다. 그 성도가 그렇게 하는 이유는 자신이 그 골목의 눈을 치움으로써 골목을 통치하도록 하나님으로부터 부르심을 받았기 때문이라고 고백한다. 그는 소복이 눈이 내리는 겨울 밤에 아무도 보지 않는 골목의 눈을 치우면서 이렇게 기도한다고 한다. "하나님, 저를 이 골목의 통치자로 삼아 주셔서 감사합니다." 그 성도에게 있어서 착한 행실은 종말론적 하나님 나라의 일로서 생업과 무관한 왕업이다. 그리고 눈을 치우는 것이 그의 직분이 되는 것이다.

또 어느 칠순의 권사님은 구부정한 허리로 동네를 깨끗하게 가꾸는 일을 쉬지 않고 한다. 이웃이 원한다면 자원해서 남의 집 앞이나 마당의 잡초를 뽑아 주기도 하고, 자기 집에서 기르는 화초를 가져다가 심어 주기도 한다. 한번은 그 권사님이 동네 한편 쓰레기들이 잔뜩 모여 있는 곳의 쓰레기를 다 치우고 그곳에 예쁜 화초를 심어 가꾸었다고 한다. 그 후 더는 그곳이 쓰레기로 가득하지 않게 되었다며 미소를 짓는다. 그 권사님은 쓰레기로 가득한 곳을 하나님 나라의 한 귀퉁이로 바꾸고 계신다. 이렇게 성도의 착한 일은 하나님 나라를 드러낸다.

거저 줌

거저 줌은 왕업의 극치다. 생업이 교환 질서하에서 수행된다면, 왕업은 은총의 질서하에서 수행된다. 은총의 질서를 가장 뚜렷하게 드러내 보이는 것이 거저 줌이다. 신구약 성경은 거저 줌, 곧 구제에 대해서 매우 많은 가르침을 주고 있다. 오늘날까지 유대교 전통에서 구제는 압도적인 비중을 차지하는데, 이는 구약 성경의 영향이다. 토라는 가난한 자들이 손을 벌릴 때, "너는 반드시 그에게 줄 것이요, 줄 때에는 아끼는 마음을 품지 말 것이니라"(신 15:10). "흩어 구제하여도 더욱 부하게 되는 일이 있나니 과도히 아껴도 가난하게 될 뿐이니라"(잠 11:24). "가난한 자를 구제하는 자는 궁핍하지 아니하려니와"(잠 28:27). 신약 성경은 더 말할 것이 없다. "네게 구하는 자에게 주며 네게 꾸고

자 하는 자에게 거절하지 말라"(마 5:42). "그러나 그 안에 있는 것으로 구제하라"(눅 11:41). "너희 소유를 팔아 구제하여 낡아지지 아니하는 배 낭을 만들라"(눅 12:33).

거저 줌은 다양한 방식으로 이루어진다. 예루살렘에 첫 번째 교회가 탄생했을 때, 그들의 생활 방식은 거저 줌이었다. 그리고 그렇게 거저 줌을 통해서 예루살렘 교회는 천국의 모습을 드러내 보여 줄 수 있었다. 누가는 그들 가운데 '가난한 자'가 없었다고 기록하는데, 이것은 종말론적 하나님 나라의 대표적인 표징이다. 즉 교회에 헌금이나 헌물하는 것은 거저 줌의 대표적인 방식이다. 선교사나 목회자를 후원하는 것, 선교 기관이나 귀한 사역을 하는 단체, NGO 등에 기부하는 것도 포함된다. 하나님이 주신 분복(헬레크)을 누리지 못하는 가난한 자들을 구제하여 그들로 하여금 분복을 누리게 하는 것을 하나님은 크게 기뻐하신다.

그런데 거저 줌이라는 왕업은 의외로 어려운 일이다. 왜냐하면 성경이 말하는 거저 줌은 대가를 바라서는 안 되기 때문이다. 그런데 부자가 자신에게 넘쳐나는 돈을 주는 대신 사회적 명망을 얻으려고 할 때, 이는 '거저' 줌이 아니다. 그래서 주님은 오른손이 하는 것을 왼손이 모르게 하라고 하셨다(마 6:3). 하지만 아무도 모르게 구제한다고 기관이나 제도를 통해서 거저 줄 때는 또 다른 문제가 생긴다. 이는 거저 받음을 권리로 생각하게 만들어서 생업의 책무를 회피하게끔 할 우려가 있기 때문이다.

이런 점에서 유대교 전통에서 구제에 대해서 가르치는 것을 참고할 필요가 있다. 그들은 구제를 체다카(정의)라 부른다. 구제는 모든 사람이 하나님이 주신 몫(헬레크)을 공평하게 누릴 수 있게 하는 수단이라는 점에서 하나님의 정의다. 그들은 구제를 다음 8단계로 구분한다.

1단계: 주고 나서 후회함.

2단계: 즐겁게 주었지만, 고통당하는 사람의 아픔을 달랠 수 없을 정도로 조금 줌.

3단계: 즐겁게 알맞게 주었지만, 달라고 할 때 줌.

4단계: 즐겁게 주었고, 알맞게 주었고, 달라고 하기 전에 주었지만, 받아야 할 사람 손에 쥐여 줌으로써 받는 사람이 부끄러움을 느끼게 함.

5단계: 즐겁게 주었고, 알맞게 주었고, 달라고 하기 전에 주었고, 누구에게 주었는지 알지 못하게 줌.

6단계: 준 사람은 누구에게 주었는지 알지만, 받는 사람은 누가 주었는지 모르게 줌.

7단계: 준 사람도 누구에게 주었는지 모르고, 받은 사람도 누가 주었는지 모름.

8단계: 미리 구제함으로써 이 땅에 가난한 사람이 아예 없게 함.

마지막 8단계는 하나님 나라가 이 땅에 임한 표지가 될 것이다.

은사로서의 직업

마지막으로 다룰 것은 직업의 은사적 특징이다. 사실, 이 내용은 8장 (크리스천의 일의 원칙 2)의 내용과 일정 부분 겹친다. 그럼에도 여기서는 직업(생업)을 조금 더 적극적으로 왕업의 수단으로 삼을 수 있다는 관점에서 살펴보고자 한다. 크리스천은 직업을 성령이 내려 주신 은사로 삼고 그것으로 교회는 물론이고 믿지 않는 자들을 섬길 수 있다.

직업을 은사로 본다는 것은 무슨 뜻일까? 이는 직업을 직분(왕업)의 관점에서 본다는 뜻이다. 앞에서 나는 '생업이 왕업 되게 하라'라고 말한 바 있다. 이는 생업을 유지하되 그 생업의 목적과 동기를 기독교 신앙 안에서 새롭게 변혁하라는 것이 주된 내용이었다. 이때 직업은 여전히 교환의 질서하에 놓여 있다. 그런데 여기서 직업을 은사로 보라고 하는 말은 직업도 은총의 질서하에 놓일 수 있다는 점을 강조하는 것이다. 직업을 은사로 보고 수행할 때, 직업은 직분이 되며 그의 직업은 왕업이 될 수 있다.

여러 번 강조했지만, 생업이 타락 질서에 속한다고 해도 생업은 죄가 아니며 악도 아니다. 생업은 타락한 세상 가운데서 인간이 삶을 지속할 수 있도록 하나님이 허락하신 수단이다. 천국에서 인간은 더는 돈 벌기 위해서가 아니라 사랑의 수고로서 일할 것이다. 생업은 사라지고 왕업만 남게 될 것이다.

만일 크리스천이 미래에 튜닝되어서 직업 현장에서 일한다면, 그는 자기 일에서 사랑의 수고로서의 왕업의 차원을 발견하고, 실천할 수 있을 것이다. 그리하여 그는 믿음으로 돈을 받지 않고 사랑의 수고를 하는 데 자신의 직업적 역량과 경험을 사용할 수 있을 것이다. 물론 이러한 섬김과 봉사는 '이미' 하나님 나라가 이 땅에 임했다는 그 신앙 안에서 그 참된 의미와 가치를 온전히 드러낼 수 있을 것이다. 믿음으로 크리스천 직업인은 완성될 하나님 나라에서 하게 될 그 왕업을 '지금' 자신의 일터에서 해 볼 수 있다. 그리고 그때 하나님 나라는 그의 믿음과 그가 하는 일 속에 더욱 뚜렷하게 임할 것이다.

크리스천 직장인은 교회 안에서 그러한 직업적 역량을 은사로 삼아 발휘할 수 있을 것이다. 교회의 지체들은 서로를 온전케 하고, 교회를 세우기 위해서 자신의 다양한 은사를 활용할 수 있다. 혹은 가르치는 자로, 혹은 다스리는 자로, 혹은 섬기는 자로, 혹은 치유나 예언이나 방언이나 통역하는 자로서 말이다. 또한 자신의 직업적 역량과 전문적인 식견을 은사로 삼아 섬길 수 있을 것이다.

프랑스 미션디모데 교회 소속의 어느 경영인은 노숙자를 고용해서 직원의 일부로 삼는다고 한다. 그러나 아무나 그렇게 하지는 않고 인턴 기간을 두어서 그중에서 신뢰할 만한 사람을 뽑는다. 또한 노숙자 직원의 비율이 회사 업무에 큰 지장이 생기지 않는 선에서 조율한다. 굳이 이렇게 하는 이유는 회사에서 제공하는 일자리가 노숙자를 자립시키는 사역의 일환이라는 믿음이 있기 때문이다.[9]

크리스천 의사는 자신의 치유 능력을 은사로 삼아 병든 형제와 자매를 무료로 고쳐줄 수 있을 것이다. 크리스천 상담사는 자신의 상담 역량으로 정신이 온전치 못한 형제와 자매를 상담하여 정신을 온전케 해줄 수 있다. 크리스천 목수는 자신의 실력으로 교회 건물을 고치는

데 사용할 수 있으며, 크리스천 웹 디자이너는 교회의 홈페이지를 만들어 줄 수도 있을 것이다. 교회는 재산만 유무상통하는 것이 아니라 직업적 역량과 능력도 유무상통할 수 있을 것이다. 이때 직업적 역량은 은사가 되며 직분으로 활용될 수 있을 것이다.

단, 주의할 것이 있다. 이때 이러한 크리스천 직업인이나 전문가가 이러한 왕업을 수행할 때, 교회나 성도는 절대로 그것을 강요해서도 안 되며, 또 그러한 봉사를 당연시해서도 안 된다는 것이다. 담임 목사가 교회 인테리어 공사를 크리스천 업체에 맡긴 뒤에 공사 대금을 주지 않은 채 "교회를 위해서 헌금하세요"라고 종용하는 경우가 있다고 한다. 이것은 도둑질이다! 설령 그러한 강압적 요구가 묵시적으로 이루어졌다고 하더라도 도둑질이기는 마찬가지다. "그 품삯을 당일에 주고 해 진 후까지 미루지 말라 이는 그가 가난하므로 그 품삯을 간절히 바람이라"(신 24:15)라고 규정한 토라의 가르침을 기억해야 한다. 생업의 원칙을 경홀히 여겨서는 안 된다. 그것은 하나님의 정의와 공평의 한 측면이기 때문이다.

크리스천 직장인이나 전문가가 자신의 직업적 역량이나 전문적 기술을 교회나 성도를 위해서 무료로 봉사할 때, 순수하게 성령께서 감동을 주셔서 자원하는 마음으로 하는 것이라야 한다. 바울 사도의 일행이 자비량할 때, 그는 자신과 바나바에게도 생계비를 지원받을 권리가 있다고 분명히 선언했다. 그는 누가 요구해서가 아니라 자원해서 그 권리를 포기한 것이다. 크리스천 직장인이나 전문가는 이렇게 교회나 성도가 기대하지 않았던 방식으로 무료 봉사를 할 수 있을 것이며 그때 비로소 그의 봉사가 종말론적 왕업이 될 수 있을 것이다.

크리스천 직장인이나 전문가의 봉사와 섬김은 교회 안에서뿐만 아니라 교회 밖에서도 실현될 수 있다. 이때 '이미' 임한 하나님의 나라는 교회 안에서 교회 밖으로까지 흘러넘치게 될 것이다. 물론 이러한 자원봉사는 그 자체로도 귀한 의미가 있을 테지만, 하나님 나라 신앙과 결부될 때, 그 온전한 의미와 가치가 드러날 수 있을 것이다. 그러니까 크리스천 직장인과 전문가는 장차 완성될 하나님 나라에 들어갔을 때, 하게 될 그 사랑의 수고를 '지금 이곳에서' 하는 것이다. 그가 '믿음으로' 자원봉사를 할 때, 그의 봉사와 섬김이 하나님 나라를 이 땅에 임하게 하는 데 효과를 발휘할 수 있으리라는 것이다.

물론 이러한 봉사와 섬김은 100% 무료 봉사만을 뜻하지 않는다. 가격을 할인해 준다거나 덤을 얹어 준다거나 굳이 하지 않아도 되는 일을 자원해서 하는 것 등을 다 포함한다. 가령 어떤 동네 의원의 경우, 꼭 필요하다면 하루 1~2명의 환자에 대해서는 다른 환자보다 더 많은 진료 시간을 확보하여 몸뿐만 아니라 마음도 어루만져 주기로 결단할 수 있다. 물론 그렇게 하기 위해서 다른 환자들의 진료 시간을 줄인다면, 그것은 다른 환자들에게 피해를 주는 것이 되므로 의미가 퇴색될 것이다. 봉사에는 자기희생이 따라야 한다. 이러한 봉사는 업종에 따라서나 개인의 성향에 따라서 다양한 방식으로 이루어질 수 있을 것이다.

그러나 크리스천 직장인과 전문가가 일터 현장에서 자원봉사를 할 때, 많은 문제가 발생할 수 있다는 사실을 충분히 숙지해야 한다. 가령 어떤 교회에서 카페를 운영하는데, 교회라는 점 때문에 늘 50% 할

인한 가격으로 차와 음료를 판매한다면, 이는 자칫 인근 카페들에 손해를 끼칠 수도 있다는 걸 기억해야 한다. 또 고객에게 베푸는 혜택이 당연한 권리로 받아들여지지 않도록 주의할 필요도 있다. 순수한 왕업은 교환 정의를 무너뜨리지 않는 선에서 지혜롭게 수행해야 한다.

무엇보다 주의할 것은 크리스천 직장인이나 전문가가 이러한 무료 봉사를 통해서 돈 대신 다른 보상을 기대하지 않도록 주의해야 한다. 예수님이 괜히 "오른손이 하는 것을 왼손이 모르게"(마 6:3) 하라고 가르치신 게 아니다. 가령 어떤 법률가가 나중에 국회 의원 선거에 출마하려는 목적으로 주민들을 위한 무료 변론을 해 준다면, 그는 돈 대신 다른 보상을 받은 셈이다.

주님은 보상을 종말에 하나님께 받기를 기대하라고 말씀하셨다. "잔치를 베풀거든 차라리 가난한 자들과 몸 불편한 자들과 저는 자들과 맹인들을 청하라 그리하면 그들이 갚을 것이 없으므로 네게 복이 되리니 이는 의인들의 부활시에 네가 갚음을 받겠음이라 하시더라"(눅 12:13-14). 순전히 하나님께만 보상을 바라고 거저 줄 때, 그의 직업적인 봉사는 직분이 되며 은총의 질서에 속하는 왕업이 될 수 있다.

◆ 정리 ◆

- 크리스천은 생업에 힘쓰라는 부르심을 받았으며, 동시에 생업과 무관하게 하나님 나라의 일, 곧 왕업에 힘쓰라는 소명을 아울러 받았다.
- 생업과 무관한 순수한 왕업은 교회 안에서 섬기는 직분을 포함해서 교회 밖에서 섬기는 봉사를 포함한다.
- 순수한 왕업은 대가를 이 땅에서 받기보다 하나님께 받기를 소망하며 행하는 일이다.

일터에서 하늘은 사라지지 않는다

인류 문화와 문명에서 종교가 차지하던 영향력이 급속도로 줄어드는 일이 17세기 서구 유럽에서 일어났다. 이를 세속화(secularization)라고 한다. 그 이전까지의 문화와 문명에서 종교는 늘 중추적인 역할을 해 왔다. 그러나 세속화와 함께 문화와 문명은 종교 없이 독립적으로 존재하게 되었다. 물론 세속화 이론에 대한 반대 증거도 만만치 않다. 20세기에 이루어진 거대한 종교의 부흥이 그 한 예다. 그러나 인간 영혼에서 초월적인 차원이 제거된 신인류의 범람은 분명 세속화의 영향이다.

세속화 시대에 크리스천은 자기 삶의 자리에서 복음의 초월적인 차원을 어떻게 관련시켜야 할지 몰라 당황해하고 있다. 하나님은 분명 '하늘'과 '땅'을 창조하셨으나 세속화 시대에는 '땅'만 남고 '하늘'은 사라져 버렸다. 눈을 씻고 찾아봐도 천사나 악마는 보이지 않는다. 그저 순수한 물질세계만 남겨져 있다. 그런데 만유의 주께서 지금도 온 땅을 통치하신다거나 성령께서 이 땅에 임재해 계신다거나 하나님 나라가 지금도 이 땅으로 임한다는 전통적인 가르침은 대체 어떻게 이해해야 하는가? 그저 공허한 말뿐으로 느껴지고 있다.

이 땅에 임한 하나님 나라를 볼 수 없는 것은 세속화 때문만은 아니다. 불가시성은 하나님 나라의 본질적인 특성이다. 주님은 말씀하셨다. "하나님의 나라는 볼 수 있게 임하는 것이 아니요"(눅 17:20). 그러니까 뇌과학이 발전하고, 정신분석학이 큰 성취를 이루어 내고, 인공지능(AI) 기술이 첨단을 달리는 시대라서 하나님 나라가 임하는 것을 볼 수 없는 것이 아니라 세속화 이전 시대의 사람도 하나님 나라가 그의 삶의 자리에 임하는 것을 볼 수 없었다는 말이다. 하지만 하나님 나라는 예수 그리스도와 함께 '이미' 이 땅에 도래하였으며 '지금'도 그 나라는 오고 있고, '장차' 이 땅에 완성될 것이다.

볼 수 없는 하나님 나라의 도래에 관해 말하기란 무척 어려운 일이다. 그래서 예수님은 비유로, 요한과 바울은 묵시로 그 나라에 대해서 말할 수밖에 없었다. 비유와 묵시로 선포되는 하나님 나라의 소식을 듣고, 그 나라를 상상하는 것이 바로 기독교 신앙이다. 기독교 신앙은 이러한 하나님 나라의 도래 소식을 듣고, 그 나라의 표지를 보고, 그 나라에 들어가기로 결단하며, 하나님이 선물로 내려 주시는 그 나라를 받드는 것이다. 이를 위해서는 비범한 능력이 필요하다. 천재적인 통찰력, 경건한 상상력, 믿음의 눈, 그리고 소망의 비전이 필요하다. 오직 귀 있는 자만이 들을 것이고, 눈 있는 자만이 볼 것이다.

우리가 현실 세계라고 부르는 영역에는 '땅'만 존재하는 것이 아니고 '하늘'도 존재한다. 여기서 말하는 하늘이란 곧 하나님의 통치가 일어나는 영역을 말한다. 성경은 현실 세계 한가운데 하늘의 사건이 일어난다고 가르친다. 예수님은 수시로 눈을 들어 하늘에 계신 아버지와 대화하셨다. 바울은 하나님이 우리를 이미 "그리스도 예수 안에서 함께 하늘에"(엡 2:6) 앉히셨다고 말한다. 히브리서 기자는 눈을 들어 이 땅에서 믿음의 경주를 하는 성도들을 응원하는 "구름 같이 둘러싼 허다한 증인들"(히 12:1)을 볼 수 있었다. 또한 그는 "손님 대접하기를 잊지 말라 이로써 부지중에 천사들을 대접한 이들이 있었느니라"(히 13:2)라고 했는데, 이는 오늘 우리가 만나는 수많은 사람 속에 천사들이 섞여 있다는 뜻이다.

'하늘'이 없다는 소리는 마귀의 소리다. 만일 현실 세계는 '땅'만 존재하며 '하늘'은 존재하지 않는다는 소리가 들려온다면, 우리는 그 소리를 의심의 불화살로 알고 믿음의 방패로 막아내야 한다. 하늘은 존재하지 않으며, 하나님 나라는 신화라는 주장은 축귀의 대상이다. 천국 복음을 믿고 하나님 나라를 받들기 위해서는 영적 전쟁, 곧 상상력의 대충돌을 감내해야 한다. 우리가 사는 세상은 상상력 간의 대격돌이 이루어지는 아레나(arena), 곧 경기장이다.

자기 삶의 자리에서 하늘의 사건이 일어나는 것을 분별할 때, 이 땅에 이미 임한 하나님 나라가 보이기 시작할 것이며, 지금도 하나님 나라가 가까이 다가오고 있음을 볼 수 있을 것이다. 농부가 자기 밭(일터)에 하나님 나라라는 보화가 감추어져 있는 것을 문득 발견했듯이 현대 크리스천들도 자기 일터에 보석함이 오래전부터 숨겨져 있었다는 사실을 알 수 있을 것이다. 그 보석함을 열 때, 그는 자기 일터에서 그 나라를 받드는 법을 깨닫게 될 것이다.

이 땅이 전부가 아니다. 또 다른 세계, 곧 낯선 현실이 존재한다. 바로 이 땅에 은밀히 임하여 있는 하나님 나라다. 크리스천은 이 땅에 살면서 그 낯선 현실에 속하기를 힘써야 한다. 하늘에 속한 자가 되기를 훈련할 때, 그의 일터는 점점 더 하나님의 나라로 화할 것이다. 더불어 그가 하는 모든 일은 왕의 일(king's work)이 되어 갈 것이며 장차 완성될 천국에서 하게 될 일의 예행연습이 될 것이다.

3 하나님 나라가 일터로 임할 때

1 이와 관련하여 더 자세한 것을 알고 싶은 사람은 다음 저서를 참고하라. -신광은, 《하나님 나라가 땅으로 임할 때》, 고백아카데미, 2022.

2 초기 하나님 나라 신학은 미래성을 강조했지만, 점차 현재성이 강조되기 시작했다. 최종적으로 하나님 나라는 미래성과 현재성이 동시에 존재한다는 관점에 이르게 되었다.

3 자끄 엘륄, 《때를 얻든지 못 얻든지》, 김점옥 역, 솔로몬, 1994, p.34-35. 또한 자끄 엘륄은 《세상 속의 그리스도인》(박동열 역, 대장간, 2010, p.47-60)에서 세상 속에(in) 살 때 필연적으로 긴장을 겪을 수밖에 없다고 말한다.

4 김세윤, 김회권, 정현구, 《하나님 나라 복음》, 새물결플러스, 2013, p.242-243.

5 위르겐 몰트만, 《희망의 신학》, 전경연·박봉랑 역, 현대사상사, 1973, p.436.

6 카일 리스는 영화 〈터미네이터〉(The Terminator) 시리즈의 등장인물이다. 머지않은 미래에 인공지능과 로봇이 인류를 지배하게 되는데, 그때 존 코너(John Connor)라는 걸출한 지도자가 인류를 이끌어서 로봇의 지배를 막아 낸다. 그러자 로봇이 터미네이터를 과거로 보내서 존 코너의 어머니 사라 코너(Sarah Connor)를 죽이려고 한다. 존 코너는 자기 부하인 카일 리스를 과거로 보내서 사라 코너를 보호하게 하는데, 과거로 간 카일 리스가 사라 코너와 사랑에 빠져서 낳은 아이가 바로 존 코너다.

7 따라서 '보이지 않는 교회론'은 자칫 교회의 사명을 회피하는 변명이 될 수 있다.

8 폴 마샬, 《기독교 세계관과 정치》, 한화룡 역, IVP, 1989, p.31-40.

9 홍익희, 《홍익희의 신 유대인 이야기》, 클라우드나인, 2022, p.199-200.

10 자끄 엘륄, 《세상 속의 그리스도인》, 박동열 역, 대장간, 2010, p.59.

11 자끄 엘륄은 말한다. "돈은 필요하다. 그렇다고 그 때문에 돈이 선한 것이라고 생각해서는 안 되며 오히려 돈은 많은 악을 내포하고 있다." -자끄 엘륄, 《하나님이냐 돈이냐》, 양명수 역, 대장간, 2019, p.157.

12 루터는 이를 '하나님의 가면'이라는 개념으로 설명했다. -미로슬라프 볼프, 《일과 성령》, 백지윤 역, IVP, 2019, p.159-160.

13 크리스토퍼 모스, 《천국을 다시 묻다》, 윤상필 역, 비아, 2024, p.262.

14 빅터 프랭클, 《죽음의 수용소에서》, 이시형 역, 청아, 2017, p.131-136.

15 제임스 에드워즈, 《PNTC 마가복음》, 전용우 역, 부흥과개혁사, 2018,

p.119.

16 톰 라이트, 《마침내 드러난 하나님 나라》, 양혜원 역, IVP, 2009, p.186.

17 크리스토퍼 모스, 《천국을 다시 묻다》, p.43.

4 다시 생각하는 소명

1 막스 베버, 《소명으로서의 정치》, 박상훈 역, 폴레테이아, 2011.

2 오스 기니스, 《소명》, 홍병룡 역, IVP, 2000, p.54-70.

3 글렌 스타센·데이비드 거쉬 공저, 《하나님의 통치와 예수 따름의 윤리》, 신광은·박종금 역, 대장간, 2011, p.178.

4 오스 기니스, 《소명》, p.54.

5 김재영, 《직업과 소명》, IVP, 1989, p.65.

6 본래 아리스토텔레스는 여기에 향락적 삶(Bios Apolaustikos)을 포함하여 총 3가지로 구분하기는 했으나 인간의 활동을 신체적인 활동과 정신적인 사유로 구분한다는 점에서 이원론적이라고 할 수 있다. -아리스토텔레스, 《니코마코스 윤리학》, 조대웅 편역, 돋을새김, 2008, p.22.

7 김재영, 《직업과 소명》, p.65.

8 오스 기니스, 《소명》, p.56.

9 김재영, 《직업과 소명》, p.66.

10 말틴 루터, 〈독일 크리스찬 귀족에게 보내는 글〉, 《말틴 루터의 종교 개혁 3대 논문》, 지원용 역, 컨콜디아사, 1993, p.29-38.

11 김재영, 《직업과 소명》, p.67.

12 김재영, 《직업과 소명》, p.67-68에서 재인용.

13 마르틴 루터의 논문, 〈세상 권세에 대하여〉를 참고하라. -미로슬라프 볼프, 《일과 성령》, p.170.

14 김재영, 《직업과 소명》, p.70.

15 김재영, 《직업과 소명》, p.68.

16 막스 베버, 《프로테스탄티즘 윤리와 자본주의 정신》, 박성수 역, 문예출판사, 2000, p.95-98.

17 김재영, 《직업과 소명》, p.68에서 재인용.

18 미로슬라프 볼프, 《일과 성령》, p.173에서 재인용.

19 오스 기니스, 《소명》, p.66.

20 앞의 책, p.66.

21 앞의 책, p.67.

22 미로슬라프 볼프, 《일과 성령》, p.173.

23 김재영, 《직업과 소명》, p71.

24 가령 윌리엄 퍼킨스의 《직업 소명론》에서도 이러한 관점을 볼 수 있는데,

그는 개인 소명(특별 소명)을 사회적 신분과 직업 소명, 둘로 구분한다. -월리엄 퍼킨스, 《직업 소명론》, 박승민 역, 부흥과개혁사, 2022, p.60-61.

25 장 칼뱅, 《기독교 강요》 3권(상), 고영민 역, 기독교문사, 2007, p.346.

26 위의 책, p.343, 346-7

27 송수진, "이중 소명, 성분리적 소명 인식의 대안 고찰 - 일 가정 균형 관점에서," 《신앙과 학문》, 제25권 제2호, p.63-88.

28 김재영, 《직업과 소명》, p.67에서 재인용.

29 김재영, 《직업과 소명》, p.71에서 재인용.

30 김재영, 《직업과 소명》, p.25.

31 폴 스티븐스, 《작업복을 입은 하나님 나라》, 홍병룡 역, 생명의말씀사, 2024, p.24

32 미로슬라프 볼프, 《일과 성령》, p.173에서 재인용.

33 오스 기니스, 《소명》, p.81-89.

34 폴 스티븐스, 《작업복을 입은 하나님 나라》, p.174.

35 김재영, 《직업과 소명》, p.70. 그리고 윌리엄 퍼킨스, 《직업 소명론》, 박승민 역, 부흥과개혁사, 2022, p.60-61을 보라.

36 "Was a man already circumcised when he was called? … Was a man uncircumcised when he was called?…"(고전 7:18. NIV).

37 "너희는 유대인이나 헬라인이나 종이나 자유인이나 남자나 여자나 다 그리스도 예수 안에서 하나이니라"(갈 3:28).

38 "법조문으로 된 계명의 율법을 폐하셨으니 이는 이 둘로 자기 안에서 한 새 사람을 지어 화평하게 하시고"(엡 2:15).

5 일의 기원: 왕업, 생업, 죄업

1 유진 피터슨, 《다윗, 현실에 뿌리박은 영성》, 이종태 역, IVP, 1999, p.47.

2 이러한 관점은 린 화이트(Lynn White, Jr.)가 대표적이다. 그의 "The Historical Roots of Our Ecological Crisis," Science, Vol. 155, No. 3767(Mar. 10, 1967), p.1203-1207를 참고하라.

3 그레고리 K. 비일, 《성전 신학》, 강성열 역, 새물결플러스, 2014, p.109-117.

4 그레고리 K. 비일, 《성전 신학》, p.109.

5 아브라함 요수아 헤셸, 《안식》, 김순현 역, 복있는사람, 2007, p.59.

6 진 에드워즈의 "Masks of God"을 참고하라. Gene Edward Veith, "Masks of God", Modern Reformation, May 3rd 2007, https://www.modernreformation.org/resources/articles/masks-of-god

7 J. 리처드 미들턴, 《새 하늘과 새 땅》, 이용중 역, 새물결플러스, 2015, p.71-

72.
8 가인이 성을 쌓은 동기와 사람들이 바벨탑을 쌓은 동기에는 모두 '안전 보장'이 자리하고 있다.
9 자끄 엘륄, 《머리 둘 곳 없던 예수》, 황종대 역, 대장간, 2013, p. 29-44.
10 아브라함 요수아 헤셸, 《안식》, 1~2장을 보라.

6 일의 운명: 죄업, 생업, 왕업

1 헬라어 게헨나는 히브리어 게힌놈(힌놈의 골짜기)을 음차한 것이다. 힌놈의 골짜기는 예루살렘성 남서쪽에 위치한 골짜기로 쓰레기 소각장으로 사용되었다. -톰 라이트, 《마침내 드러난 하나님 나라》, 양혜원 역, IVP, p. 276.
2 자끄 엘륄, 《요한계시록 주석》, 유상현 역, 한들, 2000, p. 241-242.
3 자끄 엘륄, 《머리 둘 곳 없던 예수》, p320-334.
4 자끄 엘륄, 《머리 둘 곳 없던 예수》, p. 345-380.
5 미로슬라프 볼프, 《일과 성령》, p. 160-164.
6 자끄 엘륄, 《하나님의 정치 인간의 정치》, 김은경 역, 대장간, 2012, p. 231-242.
7 마이클 D. 쿠건, 《우가릿 신화의 세계》, 유선명 역, 은성, 1992, p. 136-141.

7 크리스천의 일의 원칙 1: 생업에 힘쓰라

1 자끄 엘륄, 《세상 속의 그리스도인》, p. 124.
2 이와 관련해서는 히폴리투스의 《사도 전승》 XVI을 보라.

8 크리스천의 일의 원칙 2: 생업이 왕업 되게 하라

1 이에 대해서는 이병렬, 《에레쯔 이스라엘》, 요단, 1987, 3장을 보라.
2 위르겐 몰트만, 《희망의 신학》, p. 276.
3 Gene Edward Veith, "Masks of God", Modern Reformation, May 3rd 2007, https://www.modernreformation.org/resources/articles/masks-of-god
4 몰트만은 그리스도의 지상 명령을 이렇게 해석한다. "그리스도의 파견을 따르는 기독교회는 세상에 대한 그리스도의 섬김을 뒤따르는 데도 성립된다."-위르겐 몰트만, 《희망의 신학》, p. 438.
5 TOW 프로젝트, 《TOW 일의 신학 성경 주석(2) 일하는 크리스천을 위한 시가서·예언서》, G&M글로벌문화재단 역, 두란노, 2017, p. 196.
6 아브라함 요수아 헤셸, 《안식》, p. 59.
7 아브라함 요수아 헤셸, 《안식》, p. 33.
8 마르틴 하이데거, 《기술의 전향》, 이기상 역, 서광사, 1993, p. 41.

9 월터 부르그만, 《안식일은 저항이다》, 박태규 역, 복있는사람, 2015, p.16.
10 아브라함 요수아 헤셸, 《안식》, p.59.
11 아브라함 요수아 헤셸, 《안식》, p.147.
12 아브라함 요수아 헤셸, 《안식》, p.87.
13 아브라함 요수아 헤셸, 《안식》, p.83.

9 크리스천의 일의 원칙 3: 왕업에 더욱 힘쓰라

1 미로슬라브 볼프, 《삼위일체와 교회》, 황은영 역, 새물결플러스, 2012, p.222.
2 후스토 L. 곤잘레스, 《일요일의 역사》, 이여진 역, 비아토르, 2019, p.65-69.
3 헨드릭 크래머가 그 대표적인 학자다. -헨드릭 크래머, 《평신두 신학》, 홍병룡 역, 아바서원, 2014.
4 평신도(lay)의 어원은 헬라어 라이코스(laikos), 라틴어 라이쿠스(laikus)인데, 본래는 '하나님의 선택을 받은 백성'이라는 뜻의 라오스(laos)에서 유래했다. 여기에는 소위 평신도나 성직자 모두가 포함된다. -헨드릭 크래머, 《평신도 신학》, p.55-56.
5 직업 소명은 직업 자체를 소명으로 생각하게 할 우려가 있다. 하여 나는 이를 '생업 소명'으로 불러야 한다고 생각한다. 여기서는 직분과 운을 맞추기 위해서 '직업 소명'이라고 쓰고 있으나 본뜻은 생업 소명이다.
6 신광은, 《메가처치를 넘어서》, 포이에마, 2015, p.384-385.
7 《Didache》, XI.6.
8 방선기·신광은, 《미션디모데》, 두란노, 2019, p.225-233.
9 방선기·신광은, 《미션디모데》, p.148-150.

에필로그 일터에서 하늘은 사라지지 않는다

1 이번 장은 특별히 다음 책에서 영감을 얻었다. -크리스토퍼 모스, 《천국을 다시 묻다》, 윤상필 역, 비아, 2024.